Conversación y repaso

FIFTH EDITION

INTERMEDIATE SPANISH

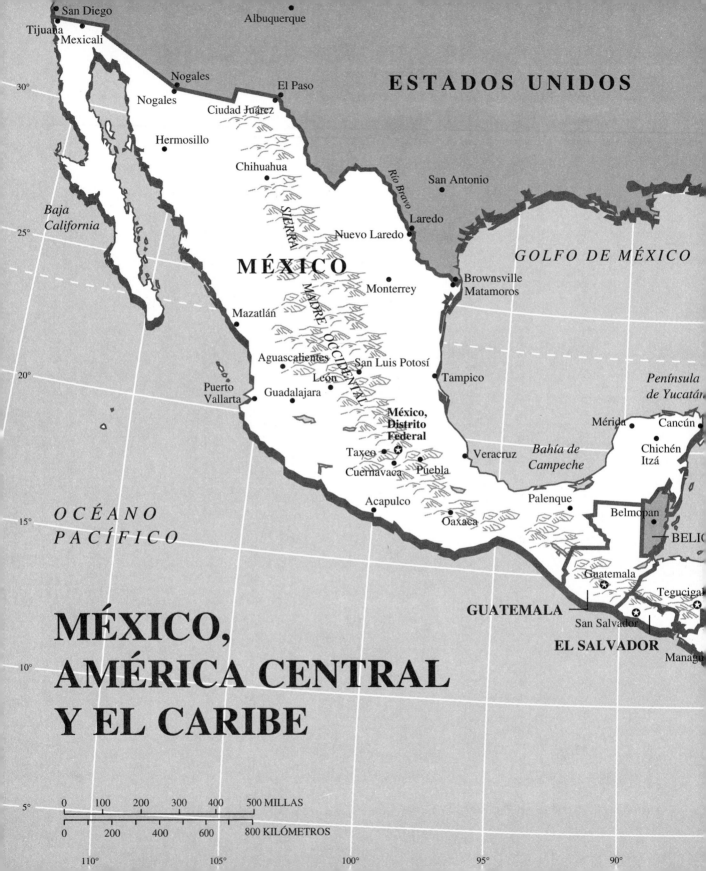

San Diego
Albuquerque

Tijuana
Mexicali

30°

Nogales

Nogales

El Paso

Ciudad Juárez

Hermosillo

Chihuahua

Baja California

25°

MÉXICO

SIERRA

San Antonio

Río Bravo

Laredo

Nuevo Laredo

Monterrey

Brownsville
Matamoros

Mazatlán

MADRE

20°

Aguascalientes

OCCIDENTAL

San Luis Potosí

León

Puerto Vallarta

Guadalajara

Tampico

México, Distrito Federal

Taxco

Cuernavaca

Puebla

15°

OCÉANO PACÍFICO

Acapulco

Oaxaca

ESTADOS UNIDOS

GOLFO DE MÉXICO

Península de Yucatán

Mérida

Cancún

Chichén Itzá

Bahía de Campeche

Veracruz

Palenque

Belmopan

BELI

Guatemala

Teguciga

GUATEMALA

San Salvador

EL SALVADOR

Managu

MÉXICO, AMÉRICA CENTRAL Y EL CARIBE

0   100   200   300   400   500 MILLAS

0   200   400   600   800 KILÓMETROS

110°   105°   100°   95°   90°

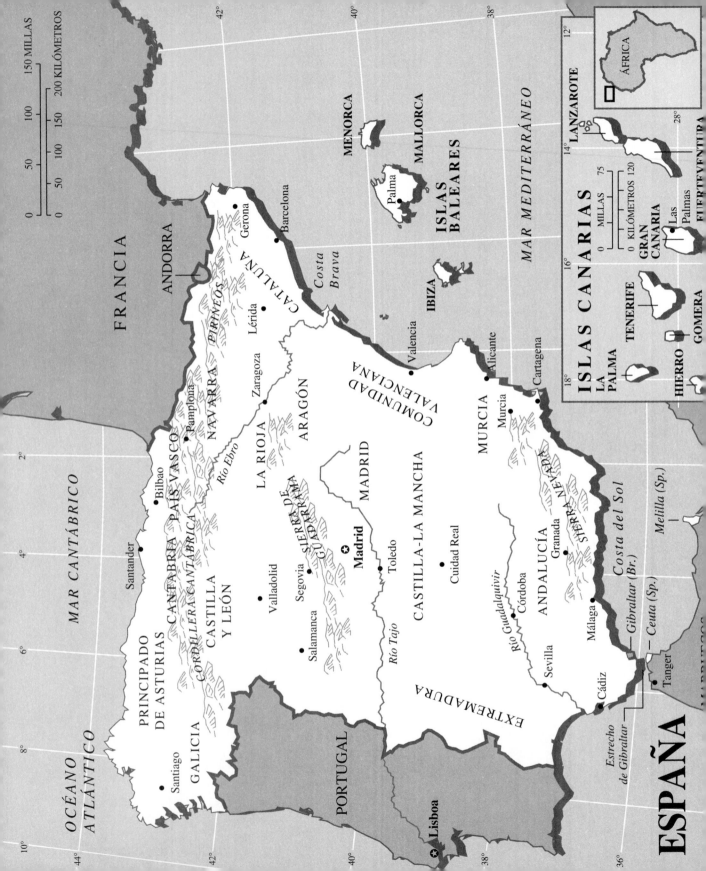

Conversación y repaso

FIFTH EDITION

INTERMEDIATE SPANISH

Conversación y repaso

FIFTH EDITION

INTERMEDIATE SPANISH

JOHN G. COPELAND
University of Colorado

RALPH KITE

LYNN SANDSTEDT
University of Northern Colorado

Holt, Rinehart and Winston
Harcourt Brace Jovanovich College Publishers

Fort Worth   Philadelphia   San Diego   New York   Orlando   Austin
San Antonio   Toronto   Montreal   London   Sydney   Tokyo

Publisher	Ted Buchholz
Senior Acquisitions Editor	Jim Harmon
Developmental Editor	Mary K. Bridges
Project Editor	Lupe Garcia Ortiz
Production Manager	Debra Jenkin
Book Designer	Melinda Huff
Photo/Permissions Editor	S. Webster
Compositor	P&M Typesetting, Inc.

Background Photo: Masaaki Kazama/Photonica

Inset Photo: Hiroshi Takahashi/Photonica

Address for Editorial Correspondence: Harcourt Brace Jovanovich, Publishers, 301 Commerce Street, Suite 3700, Fort Worth, TX 76102.

Address for Orders: Harcourt Brace Jovanovich, Publishers, 6277 Sea Harbor Drive, Orlando, FL 32887. 1-800-782-4479, or 1-800-443-0001 (in Florida).

Printed in the United States of America

Library of Congress Catalog Card Number: 92-053466

ISBN: 0-03-074993-X

3 4 5 6   039   9 8 7 6 5 4 3 2 1

Índice

Preface

With the publication of *Intermediate Spanish,* the materials available for use at the intermediate level took a step in a new direction. We had long believed that it would be desirable to have a "package" of materials, unified in content but varied in the possibilities for use in the classroom that would be flexible so that the instructor could easily adapt them to his or her own teaching style and particular interests.

With this in mind, we devised the three highly successful textbooks that made up our intermediate-level program. *Conversación y repaso* reviews and expands the essential points of grammar covered in the first year and also includes dialogues for reading practice, abundant exercises, speaking strategies, and a variety of activities intended to stimulate conversation. *Civilización y cultura* presents a variety of topics related to Hispanic culture. The approach in this reader is thematic rather than purely historical, and the topics have been chosen both for the insights that they offer into Hispanic culture and for their interests to students. The exercises are designed to reinforce the development of reading and writing skills, to build vocabulary, and to stimulate class discussion. *Literatura y arte* introduces the student to literary works by both Spanish and Spanish-American writers and to the rich and diverse contributions of Hispanic artists to the fine arts. The accompanying exercises also stress the development of reading and writing skills and include vocabulary-building and conversational activities.

One of the unique features of the program is the thematic unity of the texts. Each unit of each textbook has the same theme as the corresponding unit of the others. For example, Unit 7 of the grammar textbook introduces the subject of work and the problem of migration in Hispanic culture in the dialogues and conversational activities. The same theme is examined in-depth in the essay "Aspectos económicos de Hispanoamérica" of the corresponding unit of the civilization and culture reader. It is further explored in Unit 7 of the literature and art reader in the short story "Es que somos muy pobres" and in the essay on the murals of Diego Rivera.

We have found that this thematic unity offers several advantages to the instructor and student: (1) the instructor may combine the basic grammar and conversation book with either or both of the readers and be assured that essentially the same cultural and linguistic information will be presented to the students; (2) the amount of material to be covered may be adjusted through the choice of one textbook or more, making it possible to balance the quantity of material and the amount of classroom contact available; (3) if one textbook is used in the classroom, another may be used as a supplement by those students who wish additional contact with the language; (4) for individualized programs, the instructor may assign only those units that are relevant to the student's particular interests. If several books are used, the students will absorb a considerable amount of knowledge and vocabulary related to the theme, and by the end of their study they will have overcome, at least in part, their reluctance to express their own ideas on that topic in Spanish. We have tested this "saturation" method in our own classrooms and have found it to be quite effective. We suggest that if several books are used, the grammar and initial dialogue should be studied first, followed by one or more of the other textbooks. The conversation sections of the grammar and conversations text can be used for review and expansion upon the unit theme.

Like the earlier editions, this Fifth Edition of *Intermediate Spanish* contains materials that will be of interest to students of different disciplines. Throughout, our goal has been to present materials that will enable students to develop effective communicative skills in Spanish and motivate them to want to know more about the culture they are studying.

Introduction

Intermediate Spanish: Conversación y repaso is a review grammar text designed for second-year college courses. It is intended to be used with one or both of the author's readers, *Civilización y cultura* and *Literatura y arte,* but it may also be used with other second-year materials. The purpose of the text is to review and expand upon the essential points of grammar covered in the first year and to provide the student with ample opportunity for developing all four language skills. The complete program includes a workbook, which is a combination laboratory manual and written exercise book, and tapes for use in the language laboratory.

The material presented in each of the twelve units of the text consists of the following:

1. An opening dialogue, which relates thematically to the corresponding units in the readers *Civilización y cultura* and *Literatura y arte*. These dialogues are not intended for memorization; their purpose is to introduce the vocabulary and grammatical structures that will be studied in each unit. They may also be used for oral reading practice and as a stimulus for conversation.

2. Cultural notes that clarify some of the more subtle points referred to in the dialogue. This section is intended to expand the student's knowledge and understanding of the various cultures of the Hispanic world.

3. A vocabulary list of the new words presented in the opening dialogue. This list is not comprehensive; it contains only those words and idioms that the student would not be expected to know after the first year of Spanish. A complete Spanish-English and English-Spanish vocabulary appears at the end of the text.

4. A series of comprehension questions on the dialogue.

5. A series of personalized questions related to the theme of the dialogue.

6. A grammar section, which comprises the major portion of each unit. This section begins with a clear, concise explanation of a particular grammatical concept, accompanied by numerous examples. The concept is then immediately drilled through a series of written and oral exercises. The grammar organization of this text is somewhat unique. The authors have found through extensive teaching experience at the intermediate level that students have great difficulty mastering the subjunctive mood. Because of this, all tenses of the indicative are reviewed and drilled in the first four units of the text. Beginning with Unit 5, a step-by-step, systematic presentation of the subjunctive is begun. One major use of the subjunctive is presented in each of the subsequent six chapters, thus allowing the student to master one concept before proceeding to the next. We feel that this type of presentation minimizes confusion and misunderstanding on the part of the student.

7. A grammar review section, consisting of exercises on the most important points of grammar presented in the unit. The exercises are designed in such a way that they may be done orally or in writing. Each review section includes activities that are meant to encourage more student interaction.

8. An *Intercambios* section, which contains strategies for developing effective conversational skills in Spanish; a controlled conversation designed to help the students to formulate a short, logical exchange of ideas; and a role-playing situation that gives students the opportunity to express themselves on a topic of everyday importance.

9. A conversation section, consisting of a short dialogue followed by discussion questions and several activities, that continues the emphasis on the development of communicative skills. The dialogue can be used for pronunciation practice, oral paraphrasing, or group discussion. The activities usually include a "value clarification" exercise and a series of "topics for conversation" in which the students are encouraged to express their own feelings and ideas. This is followed by a drawing accompanied by questions designed to give students practice in describing and expressing personal opinions on a variety of issues. The authors have found that these personalized activities motivate the students to use the language and lead to a very exciting and stimulating exchange of ideas. Each chapter ends with a section that contains authentic materials taken from newspapers and magazines from throughout the Hispanic world which are related thematically to the unit.

The workbook has three major divisions: (a) listening comprehension exercises that expose the student to the vocabulary and grammatical structures of each unit in a variety of new situations; (b) oral drills for review and reinforcement of the grammatical concepts presented in each unit; (c) controlled and open-ended written exercises utilizing the same vocabulary and structures; and (d) authentic materials for reading and writing practice. Answers for these exercises are given in the back of the workbook in order to give the student the opportunity for immediate self-correction. The laboratory tapes stress listening comprehension, oral drill on the important points of grammar, and the development of speaking skills.

ABOUT THE FIFTH EDITION OF *CONVERSACIÓN Y REPASO*

In response to the suggestions made by users of the Fourth Edition, several sections of *Conversación y repaso* have been revised and expanded in order to provide the student with a greater variety of material to further develop the four language skills. More personalized, situational activities and contextualized exercises have been included in each section of each unit to encourage greater student interaction and to aid in the more effective development of communicative skills in the Spanish language.

In addition to these changes, a revised *Intercambios* section has been included in each of the units. In Units 1–6 these sections are divided into three parts. The first part, *El arte de conversar,* contains strategies for developing effective communication; the second part, *Conversación controlada,* presents the outline of a conversation that students practice and present in Spanish; the third part, *Situación,* places the students in a real-life, everyday situation and asks them to develop a conversation around the topic. Units 7–12 follow a similar format with the exception of the *Conversación controlada* section which has been replaced by an expanded section of *Situaciones* which allows the student to be more creative with the language. It is hoped that the combination of the more controlled, contextualized exercises and the greatly expanded personalized, situational activities will enable the student to develop a highly functional level of communicative competency and will allow greater instructional flexibility for the teacher. Finally, each unit ends with a section dedicated to authentic materials selected from magazines and newspapers from throughout the Hispanic world. Each piece of authentic material is followed by a series of comprehension and discussion questions. The intent of this section is to expose the student to printed material that a native speaker would come in contact with on a daily basis, thus preparing the student to be able to function more effectively in a Spanish-speaking country.

It is our sincere wish that the systematic and balanced presentation of material adopted in this text will enable students to master the more challenging points of Spanish grammar and at the same time develop their ability to transfer this knowledge to effective communication in Spanish.

Acknowledgments

We are grateful to the following reviewers for their insightful comments and constructive criticism: Arturo A. Fox, Dickinson College; Nina Galvin, University of Massachusetts, Amherst; Virginia B. Levine, State University of New York College at Cortland; Ismael Rivera, Campbell University; and Pedro José-Vidal, The American University.

Photo Credits

1, Stuart Cohen/Comstock. 29, Hugh Rogers/Monkmeyer Press. 48, Stuart Cohen. 49, Murray Greenberg/Monkmeyer Press. 57, Peter Menzel/Stock Boston. 72, Hugh Rogers/Monkmeyer Press. 85, Ulrike Welsch. 115, Stuart Cohen/ Comstock. 141, Beryl Goldberg. 165, Robert Fried. 193, Stuart Cohen/ Comstock. 211, Peter Menzel/Stock Boston. 232, Martha Bates/Stock Boston. 237, Peter Menzel/Stock Boston. 257, Ulrike Welsch. 277, Phyllis Greenberg/ Comstock.

Orígenes de la cultura hispánica: Europa

Se puede ver este acueducto romano en Segovia, España. Todavía lleva agua corriente de las montañas cercanas. ¿Cómo es el acueducto?

(Ramón se encuentra con Elena antes de la clase de español.)

ELENA	Oye, Ramón, ¿tienes los ejercicios para hoy?
RAMÓN	No, no los tengo. No entiendo bien la explicación del professor. ¿La entiendes tú?
ELENA	Sí, pero nunca termino los ejercicios. Me duermo mientras los hago.
RAMÓN	Tenemos que distraer al profesor. Cuando empieza a hablar de sus temas predilectos se olvida de la lección.
ELENA	Se me ocurre una idea…
RAMÓN	¡Cállate!—ahí viene.
PROF.	Buenos días, jóvenes. Hoy vamos a estudiar los verbos reflexivos. Estos verbos… ¿una pregunta, Elena?
ELENA	Sí, señor. ¿Por qué no nos explica por qué el español y el francés son tan distintos?[1] Nos hablaba de las influencias extranjeras sobre el idioma español, pero sólo hasta los visigodos…
PROF.	Ah, sí. Pues bien, la base del español moderno es el latín que hablan los romanos que conquistan la Península Ibérica en el año 200 antes de Cristo. En el siglo V después de Cristo, invaden la península los visigodos del norte de Europa. Ellos aportan al idioma más de 300 palabras del alemán antiguo. Pero una influencia más importante es la de los moros, que vienen del norte de África.[2] Hay más de 6000 palabras en el español moderno que proceden del árabe, por ejemplo, casi todas las palabras que comienzan con «al» como «almacén», «álgebra», «alcalde», etcétera.
RAMÓN	¿En qué época llegan los moros? ¿y cuánto tiempo ocupan la península?
PROF.	Llegan en el año 711 a la península…
ELENA	*(a Ramón)* ¡Nos escapamos una vez más!

visigodos *Visigoths*

romanos *Romans*

Ibérica *Iberian /*

antes de

Cristo *B.C.*

después de Cristo

A.D.

alemán *German*

moros *Moors*

árabe *Arab,*

Arabic

almacén *ware-*

house, depart-

ment store /

alcalde *mayor*

▣ NOTAS CULTURALES

[1] **el español y el francés son tan distintos:** Los dos idiomas tienen mucho en común, pero también muestran muchas diferencias. Lo mismo se puede decir de las otras lenguas neo-latinas: el italiano, el portugués, el rumano, etc. A veces las diferencias son de ortografía, pero otras veces las palabras son de origen distinto y de evolución variada.

[2] **los moros, que vienen del norte de África:** La invasión de la Península Ibérica por los pueblos islámicos en el siglo VIII llega hasta los Pirineos. Este contacto entre moros y cristianos, que dura hasta 1492, da un sabor distinto a la cultura y también a la lengua española.

▣ VOCABULARIO ACTIVO

*Estudie estas palabras.**

Verbos

aportar   to bring into, contribute

callarse (cállate)   to be quiet

conquistar   to conquer

distraer   to distract

dormirse (ue)   to fall asleep

durar   to last

encontrarse (con) (ue)   to meet

olvidarse (de)   to forget

opinar   to think, have an opinion

Sustantivos

la base   basis

el idioma   language

la lengua   language

la ortografía   spelling

el sabor   flavor

el siglo   century

Adjetivos

antiguo, -a   old, ancient

distinto, -a   different

extranjero, -a   foreign

predilecto, -a   favorite

Otras expresiones

se me ocurre   it occurs to me

Comprensión

1.   ¿Por qué no tiene Ramón los ejercicios?   2.   ¿Por qué no los tiene Elena? 3.   ¿Cuál es la idea de Ramón?   4.   ¿Qué van a estudiar hoy?   5.   ¿Qué quieren saber Elena y Ramón?   6.   ¿Qué lengua es la base del español moderno?   7.   ¿Cuáles son algunas de las influencias extranjeras sobre el español?   8.   ¿De dónde vienen los moros?   9.   ¿Cuántas palabras del español moderno son de origen árabe?   10.   ¿Cómo comienzan muchas palabras de origen árabe?   11.   ¿Por qué no puede el profesor explicar la lección?

Opiniones

1.   ¿Estudia Ud. la lección todos los días? ¿Por qué?   2.   ¿Distrae Ud. a sus professores? ¿Cuándo?   3.   ¿Cuáles son unos ejemplos recientes de la conquista de una cultura por otra?   4.   ¿Cree Ud. que en estos casos hay una influencia lingüística? Explique Ud.   5.   ¿Cree Ud. que es fácil aprender un idioma extranjero? ¿Por qué?   6.   Si Ud. no entiende bien una pregunta en español, ¿qué hace Ud.?   7.   ¿Por qué quiere Ud. estudiar español?   8.   ¿Tiene Ud. la oportunidad de hablar español? ¿Dónde? ¿Con quién?   9.   ¿Qué opina Ud. de la lengua española? ¿Es fácil o difícil? ¿Es bonita o fea? ¿Por qué opina Ud. así?

---

*The **Vocabulario activo** contains words from both the dialog and exercises. The gender of nouns is given in two ways: the use of the definite articles *el* or *la;* the use of *m* or *f* except for feminine nouns ending in *-a* and masculine nouns ending in *-o*.

▣ ESTRUCTURA

Nouns and Articles

A. Singular forms

In Spanish, nouns are often accompanied by articles.

1. Nouns ending in **-o** are usually masculine and are introduced by a masculine article. Those ending in **-a** are usually feminine and are introduced by a feminine article.

Definite Articles the		Indefinite Articles a, an	
el hijo	la hija	un chico	una chica
the son	*the daughter*	*a boy*	*a girl*

2. Some nouns that end in **-a** are masculine.

el día	*day*	el idioma	*language*	el problema	*problem*
el mapa	*map*	el clima	*climate*	el programa	*program*
el drama	*drama*	el poeta	*poet*	el cura	*priest*

3. Some nouns that end in **-o** are feminine.

la mano	*hand*	la foto	*photo*
la moto	*motorcycle*		

4. Nouns ending in **-dad, -tad, -tud, -ión, -umbre,** and **-ie** are usually feminine.

la ciudad	*city*	la actitud	*attitude*
la voluntad	*will*	la conversación	*conversation*
la muchedumbre	*crowd*		
la especie	*species*		

5. Some other nouns can be either masculine or feminine, depending on their meaning.

el capital	*money*	el corte	*cut*	el cura	*priest*
la capital	*capital city*	la corte	*court*	la cura	*cure*

el guía	*guide (male)*
la guía	*guide (female), guidebook*

el policía	*police officer (male)*
la policía	*police force, police officer (female)*

6. Other nouns ending in **-s** or in other consonants can be either masculine or feminine.

el paraguas	*umbrella*	el papel	*paper*
la crisis	*crisis*	la pared	*wall*
el lunes	*Monday*	el rey	*king*
la tesis	*thesis*		

7. Nouns ending in **-ista** may be either masculine or feminine.

el pianista	la pianista
el artista	la artista

8. Nouns referring to males are usually masculine and those referring to females are usually feminine, regardless of their endings.

el joven	*the young man*	el estudiante	*the (male) student*
la joven	*the young lady*	la estudiante	*the (female) student*

BUT:

la persona	*the person*	el individuo	*the individual*

B. *Plural forms*

1. Nouns ending in a vowel add **-s**.

un libro	*book*	unos libros	*books*
una chica	*girl*	unas chicas	*girls*

2. Nouns ending in a consonant add **-es**.

una mujer	*woman*	unas mujeres	*women*

3. Nouns ending in **-z** change **z** to **c** and add **-es**.

el lápiz	*pencil*	los lápices	*pencils*

4. Nouns ending in **-n** or **-s** preceded by an accented vowel generally drop the accent mark in the plural.

la lección	*lesson*	las lecciones	*lessons*
el compás	*compass*	los compases	*compasses*

Note that nouns of more than one syllable ending in **-n** generally add an accent mark in the plural.

el examen	*exam*	los exámenes	*exams*
la orden	*order*	las órdenes	*orders*

PRÁCTICA

A. Give the definite article for the following nouns.

mapa	drama	maestros
padre	idiomas	clima
ciudades	dificultades	amigas
mercados	conversación	poeta
problema	días	lecciones
españolas	persona	telefonista
muchedumbre	manos	ortografía

B. Give the plural of the following articles and nouns.

1. la joven
2. el autor
3. la chaqueta
4. la composición
5. el crimen
6. un deseo
7. una necesidad
8. un sabor
9. una flautista
10. un padre

Now make five statements using these words.

C. Identify the various things found in your classroom by completing the following sentence. Follow the model.

Modelo   Hay _____ en la clase. *(table)*
          Hay una mesa en la clase.

1. students
2. walls
3. book
4. door
5. windows
6. professor
7. pencils
8. girls
9. map
10. boys

Now see how many more things you can identify in your classroom.

Subject Pronouns

A. *Forms*

Singular	Plural
yo	nosotros, -as
tú	vosotros, -as
él	ellos
ella	ellas
usted*	ustedes*

_____

*Usted** and **ustedes** may be abbreviated to **Vd., Vds.,** or **Ud., Uds.; Ud.** and **Uds.** will be used in this text.

The pronoun **tú** is used when talking with close friends, children, and family members. In more formal relationships **usted** is used to show respect. In Latin America the plural, informal **vosotros** form has been replaced by **ustedes** and its corresponding verb forms, possessives, and object pronouns. The **vosotros** form is still used in most parts of Spain.

B. *Uses*

1. Subject pronouns are not used as frequently in Spanish as in English. They are used mainly for emphasis or for clarification, since the ending of the verb often indicates the subject.

   Vamos a la clase de español, ¿verdad? No, yo no quiero ir.
   We're going to Spanish class, aren't we? No, I don't want to go.

   ¿Tienes los ejercicios?
   Do you have the exercises?

   Vivimos en un pueblo pequeño.
   We live in a small town.

2. **Usted** is used somewhat more frequently for both clearness and courtesy.

   ¿Puede Ud. explicar la base del español moderno?
   Can you explain the basis of modern Spanish?

   Ud. entiende la lección, pero no quiere ir a clase.
   You understand the lesson, but you don't want to go to class.

3. The impersonal English subject pronoun *it* does not have an equivalent form in Spanish.

   Es imposible olvidarse de eso.
   It is impossible to forget that.

   ¿Qué es? Es una palabra extranjera.
   What is it? It's a foreign word.

4. Subject pronouns are often used after the verb **ser** *(to be)*.

   ¿Quién es el profesor de esta clase? Soy yo.
   Who is the professor of this class? I am.

5. Subject pronouns are frequently used when the main verb is not expressed.

   ¿Quién distrae al profesor? Ella.
   Who distracts the teacher? She does.

   Ellos van a España, pero nosotros no.
   They are going to Spain, but we aren't.

PRÁCTICA

Which subject pronoun would you use when talking:

1. about yourself?
2. about a girl?
3. to a friend?
4. about yourself and a group of people?
5. about a group of boys?
6. to someone in authority?
7. to a group of children?
8. about Roberto?

The Present Indicative of Regular Verbs

A. Formation

The present indicative of regular verbs is formed by dropping the infinitive ending and adding the personal endings **-o, -as, -a, -amos, -áis, -an** to the stem of **-ar** verbs; **-o, -es, -e, -emos, -éis, -en** to the stem of **-er** verbs; and **-o, -es, -e, -imos, -ís, -en** to the stem of **-ir** verbs.

hablar *to speak*		**comer** *to eat*		**vivir** *to live*	
hablo	hablamos	como	comemos	vivo	vivimos
hablas	habláis	comes	coméis	vives	vivís
habla	hablan	come	comen	vive	viven

Common verbs that are regular in the present tense:

-ar verbs: aceptar *to accept;* estudiar *to study;* llegar *to arrive;* preguntar *to ask;* invitar *to invite*

-er verbs: aprender *to learn;* beber *to drink;* leer *to read;* vender *to sell*

-ir verbs: abrir *to open;* descubrir *to discover;* recibir *to receive;* asistir *to attend;* escribir *to write*

B. Uses

1. To describe an action or event that occurs regularly or repeatedly.

   Juan estudia en la biblioteca.
   Juan is studying in the library.

   Los Hernández siempre comen a las diez de la noche.
   The Hernández family always eats at 10 P.M.

2. In place of the future tense to give a statement or question more immediacy, or in place of the past tense in narrations to relate a historical event.

   Hablo con ella mañana.
   I'll speak with her tomorrow.

   Los romanos conquistan España en el siglo II.
   The Romans conquered Spain in the second century.

3. In place of the imperative to express a mild command or a wish.

Primero tomas el desayuno y después escribes la lección.
First have breakfast and afterwards write the lesson.

PRÁCTICA

A. Read the following brief narrative. Then retell it from the point of view of the persons listed.

Estudio la lengua española en la universidad. Aprendo mucho de la cultura hispánica en la clase también. Recibo buenas notas en este curso.

(tú, nosotros, Jaime, María y Elena, Uds.)

B. Complete each sentence with the correct form of the verb given in parentheses. Then repeat each sentence substituting the new subject given after each sentence.

1. Los estudiantes (estudiar) _____ la influencia extranjera sobre el español. (Alicia)
2. Raúl y yo (leer) _____ todos los ejercicios. (yo)
3. Usted (hablar) _____ español con los otros estudiantes. (tú)
4. Yo (escribir) _____ las palabras en la pizarra. (el profesor)
5. Ellos (aprender) _____ mucho en esta clase. (mis amigos y yo)

C. With a classmate, practice asking and answering the following questions.

1. ¿A qué hora toma Ud. el desayuno?
2. ¿Vive Ud. lejos o cerca de la universidad?
3. ¿A qué hora llega Ud. a esta clase?
4. ¿Cuántas veces a la semana asiste Ud. a esta clase?
5. ¿Cuántas horas dura la clase?
6. ¿Qué estudia Ud. en esta clase?
7. ¿Escribe Ud. todos los ejercicios siempre? ¿Por qué?
8. ¿Comprende Ud. mucho o poco en esta clase? ¿Por qué?
9. ¿Recibe Ud. buenas o malas notas en sus clases? ¿Por qué?
10. ¿Dónde estudia Ud.? ¿en casa? ¿en la biblioteca? ¿Por qué?

D. You are writing a letter to a friend. Express the following in Spanish.

Dear (Querido(a)) _____ :

I am studying foreign languages at the university this year. The French class is my favorite. Juan is studying Spanish. He always speaks Spanish with the students in his class and with the professor. He speaks well. We attend classes everyday. I am learning a lot here. We'll study in the library tonight. I'll write again later.

With a hug (Con un abrazo),

Stem-Changing Verbs

Some verbs have a stem vowel change in the **yo, tú, él (ella, Ud.),** and **ellos (ellas, Uds.)** forms of the present indicative. This change occurs only when the stress falls on the stem vowel. Because of this, the **nosotros** and **vosotros** forms do not have a stem change.

1. In some **-ar, -er,** and **-ir** verbs the stem vowel **e** changes to **ie** when it is stressed.

pensar* *to think*	**entender** *to understand*	**preferir** *to prefer*
pienso	entiendo	prefiero
piensas	entiendes	prefieres
piensa	entiende	prefiere
pensamos	entendemos	preferimos
pensáis	entendéis	preferís
piensan	entienden	prefieren

Other common stem-changing **-ar, -er,** and **-ir** verbs:

cerrar	perder	mentir
comenzar	querer	sentir
despertar		convertir
empezar		

2. In some **-ar, -er,** and **-ir** verbs the stem vowel **o** changes to **ue** when it is stressed.

contar *to count*	**poder** *to be able*	**dormir** *to sleep*
cuento	puedo	duermo
cuentas	puedes	duermes
cuenta	puede	duerme
contamos	podemos	dormimos
contáis	podéis	dormís
cuentan	pueden	duermen

Other common **-ar,-er,** and **-ir** verbs with the same stem changes:

almorzar	encontrar	recordar	morir
costar	mostrar	volver	

3. In some **-ir** verbs the stem vowel **e** changes to **i** when it is stressed.

pedir *to ask for*

pido	pedimos
pides	pedís
pide	piden

---

*Note: **pensar de** = *to think of (have an opinion);* **pensar en** = *to think about;* **pensar** + infinitive = *to intend, to plan.*

Other common **-ir** verbs with the same stem change:

medir   *(to measure)*   servir
repetir   vestir

Other Stem-Changing Verbs

Some stem-changing verbs vary somewhat from the above patterns. The verb **jugar** changes **u** to **ue**. The verb **oler** (**o** to **ue**) adds an initial **h** to the forms requiring a stem change.

jugar *to play*		**oler** *to smell*	
j**ue**go	jugamos	**hue**lo	olemos
j**ue**gas	jugáis	**hue**les	oléis
j**ue**ga	j**ue**gan	**hue**le	**hue**len

PRÁCTICA

A. Read the following brief narrative. Then retell it from the point of view of the persons listed.

Pienso volver de España el sábado. Quiero ir directamente a casa. Duermo dos días antes de visitar con mis amigos. Luego puedo invitarlos a casa para una fiesta. Sirvo unos refrescos y les muestro las fotos del viaje a ellos.

(Claudia, Raúl y yo, tú, los estudiantes, Ud.)

B. Complete each sentence with the correct form of the verb given in parentheses. Then repeat each sentence substituting the new subject given after each sentence.

1. Carlos nunca (perder) _____ su dinero. (Uds.)
2. Yo (pensar) _____ salir temprano. (ella)
3. Ellos me (contar) _____ la historia. (el profesor)
4. Silvia no (encontrar) _____ el diccionario. (nosotros)
5. Yo no (recordar) _____ su explicación. (tú)
6. ¿(volver) _____ tú al pueblo hoy? (ellos)
7. Yo no (poder) _____ dormir. (nosotros)
8. Sus amigos (jugar) _____ al tenis. (yo)
9. Los jóvenes (servir) _____ los refrescos a sus amigos. (Carmen)
10. Las flores (oler) _____ bien. (el aire)

C. Classes are over for the week. Using the verbs given in parentheses on page 12, describe the weekend plans of you, your friends, and your family.

Modelo   (querer) mi primo / ir a la playa
Mi primo quiere ir a la playa.

(querer)

1. yo / salir con mis amigos
2. tú / ir de compras
3. Silvia y yo / estudiar el español

(preferir)

4. mis padres / visitar a nuestros abuelos
5. Ud. / dormir diez horas
6. los estudiantes / ir al cine

(pensar)

7. el profesor / preparar un examen
8. Ricardo y Elena / hacer la tarea
9. mi hermanito / mirar televisión

Now describe other plans that you may have.

D. Your friends are talking about some of the things they do. Answer their questions about your activities.

Modelo   Contamos la historia de España. ¿Qué cuenta Ud.?
Cuento la historia de Italia.

1. Queremos ir a Francia. ¿Adónde quiere ir Ud.?
2. Pensamos terminar la tarea hoy. ¿Cuándo piensa Ud. terminar la tarea?
3. Podemos llegar temprano a la clase. ¿Cuándo puede Ud. llegar?
4. Jugamos al tenis. ¿A qué juega Ud.?
5. Pedimos permiso para salir al profesor. ¿A quién pide Ud. permiso?
6. Empezamos a estudiar a las ocho. ¿A qué hora empieza Ud.?
7. Siempre almorzamos a las dos. ¿A qué hora almuerza Ud.?
8. Preferimos ir al cine con nuestros amigos. ¿Con quién prefiere Ud. ir al cine?
9. Repetimos todas las palabras nuevas. ¿Repite Ud. las palabras también?
10. Siempre dormimos bien. ¿Cómo duermes tú?

Spelling-Change Verbs

Many verbs undergo a spelling change in the first person singular of the present indicative in order to maintain the pronunciation of the last consonant of the stem.

1. Verbs ending in a vowel plus **-cer** or **-cir** have a change from **c** to **zc** in the first person singular.

conducir:	conduzco	**ofrecer:**	ofrezco
conocer:	conozco	**producir:**	produzco
obedecer:	obedezco	**traducir:**	traduzco

2. Verbs ending in **-guir** have a change from **gu** to **g** in the first person singular.

conseguir* *(e to i stem change)*

consigo	conseguimos
consigues	conseguís
consigue	consiguen

Other commonly used **-guir** verbs:

distinguir: distingo **seguir:** sigo *(e to i stem change)*

3. Verbs ending in **-ger** or **-gir** have a change from **g** to **j** in the first person singular.

corregir* *(e to i stem change)*

corrijo	corregimos
corriges	corregís
corrige	corrigen

Other commonly used **-ger** and **-gir** verbs:

coger *(to catch, pick):* cojo **dirigir** *(to direct):* dirijo

PRÁCTICA

A. Change the verbs from the first person plural to the first person singular.

Modelo   Conducimos a Barcelona.
Conduzco a Barcelona.

1. Conocemos a María.
2. Corregimos las frases.
3. Conseguimos el pasaporte.
4. Cogemos las flores.
5. Traducimos las frases.
6. ¿Seguimos por esta calle?
7. Dirigimos el proyecto.
8. Distinguimos entre lo malo y lo bueno.
9. Obedecemos al profesor.
10. Producimos programas especiales.

B. Complete each sentence with the correct present indicative form of the verb in parentheses. Then repeat each sentence substituting the new subject given after each sentence.

1. Yo (conocer) _____ bien a sus amigos. (nosotros)
2. Los alumnos (traducir) _____ las frases al español. (yo)
3. La escuela (ofrecer) _____ clases de idiomas extranjeros. (las universidades)
4. Yo (producir) _____ muchos libros para niños. (ella)

_____

*Note that some spelling-change verbs also have a stem vowel change. The stem vowel change occurs, as usual, in the first, second, and third person singular and in the third person plural.

5. Yo (conseguir) _____ permiso para ir al partido. (tú)
6. El profesor (distinguir) _____ entre los buenos y los malos estudiantes. (ellos)
7. Yo siempre (obedecer) _____ las reglas de la universidad. (nosotros)
8. Nosotros (corregir) _____ la tarea en clase. (Uds.)

C. Answer the following questions.

1. ¿Traduce Ud. muchos o pocos de los ejercicios de cada lección?
2. ¿Sigue Ud. un curso difícil o fácil en la universidad?
3. ¿Corrige Ud. algunos de sus errores o todos?

The Present Indicative of Irregular Verbs

Some Spanish verbs are irregular in the present tense.

1. Commonly used verbs that have irregularities only in the first person singular of the present indicative:

caer:	caigo, caes, cae, caemos, caéis, caen
hacer:	hago, haces, hace, hacemos, hacéis, hacen
poner:	pongo, pones, pone, ponemos, ponéis, ponen
saber:	sé, sabes, sabe, sabemos, sabéis, saben
salir:	salgo, sales, sale, salimos, salís, salen
traer:	traigo, traes, trae, traemos, traéis, traen
valer:	valgo, vales, vale, valemos, valéis, valen
ver:	veo, ves, ve, vemos, veis, ven

2. Commonly used verbs that have irregularities in other forms in addition to the first person singular:

decir:	digo, dices, dice, decimos, decís, dicen
estar:	estoy, estás, está, estamos, estáis, están
haber:*	he, has, ha, hemos, habéis, han
ir:	voy, vas, va, vamos, vais, van
oír:	oigo, oyes, oye, oímos, oís, oyen
ser:	soy, eres, es, somos, sois, son
tener:	tengo, tienes, tiene, tenemos, tenéis, tienen
venir:	vengo, vienes, viene, venimos, venís, vienen

PRÁCTICA

A. Read the following brief narrative. Then retell it from the point of view of the persons listed.

_____

*__Hay__ is the impersonal form of the verb **haber**. It means _there is_ or _there are_.

Digo la verdad. Hago la tarea durante la clase. Por eso no oigo bien al profesor. Estoy aquí para estudiar idiomas extranjeros pero sé que tengo que estudiar más para tener éxito en las clases.

(ella, los estudiantes, tú, nosotros, Uds.)

B. Complete each sentence with the correct form of the verb in parentheses. Then repeat each sentence substituting the new subject given after each sentence.

1. Ellos (decir) _____ que quieren ir también. (Elena)
2. Felipe (tener) _____ los ejercicios para mañana. (yo)
3. Los jóvenes (ir) _____ a la universidad. (nosotros)
4. Yo no (oír) _____ bien. (él)
5. El papel no (estar) _____ en el cuaderno. (los lápices)
6. Según Miguel, el reloj no (valer) _____ ni un centavo. (los libros)
7. Yo (ver) _____ la torre de la iglesia desde mi ventana. (Juan y José)
8. Nosotros (salir) _____ hoy para Chile. (yo)
9. ¿(ser) _____ tú de un pueblo cercano? (Uds.)
10. (haber) _____ muchos estudiantes en la clase. (una francesa)

C. Say whether or not you and your friends do the following things.

Modelo yo / hacer la tarea en la biblioteca
Sí, hago la tarea en la biblioteca.

OR

No, no hago la tarea en la biblioteca.

1. mi amigo / poner sus libros en la mesa del profesor
2. Carlos y yo / saber muchas palabras del español antiguo
3. yo / salir para la universidad a las ocho
4. Juan y Luisa / traer sus cuadernos a la clase
5. Alfonso / ir a la conferencia *(lecture)* esta noche
6. mis amigos / oír la explicación del profesor

D. Ask a classmate the following questions.

1. ¿Siempre dices la verdad?
2. ¿Vienes temprano a la clase todos los días?
3. ¿Vas a la cafetería después de la clase?
4. ¿Sales ahora para la biblioteca?
5. ¿En este momento estás en la clase de historia?
6. ¿Sabes todas las respuestas de los ejercicios?
7. ¿Traes papel y lápiz a la clase?
8. ¿Eres buen(a) estudiante?

Adjectives

A. *Singular forms*

1. Adjectives agree in gender and number with the nouns they modify.* The singular endings are **-o** for masculine adjectives and **-a** for feminine ones.

   el muchacho americano   la muchacha americana

2. Adjectives that end in **-dor** in the masculine are made feminine by adding **-a**. Adjectives of nationality that end in a consonant are also made feminine by adding **-a**.

   un hombre trabajador   una mujer trabajadora
   un coche francés   una bicicleta francesa
   el profesor español   la profesora española

3. Some adjectives are the same in the masculine and feminine.

   un examen difícil   una lección difícil
   un libro interesante   una novela interesante
   el amigo ideal   una chica ideal

B. *Plural forms*

1. Adjectives form their plurals the same way nouns do. An **-s** is added to adjectives that end in a vowel, and an **-es** is added to those that end in a consonant. If the adjective ends in **z**, the **z** changes to **c** and **-es** is added.

   la corbata roja   las corbatas rojas
   el guitarrista español   los guitarristas españoles
   el niño feliz   los niños felices

2. If an adjective follows and modifies both a masculine and a feminine noun, the masculine plural form is used.

   Los señores y las señoras son simpáticos.
   El libro y la pluma son nuevos.

3. When an adjective precedes two nouns of different genders, it will agree with the closest noun.

   Hay muchas plumas y papeles aquí.
   Hay varios libros y fotos en la mesa.

---

*After **ser**, predicate adjectives agree in number and gender with the subject. **Él es francés. Ellas son francesas.**

C. Position of adjectives

There are two classes of adjectives in Spanish: limiting and descriptive.

1. Limiting adjectives include numerals, demonstratives, possessives, and interrogatives. They usually precede the noun.

dos fiestas   la segunda lección
algunos compañeros   mucho dinero
ese boleto   nuestra clase

    a. Ordinal numbers may follow the noun when greater emphasis is desired.

        la lección segunda   el capítulo octavo

    b. Stressed possessive adjectives always follow the noun.

        un amigo mío *(stressed)*   unas tías nuestras *(stressed)*

2. Descriptive adjectives may either precede or follow the noun they modify.

    a. When they follow a noun, they distinguish that noun from another of the same class.

        la casa blanca   el hombre gordo
        la casa verde   el hombre flaco

    b. When they precede a noun, they denote an inherent quality of that noun, that is, a characteristic normally associated with the particular noun.

        los altos picos   un complicado sistema
        la blanca nieve

    c. Adjectives of nationality always follow the noun.

        Tiene un coche alemán.

3. Some adjectives change their meaning depending on whether they precede or follow the noun.

mi viejo amigo   mi amigo viejo
my old friend (of long standing)   *my friend who is old*

mi antigua profesora   una puerta antigua
my former teacher   *an ancient door*

el pobre hombre   el hombre pobre
the poor man (unfortunate)   *the poor man (impoverished)*

las grandes mujeres   las mujeres grandes
the great women   *the big women*

varios libros   libros varios
several books   *miscellaneous books*

el mismo cura   el cura mismo
the same priest   *the priest himself*

el único hombre	un hombre único
the only man	*a unique man*
medio hombre	el hombre medio
half a man	*the average man*

4. When two or more adjectives follow the noun, the conjunction **y** is generally used before the last adjective.

gente sencilla y pobre	gente sencilla, pobre y oprimida
simple, poor people	*simple, poor, oppressed people*

D. Shortening of adjectives

Some adjectives are shortened when they precede certain nouns.

1. The following common adjectives drop their final **-o** before masculine singular nouns: **uno, bueno, malo, primero, tercero.**

buen tiempo	mal ejemplo
el primer día	tercer viaje
un hombre	

2. Both **alguno** and **ninguno** drop their final **-o** before masculine singular nouns and add an accent on the final vowel.

Algún día llego a tiempo.
Someday I'll arrive on time.

No hay ningún remedio.
There is no solution.

3. **Santo** becomes **San** before masculine saints's names, except those beginning with **Do-** or **To-**.

San Francisco

     BUT

Santo Domingo
Santo Tomás

4. **Grande** is shortened to **gran** before singular nouns of either gender.

un gran día
una gran mujer

5. **Ciento** becomes **cien** before all nouns and before **mil** *(thousand)* and **millones** *(million)*. It is not shortened before any other numeral.

cien hombres
cien mil coches
cien millones de pesos

     BUT

ciento cincuenta jugadores

PRÁCTICA

A. Change the nouns in the following sentences to the plural, making all necessary changes.

1. El edificio es moderno.
2. El hombre es inglés.
3. La novela es interesante.
4. La lección es difícil.
5. El chico es feliz.
6. La mujer es vieja.

B. Change the nouns in the following sentences to the feminine, making all other necessary changes.

1. El señor es español.
2. Su primo es simpático.
3. Es un joven trabajador.
4. Es un pianista famoso.
5. El hijo es francés.

C. Change these phrases to the masculine forms.

1. una gran mujer
2. la pintora alemana
3. ninguna señora
4. varias compañeras
5. alguna amiga

D. Change the following to the singular.

1. los primeros meses
2. unos malos caminos
3. las grandes mujeres
4. algunos bailes cubanos
5. nuestros buenos compañeros

E. Describe your Spanish class and the students in it by completing the following sentences. Use additional adjectives, if you wish.

1. Los estudiantes de esta clase (no) son _____.
   (inteligente / simpático / trabajador / viejo / bueno / malo / único / feliz / francés)
2. La clase (no) es _____.
   (grande / difícil / interesante / bueno / aburrido / fácil)

F. Express in Spanish the following information about a new book that everyone is reading.

1. The book on the table describes a unique story.
2. It is the story of an elderly woman who lives in a small house in the high peaks of the Pyrenees (Pirineos).

3. The people believe that she is a poor, simple woman, but her old friend knows that she is wealthy.
4. Margarita is the only woman in the village *(aldea)* who knows the truth.
5. Many students in the university read this book.
6. There are several stores here that have 100,000 copies to sell, but we are selling only 112.

The Personal *A*

A. Uses

The personal **a** is used:

1. when the direct object of the verb refers to a specific person or persons.

   Él lleva a Marta al baile.
   He is taking Marta to the dance.

   Invito a tus hijas a la fiesta.
   I'm inviting your daughters to the party.

2. when the direct object of the verb is a personified noun or a domestic animal.

   Teme a la muerte.
   He fears death.

   Busco a mi perro.
   I'm looking for my dog.

3. with the indefinite nouns **alguien, nadie, cada uno, alguno(-a),** and **ninguno(-a).**

   ¿Ves a alguien en la calle?
   Do you see someone (anyone) in the street?

   No veo a nadie.
   I don't see anyone.

   No conozco a ninguno.
   I don't know any (of them).

4. with **¿quién(-es)?** when the expected answer would require a personal **a.**

   ¿A quién ve Paco?
   Whom does Paco see?

   Ve a su mamá.
   He sees his mother.

B. Exceptions

1. There is a tendency to omit the personal **a** before collective nouns.

   Conozco la familia.
   I know the family.

2. The personal **a** usually is not used after **tener**.

   Tengo algunos amigos cubanos.
   I have some Cuban friends.

PRÁCTICA

A. Complete the sentences with the personal **a** where needed.*

1. Llama _____ su hija por teléfono.
2. Ellos tienen _____ muchos primos en España.
3. Tratan de encontrar _____ unos libros distintos.
4. Invito _____ los jóvenes al baile.
5. Espero _____ el autobús para ir a la escuela.
6. Paco mira _____ su profesor.
7. Encuentro _____ mis amigas en el café.
8. Ellas oyen _____ su música predilecta.
9. Susana visita _____ la casa de su abuela todos los días.
10. Veo _____ mis tíos en la tienda.

B. Complete the sentences with the personal **a** when necessary.

1. Busco una casa. (un libro / un amigo / un profesor / un lápiz / unas chicas / unos papeles)
2. Miramos las fotografías. (nuestros padres / la televisión / las mujeres / el presidente / la ventana)

REPASO

I. Make statements following the pattern given in the model.

Modelo   Él vive en España. Habla español. (los chicos)
              Los chicos viven en España. Hablan español.

1. María vive en México. Empieza a estudiar inglés. (nosotros)
2. El hombre está en casa. Debe salir en seguida. (yo)
3. Tomás trabaja en la capital. Es del campo. (las mujeres)
4. Elena es vieja. No sale nunca. (tú)

---

*The personal **a** contracts with **el** to form **al**.

II. Give a complete sentence in the present indicative using the words in the order given. Make all changes that may be necessary and add any elements (articles, prepositions, etc.) that may be missing. Don't forget that **de** contracts with **el: del,** and **a** contracts with **el: al**.

1. Ramón / no / querer / ir / clase / hoy
2. Elena / preferir / distraer / profesor
3. todos / deber / escuchar / explicación / profesor
4. profesor / hablar / influencias / extranjero / sobre / español
5. lengua / español / tener / uno / palabras / alemán
6. árabes / aportar / mucho / palabras / lengua / español / moderno
7. yo / conocer / bien / influencia / latín / sobre / español
8. estudiantes / discutir / ejercicios / aunque / tener / sueño

III. Ask a classmate the following questions. (Be prepared to share this information with the rest of the class.)

1. ¿De dónde eres?
2. ¿Por qué estudias en esta universidad?
3. ¿Qué curso sigues?
4. ¿Cuál es tu clase favorita?
5. ¿Crees que los idiomas extranjeros son interesantes? ¿Por qué?
6. ¿Crees que es importante saber más de un idioma? ¿Por qué?
7. ¿Cómo puedes usar el idioma que estudias?
8. ¿Crees que es necesario saber la base de cada idioma? ¿Por qué?

IV. Tell a classmate whether or not you do the things indicated in parentheses when you are in the situation or place mentioned. Your classmate should take mental or written notes and relate back to you what you told him/her.

Modelo en la cafetería (comer)
Cuando estoy en la cafetería, como (no como).
CLASSMATE: *Cuando estás en la cafetería, comes.*

1. en esta clase (oír las explicaciones del profesor / mirar el reloj / escribir en mi cuaderno / repetir las frases / hablar español)
2. en la biblioteca (hacer mi tarea / charlar con unos amigos / leer el periódico / traducir los ejercicios / corregir mi composición)

▣ INTERCAMBIOS

EL ARTE DE CONVERSAR

When you want to have a conversation in Spanish, there are several strategies that you can use to facilitate communication. If you use these strategies on a regular basis, your ability to carry on a meaningful conversation will improve.

These strategies will help you understand the speaker's message and help you to respond meaningfully to what is said. They will also provide you with techniques to initiate, maintain, and end conversations. Some basic strategies for communication will be presented in this and subsequent units of the text. Whenever possible, try to use them along with what you already know about communicating in your own language and about human interaction in general.

Nonverbal Communication

A great deal of meaning is conveyed to the listener through facial expressions, gestures, and body language. These nonverbal clues will often tell you if the speaker is sad, happy, angry, content, tired, bored, etc. Certain gestures will tell you if the speaker understands what you are saying; others will indicate if the speaker is hungry, thirsty, on the point of leaving, saying good-bye, etc. Be aware of these signs, as they will help you better understand the meaning of the message that the speaker is trying to convey.

CONVERSACIÓN CONTROLADA

En la sala de clase. Ramón, un estudiante, está en una sala de clase de la universidad. Es el primer día de clases y allí empieza a hablar con Elena, una estudiante. Con un(a) compañero(a) de clase, prepare Ud. un diálogo según las siguientes indicaciones.

Ramón	Elena
Ramón says hello and asks the girl what her name is.	Elena says hello also and says that her name is Elena. Then she asks Ramón what his name is.
Ramón tells her his name and then asks where Elena is from.	Elena says that she is from California. Then she asks Ramón where he is from.
Ramón says that he is from Nevada. Then he asks Elena why she is studying Spanish at the university.	Elena answers that she is studying Spanish because she wants to visit her relatives in Mexico and that they cannot speak English. Then she asks Ramón why he is studying Spanish.
Ramón answers that he is studying Spanish because he wants to work and travel in Spain. Then he asks her if she wants to go with him to the cafeteria after class for coffee.	Elena says yes, and that she'll see him later.
Ramón says good-bye.	

Con un(a) compañero(a) de clase, prepare un diálogo que corresponda a una de las siguientes situaciones.

En la oficina de español. Un(a) estudiante quiere entrar en una clase intermedia de español. El (la) profesor(a) le pide datos personales para saber si el (la) estudiante sabe bastante para entrar en la clase.

Amigos nuevos. Un(a) estudiante encuentra a otro(a) estudiante en el pasillo *(hallway)*. No se conocen. Empiezan a hablar. Cada estudiante quiere saber de dónde es el (la) otro(a), por qué está en esta universidad, qué estudia y las razones por qué estudia el español.

▣ A CONVERSAR

A. *Diálogo*

Lea Ud. el siguiente diálogo. Después, conteste Ud. las preguntas.

ÁNGEL   Carmen, tengo dos boletos para el partido de baloncesto. ¿Quieres ir conmigo?

CARMEN   ¡Oh, sí! A mí me encanta el básquetbol.

ÁNGEL   Bueno, me alegro, pero no uses esa palabra.

CARMEN   ¿Por qué no? Todos usan «básquetbol». Casi nadie dice «baloncesto».

ÁNGEL   Tienes razón, pero la gente está equivocada. Hay que usar la palabra castiza, más española. No debemos contaminar nuestra lengua con anglicismos.

CARMEN   ¡Uy! Contaminar es una palabra muy fuerte. Entonces, según tu criterio debemos eliminar todas las palabras de origen árabe, las que comienzan con «al», por ejemplo.

ÁNGEL   No digo eso. Esas palabras forman parte del idioma.

CARMEN   ¡Pero, chico! ¡«Básquetbol» ya forma parte del idioma también!

Preguntas

1.   ¿Qué tiene Ángel?   2.   ¿Quiere Carmen ir al partido con Ángel? ¿Por qué?
3.   Según Ángel, ¿qué palabra es mejor usar, «baloncesto» o «básquetbol»? ¿Por qué?   4.   De las dos palabras, ¿cuál es un anglicismo? ¿una palabra castiza?
5.   Según Ángel, ¿por qué no deben usar los anglicismos?   6.   Según Carmen, si no es posible usar los anglicismos, ¿cuáles de las palabras del idioma español deben eliminar también?   7.   ¿Qué palabra o palabras de origen español usamos en inglés?

B. Discusión: las lenguas y las influencias extranjeras

Indique Ud. sus reacciones ante las siguientes ideas y explique por qué. Después, compare sus reacciones con las de sus compañeros de clase.

1. Cuando uno habla inglés, español u otro idioma, debe...
    a. usar cualquier palabra extranjera que quiera.
    b. rechazar completamente el uso de palabras extranjeras.
    c. usar sólo las palabras extranjeras que no tienen equivalente en su lengua.

2. El uso de palabras extranjeras...
    a. contamina el idioma.
    b. enriquece el idioma.
    c. no tiene ninguna importancia.

3. La influencia del inglés sobre otros idiomas es...
    a. buena porque el inglés debe ser el idioma dominante en el mundo.
    b. útil porque presta palabras nuevas que son necesarias.
    c. mala porque destruye la individualidad de los idiomas.

4. Una lengua debe...
    a. mantenerse fija e invariable.
    b. aceptar palabras nuevas pero mantener su estructura fundamental.
    c. adaptarse y evolucionar con el tiempo, incluso en su gramática.

5. Los hablantes de cada idioma deben...
    a. reconocer un dialecto oficial y rechazar otros dialectos.
    b. aceptar todos los dialectos, pero usar sólo uno en la lengua escrita.
    c. aceptar todos los dialectos.

6. En el mundo moderno...
    a. se necesita una lengua universal.
    b. todos deben aprender lenguas extranjeras.
    c. no es necesario tener una lengua universal ni aprender otras lenguas porque hay traductores e intérpretes.

C. Temas de conversación o de composición

1. ¿Sabe Ud. si hoy día el idioma inglés tiene alguna influencia sobre el español? ¿y sobre otros idiomas? ¿Por qué?
2. ¿Sabe Ud. si el inglés contiene palabras que vienen del español? Dé Ud. algunos ejemplos. (Si necesita inspirarse, puede mirar un mapa de los Estados Unidos.)
3. ¿Qué otras lenguas aportan palabras o expresiones al inglés? Dé Ud. algunos ejemplos.
4. ¿Qué sabe Ud. acerca de la evolución del inglés?

D. Descripción y expansión

1. ¿Qué hay en la clase? Identifique Ud. todos los objetos que se pueden ver en el dibujo.

   Modelo   Hay *una mesa* en la clase.

2. Describa Ud. lo que pasa en la clase.

3. Conteste las siguientes preguntas.

   a. ¿En qué clase estamos?
   b. ¿Qué península podemos ver?
   c. ¿Qué países están en esta península?
   d. ¿Dónde está Madrid?
   e. ¿Por qué es importante la ciudad de Madrid?
   f. ¿Es España un país grande o pequeño? ¿y Portugal?
   g. ¿Quiénes conquistan la península en el año 200 antes de Cristo?
   h. ¿Quiénes invaden la península desde el norte de Europa en el siglo V después de Cristo?
   i. ¿De dónde vienen los moros para invadir la península?
   j. ¿Quiere Ud. visitar España? ¿Por qué?

4. Opiniones

   a. ¿Qué opina Ud. de esta universidad? ¿Por qué?
   b. ¿Qué opina Ud. esta clase? Explique.
   c. ¿Cuál es su opinión respecto al estudio de los idiomas extranjeros?

Yo si hablo inglés...
Lo que pasa es que
nadie me entiende.

Para HABLAR en inglés, usted necesita aprender su fonética. Es decir: cómo se pronuncia cada palabra. Porque usted puede perfeccionar su gramática con el tiempo, y aumentar su vocabulario. Pero si su pronunciación es mala desde el principio, le costará mucho trabajo corregirla en el futuro.

"INGLES LOGICO", del Colegio CORONET HALL, le enseña a CONVERSAR en inglés. Desde la primera clase usted aprende a construir frases y oraciones y a PRONUNCIARLAS. En 6 meses, LE GARANTIZAMOS que usted habla inglés. Nuestro curso es tan bueno, que lo usan en Estados Unidos para enseñar inglés. ¿No le parece asombroso?

Aprenda a CONVERSAR EN INGLES con el METODO "INGLES LOGICO", exclusivo del Colegio CORONET HALL... GARANTIZADO EN SEIS MESES.

"INGLES LOGICO" COLEGIO CORONET HALL. SIN SUCURSALES. ENSEÑANZA PERSONAL. GARANTIZADO EN 6 MESES. EL CURSO QUE SE USA EN ESTADOS UNIDOS... GOT IT?

Inscripción S.E.P. 1-85071: Estudios sin reconocimiento de validez oficial

Colegio *Coronet Hall*

COLIMA Nº 159,
COL. ROMA, MEXICO. D.F
TELS. 533-31-83, 514-28-21

MATERIALES AUTÉNTICOS

El estudio de inglés. El estudio de inglés es muy importante en muchos de los países hispánicos, especialmente entre las personas que participan en los negocios. Lea el anuncio del periódico mexicano, *EXCELSIOR,* y conteste las preguntas que siguen.

1. ¿Qué idioma habla el hombre en la foto?
2. ¿Qué es su problema?
3. Según el anuncio, ¿qué necesita Ud. para hablar en inglés?

4. ¿Qué es más importante, perfeccionar su gramática o pronunciar bien? ¿Por qué?
5. ¿Qué le enseña a Ud. a hacer el «INGLES LOGICO» desde la primera clase?
6. ¿Qué garantiza el Colegio Coronet Hall?
7. ¿Dónde se usa este curso para enseñar inglés?
8. Según el anuncio, ¿cuánto tiempo necesita Ud. para aprender a hablar inglés? ¿Es suficiente? Explique.
9. En su opinión, ¿es más fácil aprender el español o el inglés? ¿Por qué?

2

Orígenes de la cultura hispánica: América

Chichén Itzá en Yucatán fue uno de los grandes centros mayas. La pirámide en la foto se llama «El Castillo». ¿Qué revela de la civilización maya?

(La discusión continúa.)

RAMÓN   Todavía no pude estudiar los verbos reflexivos. ¿Y tú?

ELENA   No. Tenemos que distraer al profesor de nuevo. Tú le puedes hacer la pregunta esta vez.

5 RAMÓN   Bien. Creo que se la voy a hacer sobre el mismo asunto. La última vez habló toda una hora acerca de las influencias extranjeras sobre el español. Le encantó ese tema. Mira, ya está aquí.

PROF.   Buenos días. Hoy vamos a analizar los verbos reflexivos. Ah, sí, Ramón, ¿tienes una pregunta?

10

RAMÓN   En la clase anterior estábamos comentando eso de las influencias extranjeras. Su discusión fue muy interesante pero solamente llegó hasta los moros. ¿No hubo otras influencias?

15 PROF.   Claro que hubo otras.

RAMÓN   ¿Cuáles fueron? Hubo influencia de los indios americanos, ¿no?

PROF.   Sí, los españoles tomaron muchas palabras, o lo que llamamos préstamos, de las lenguas indígenas, especialmente del náhuatl y del quechua.[1]

20

RAMÓN   ¿Por qué?

PROF.   Pues, los españoles encontraron en América muchos animales y plantas desconocidos. Naturalmente, el español no tenía nombres para estas cosas. No les quedó más remedio que incorporar al idioma las palabras que empleaban los indios.

25

ELENA   ¿Cuáles son algunos de los préstamos?

PROF.   Bueno, entre los comestibles la batata, la papa, el maíz, el chocolate, el tomate y el cacao. Como puedes ver, algunas de estas palabras después pasaron del español al inglés.

batata sweet potato

30

RAMÓN   ¿Sólo nombres de comestibles?

PROF.   No, otros también como huracán, hule, hamaca y nombres de animales como el puma, el caimán, el cóndor y el tiburón. La mayoría de estos préstamos se refieren a cosas naturales. Bueno, y ahora volvamos a los verbos…

*hule (m) rubber /
hamaca ham-
mock
caimán alligator
tiburón shark*

35

ELENA   Pero, ¿y después de la influencia de los indios?

PROF.   Después hubo influencia del francés[2] en el siglo XVIII, cuando Francia era un país muy poderoso en Europa. También el inglés ha influido mucho[3] en el siglo XX, especialmente en el vocabulario tecnológico. Pero debemos volver a la lección.

40

RAMÓN   Ya no queda tiempo, profesor.

45 PROF.   Ah, ¡qué lástima! Ahora ya no pueden hacer preguntas sobre los verbos reflexivos. Aparecen en el examen que vamos a tener al principio de la próxima clase.

ELENA *(a Ramón)* ¡Ay, Dios mío! ¿Qué hacemos ahora, Ramón?

▣ NOTAS CULTURALES

[1] **del náhuatl y del quechua:** El náhuatl es el idioma de los aztecas; el quechua es el de los incas. Estas lenguas todavía se hablan en los países donde hay grandes concentraciones de población india: México, Guatemala, el Perú, Bolivia y el Ecuador.

[2] **influencia del francés:** En el siglo XVIII, Francia llegó a dominar la cultura europea. El francés influyó en el español de la época, especialmente en el lenguaje culto, escolar y gubernamental. Esta influencia se limitó a la introducción de galicismos (palabras y frases francesas), que reemplazaron palabras y frases que venían usándose en español. Más tarde hubo una reacción en contra de esta tendencia.

[3] **También el inglés ha influido mucho:** En los siglos XIX y XX, el poder económico y político de Inglaterra primero y de los Estados Unidos después facilitó la introducción de anglicismos en casi todas las lenguas del mundo.

▣ VOCABULARIO ACTIVO

Estudie estas palabras.

Verbos

comentar to discuss
encantar to delight, enchant; **le encanta** he / she loves
reemplazar to replace

Sustantivos

el asunto matter
el cacao chocolate
el comestible food, foodstuff
el huracán hurricane
el maíz corn, maize
la papa potato
el préstamo loan
el remedio solution

Adjetivos

culto, -a cultured, refined
escolar scholastic
indígena indigenous; Indian
poderoso, -a powerful
próximo, -a next
tecnológico, -a technological

Otras expresiones

quedarle a uno to have left; **no les quedó más remedio** they had no other solution
claro (que) of course
eso de the matter of
lo que what
¡Qué lástima! What a shame!

Comprensión

1. ¿Por qué tienen que hacer otra pregunta los alumnos?   2. ¿Quién la va a hacer esta vez?   3. ¿Sobre qué tema es la pregunta?   4. ¿Le gusta al profesor el tema

de las influencias extranjeras?   5.   ¿Hasta dónde llegó el profesor en la clase anterior?   6.   ¿De qué influencias habla el profesor hoy?   7.   ¿De qué lenguas indígenas tomaron palabras los españoles?   8.   ¿Qué son los préstamos?   9.   ¿Por
qué necesitaban tomar palabras de esas lenguas?   10.   ¿Cuáles son algunos de
los préstamos?   11.   ¿Qué otras lenguas influyeron en el español moderno?
12.   ¿Por qué no terminaron la lección?   13.   ¿Sobre qué va a ser el examen de la
próxima clase?

Opiniones

1.   ¿Puede Ud. pensar en unas palabras que usamos en inglés y que son préstamos
del idioma español? ¿Cuáles son?   2.   ¿Qué sabe Ud. de la civilización de los
aztecas? ¿de los incas?   3.   En su opinión, ¿cuál de las civilizaciones indígenas es
más interesante, la de los aztecas o la de los incas? ¿Por qué?   4.   ¿Quiere Ud.
aprender más acerca de las civilizaciones e idiomas indígenas de las Américas? ¿Por
qué?   5.   ¿Cuál de los comestibles indígenas le gusta más a Ud.?   6.   ¿Le
encanta a Ud. estudiar las influencias extranjeras sobre el español? ¿Por qué?
7.   ¿Cree Ud. que el estudio de un idioma extranjero le ayuda a entender mejor su
propio idioma? ¿Por qué?   8.   ¿Por qué cree Ud. que es esencial estudiar los
verbos de un idioma?

▣ ESTRUCTURA

The Imperfect Tense

A. Regular verbs

The imperfect tense is formed by dropping the infinitive endings and adding the
following endings to the stem: **-aba, -abas, -aba, -ábamos, -abais,** and **-aban** for
-ar verbs; **-ía, -ías, -ía, -íamos, -íais,** and **-ían** for **-er** and **-ir** verbs.

llamar *to call*		**comer** *to eat*		**vivir** *to live*	
llamaba	llamábamos	comía	comíamos	vivía	vivíamos
llamabas	llamabais	comías	comíais	vivías	vivíais
llamaba	llamaban	comía	comían	vivía	vivían

B. Irregular verbs

Only three verbs are irregular in the imperfect.

ir:	iba, ibas, iba, íbamos, ibais, iban
ser:	era, eras, era, éramos, erais, eran
ver:	veía, veías, veía, veíamos, veíais, veían

The imperfect tense has the following English equivalents:

Tù llamabas
$$\begin{cases} \textit{You called} \\ \textit{You used to call} \\ \textit{You were calling} \end{cases}$$

PRÁCTICA

A. Read the following brief narrative. Then retell it from the point of view of the persons listed.

En la clase yo comentaba siempre las influencias indígenas sobre el vocabulario del idioma español. También aprendía a analizar los verbos reflexivos con frecuencia. Todas las noches iba a la biblioteca para estudiar la tarea de la clase. Yo era un buen estudiante. Muchas veces veía a los amigos allá y visitaba con ellos.

(ellas, tú, nosotros, Juana, los estudiantes, Uds.)

B. Change the verbs in the following sentences from the present to the imperfect.

1. ¡Es una discusión magnífica!
2. Encuentran animales desconocidos en el Brasil.
3. ¡Claro que estamos en la biblioteca todas las noches!
4. Mis amigos viven en la capital.
5. Va a explicar el asunto después de la clase.
6. Los indios comen batatas con frecuencia.
7. Veo al profesor todos los días en la librería.
8. Ramón comenta muchas veces las lenguas indígenas.

C. With a classmate, tell whether or not you used to do the following things by answering the questions below.

1. ¿Vivía Ud. en México durante su niñez?
2. ¿Estudiaba Ud. el español en la escuela secundaria?
3. ¿Era Ud. estudiante de la universidad el año pasado?
4. ¿Veía Ud. a sus amigos todos los días la semana pasada?
5. ¿Iba Ud. a sus clases todos los días el semestre pasado?
6. ¿Hacía Ud. sus lecciones todas las noches en la biblioteca?
7. ¿Distraía Ud. a sus profesores en todas sus clases?
8. ¿Salía Ud. todas las noches?

The Preterite Tense of Regular Verbs

The preterite tense of regular verbs is formed by dropping the infinitive endings and adding the following endings to the stem: **-é, -aste, -ó, -amos, -asteis,** and **-aron** for **-ar** verbs; **í, -iste, -ió, -imos, -isteis,** and **-ieron** for **-er** and **-ir** verbs.

escuchar	*to listen to*	**comer**	*to eat*	**salir**	*to leave*
escuché	escuchamos	comí	comimos	salí	salimos
escuchaste	escuchasteis	comiste	comisteis	saliste	salisteis
escuchó	escucharon	comió	comieron	salió	salieron

PRÁCTICA

A. Read the following brief narrative. Then retell it from the point of view of the persons listed.

Escuché su conferencia acerca de las influencias extranjeras sobre el español con mucho interés. Después, salí con unos amigos para comer en un café y discutir el asunto. Comí una variedad de cosas de origen indígena como las papas fritas con salsa de tomate y una taza *(cup)* de chocolate. Pasé una noche muy agradable *(pleasant)* con amigos buenos, comida deliciosa y conversación animada *(lively)*.

(Elena y yo, tú, mi hermano, Tomás y Luisa, Ud.)

B. Tell what the following people did yesterday. Follow the model.

Modelo   mi padre / comprar un coche nuevo
   Mi padre compró un coche nuevo ayer.

1. el joven / escribir una carta
2. tú / perder tus libros
3. los estudiantes / asistir a la clase de historia
4. las muchachas / hablar con el profesor
5. mi hermana / trabajar en la biblioteca
6. mi amigo y yo / salir de casa
7. yo / escuchar música en el radio

C. With a classmate, answer the following questions. Then describe other activities you did yesterday.

1. ¿Entró Ud. tarde en la clase ayer?
2. ¿Comió Ud. con sus amigos en la cafetería ayer?
3. ¿Estudió Ud. la lección para hoy con mucho cuidado?
4. ¿Asistió Ud. a una conferencia?
5. ¿Aceptó Ud. una invitación a una fiesta?
6. ¿Volvió Ud. a casa después de sus clases?

Preterite Tense of Irregular Verbs

1. **Ir** and **ser** have the same forms in the preterite tense.

ir   *to go* / **ser**   *to be*

fui	fuimos
fuiste	fuisteis
fue	fueron

Paula **fue** a la clase anoche.
*Paula **went** to class last night.*

Fue una clase interesante.
*It **was** an interesting class.*

2. **Dar** and **ver** are also irregular in the preterite.

   dar: di, diste, dio
            dimos, disteis, dieron
   ver: vi, viste, vio
            vimos, visteis, vieron

3. Irregular verbs with the **u** change in the stem.

   andar: anduve, anduviste, anduvo
            anduvimos, anduvisteis, anduvieron
   estar: estuve, estuviste, estuvo
            estuvimos, estuvisteis, estuvieron
   haber: hube, hubiste, hubo
            hubimos, hubisteis, hubieron
   poder: pude, pudiste, pudo
            pudimos, pudisteis, pudieron
   poner: puse, pusiste, puso
            pusimos, pusisteis, pusieron
   saber: supe, supiste, supo
            supimos, supisteis, supieron
   tener: tuve, tuviste, tuvo
            tuvimos, tuvisteis, tuvieron

4. Irregular verbs with the **i** change in the stem.

   hacer: hice, hiciste, hizo
            hicimos, hicisteis, hicieron
   querer: quise, quisiste, quiso
            quisimos, quisisteis, quisieron
   venir: vine, viniste, vino
            vinimos, vinisteis, vinieron

5. Irregular verbs with the **j** change in the stem.

   decir: dije, dijiste, dijo
            dijimos, dijisteis, dijeron
   producir:*   produje, produjiste, produjo
            produjimos, produjisteis, produjeron
   traer: traje, trajiste, trajo
            trajimos, trajisteis, trajeron

Note that the verbs in items 3 and 4 above have the same irregular preterite endings. The verbs in item 5 also have the same irregular endings in all forms of the preterite with the exception of third person plural, which is **-eron,** not **-ieron**.

---

*Other verbs ending in **-ducir** conjugated like **producir: conducir, traducir**.

A. Spelling-change verbs

1. Verbs ending in -car, -gar, and -zar make the following changes in the first person singular of the preterite:

-car	c to qu
-gar:	g to gu
-zar:	z to c
buscar:	busqué, buscaste, buscó
	buscamos, buscasteis, buscaron
llegar:	llegué, llegaste, llegó
	llegamos, llegasteis, llegaron
empezar:	empecé, empezaste, empezó
	empezamos, empezasteis, empezaron

2. Certain -er and -ir verbs change i to y in the third person singular and plural. Note the accents.

caer:	caí, caíste, cayó
	caímos, caísteis, cayeron
creer:	creí, creíste, creyó
	creímos, creísteis, creyeron
leer:	leí, leíste, leyó
	leímos, leísteis, leyeron
oír:	oí, oíste, oyó
	oímos, oísteis, oyeron

B. Stem-changing verbs

1. Stem-changing -ir verbs that change e to ie or o to ue in the present tense change e to i and o to u in the third person singular and plural forms of the preterite.

preferir		dormir	
preferí	preferimos	dormí	dormimos
preferiste	preferisteis	dormiste	dormisteis
prefirió	prefirieron	durmió	durmieron

2. Stem-changing -ir verbs that change e to i in the present tense also change e to i in the third person singular and plural of the preterite.

repetir		pedir	
repetí	repetimos	pedí	pedimos
repetiste	repetisteis	pediste	pedisteis
repitió	repitieron	pidió	pidieron

3. The majority of -ar and -er stem-changing verbs in the present tense are regular in the preterite.

PRÁCTICA

A. Read the following brief narrative. Then retell it from the point of view of the persons listed.

Llegamos a Buenos Aires anoche. Buscamos un hotel en el centro. Después de comer, fuimos a un club nocturno *(night club)* donde oímos discos de ritmos latinoamericanos. Tuvimos que volver al hotel a la medianoche. Al entrar en el hotel, le dijimos al empleado que nos despertara *(to wake us up)* temprano por la mañana.

(yo, los profesores, tú, Francisco)

B. Change the verbs to the first person singular of the preterite.

1. Tocamos la trompeta.
2. Pagamos la cuenta en la tienda.
3. Comenzamos a trabajar a las siete.
4. Jugamos al tenis el sábado.
5. Empezamos los ejercicios para la próxima clase.
6. Buscamos a las muchachas para invitarlas al cine.
7. Almorzamos en un restaurante francés.
8. Dedicamos este poema a la profesora.
9. Reemplazamos los viejos libros de español.

C. Change the verbs to the preterite.

1. Ella hace un viaje a México el domingo.
2. La muchacha no puede estudiar en casa.
3. Ponemos los cuadernos en la mesa.
4. ¿No traes el dinero para los libros hoy?
5. Vengo a las siete para estudiar.
6. El profesor no quiere explicar la lección.
7. Mis padres tienen buena suerte en la lotería.
8. Ellos van a la fiesta con el profesor del colegio tecnológico.
9. Carlos pide dinero para hacer un viaje a Chile.
10. Los estudiantes repiten las palabras indígenas en la clase.

D. Now relate two things that you did yesterday, last weekend, last summer, and today before coming to class.

Uses of the Imperfect and the Preterite

A. *Summary of uses*

The two simple past tenses in Spanish, the imperfect and the preterite, have specific uses and express different things about the past. They cannot be interchanged.

The imperfect is used:

1. to tell that an action was in progress or to describe a condition that existed at a certain time in the past.

Estudiaba en España en aquella época.
He was studying in Spain at that time.

En el cine yo reía mientras los demás lloraban.
In the movie theater I was laughing while the rest were crying.

Había muchos estudiantes en la clase de química.
There were a lot of students in the chemistry class.

Hacía mucho frío en la sala de conferencias.
It was very cold in the lecture hall.

2. to relate repeated or habitual actions in the past.

Mis amigas estudiaban todas las noches en la biblioteca.
My friends used to study every night in the library.

Los chicos viajaban por la península cada verano.
The boys used to travel through the peninsula every summer.

3. to describe a physical, mental, or emotional state in the past.

Los jóvenes estaban muy enfermos.
The young people were very ill.

No comprendíamos la lección sobre el lenguaje culto y escolar de la época.
*We didn't understand the lesson about the refined and scholastic language of
    the era.*

Yo creía que Juan era rico y poderoso.
I thought that Juan was rich and powerful.

La chica quería quedarse en casa.
The girl wanted to stay at home.

4. to tell time in the past.

Eran las siete de la noche.
It was seven o'clock in the evening.

The preterite is used:

1. to report a completed action or an event in the past, no matter how long it lasted or how many times it took place. The preterite views the act as a single, completed past event.

Fuimos a clase ayer.
We went to class yesterday.

Llovió mucho el año pasado.
It rained a lot last year.

Traté de llamar a Elsa repetidas veces.
I tried to call Elsa many times.

Salió de casa, fue al centro y compró el regalo.
She left the house, went downtown, and bought the gift.

2. to report the beginning or the end of an action in the past.

Empezó a hablar con los estudiantes.
He started to talk with the students.

Terminaron la tarea muy tarde.
They finished the assignment very late.

3. to indicate a change in mental, physical, or emotional state at a definite time in the past.

Después de la explicación lo comprendimos todo.
After the explanation we understood everything.

B. *The preterite and the imperfect used together*

1. The preterite and imperfect tenses can best be understood by examining their use together in the same sentence.

El profesor hablaba cuando Elena entró.
The professor was talking when Elena entered.

Él explicaba las influencias extranjeras cuando terminó la clase.
He was explaining the foreign influences when the class ended.

Me dormí mientras hacía los ejercicios.
I fell asleep while I was doing the exercises.

In the above sentences, note that the imperfect describes the way things were or what was going on while the preterite relates a completed act that interrupted the scene or action.

2. Note the use of the preterite and the imperfect in the following paragraphs.

Los españoles llegaron a América en 1492, donde se encontraron con los indígenas de este nuevo mundo. Los indígenas eran de una raza desconocida. Todo era distinto incluyendo el color de su piel, sus ropas, sus costumbres y sus lenguas. Los españoles creían que estaban en la India y por eso llamaron a los habitantes de estas tierras «indios».

Cuando los españoles empezaron a explorar estos territorios nuevos supieron que ya había tres civilizaciones muy avanzadas: la maya, la azteca y la incaica. Estos indios tenían sus propios sistemas de gobierno, sus propias lenguas y en cada civilización la religión hacía un papel muy importante en la vida diaria de la gente. Había muchos templos y los indios participaban en numerosas ceremonias dedicadas a sus dioses. Había gran cantidad de diferencias entre la cultura de los españoles y la de los indios. Por eso los españoles no pudieron entender bien a los indios ni los indios a los españoles.

The Spaniards arrived (completed act) in America in 1492 where they found (completed act) the native inhabitants of this new world. The natives were (description) from an unknown race. Everything was (description) different including the color of their skin, their clothing, their customs, and their languages. The Spaniards believed (thought process) that they were (location over a period of time) in India and therefore called (completed act) the inhabitants of these lands ''Indians.''

When the Spaniards started (beginning of an act) to explore these new territories they found out (meaning of saber *in the preterite) that there were (description) already three very advanced civilizations: the Mayan, the Aztec, and the Incan. These Indians had (description) their own systems of government, their own languages and in each civilization religion played (description) a very important role in the daily life of the people. There were (description) many temples and the Indians participated (continuous or habitual act) in many ceremonies dedicated to their gods. There were (description) many differences between the culture of the Spaniards and that of the Indians. For that reason the Spaniards could not (meaning of* poder *in the preterite) understand well the Indians nor the Indians the Spaniards.*

C. Verbs with special meanings in the preterite

In the imperfect tense, some verbs describe a physical, mental, or emotional state, while in the preterite they report a changed state or an event.

conocer:	Conocí a Elena anoche. *I met (became acquainted with) Elena last night.*	¿Conocías a Elena en aquella época? *Did you know Elena at that time?*
saber:	Supo que ella salió temprano. *He found out that she left early.*	Sabía que ella salió temprano. *He knew that she left early.*
querer:	Quiso llamarla. *He tried to call her.*	Quería llamarla. *He wanted to call her.*
	No quiso hacerlo. *He refused to do it.*	No quería hacerlo. *He didn't want to do it.*
poder:	Pudo hacerlo. *She succeeded in doing it (managed to do it).*	Podía hacerlo. *She was able to do it (capable of doing it).*
	No pudo hacerlo. *She failed to do it.*	No podía hacerlo. *She wasn't able to do it.*

PRÁCTICA

A. Complete the following sentences with either the preterite or the imperfect tense of the verbs in parentheses.

1. Mi amigo _____ (estudiar) cuando yo _____ (entrar).
2. Los invitados _____ (comer) cuando mis padres _____ (llegar).
3. Ella _____ (salir) mientras el reloj _____ (dar) las seis.
4. Nosotros _____ (dormir) cuando el policía _____ (llamar) a la puerta.
5. Yo _____ (hablar) con el profesor cuando los estudiantes _____ (entrar) en la clase.
6. Siempre me _____ (llamar) cuando él _____ (estar) en la ciudad.
7. La chica _____ (ser) muy bonita. Ella _____ (tener) pelo rubio y ojos verdes.
8. Los moros _____ (invadir) España en 711 y _____ (salir) en 1492.
9. Ramón _____ (ir) a la biblioteca y _____ (estudiar) por dos horas.
10. Cuando nosotros _____ (estar) de vacaciones en la península, _____ (hacer) calor todos los días.

B. Rewrite the following paragraph, changing all verbs from the present tense to either the imperfect or preterite.

Son las tres de la tarde. Ramón está en casa. Hace buen tiempo y por eso decide llamar a Elena para preguntarle si quiere dar un paseo con él. Llama dos veces por teléfono pero nadie contesta. Entonces sale de casa. Anda por la plaza cuando ve a Elena frente a la catedral. Ella está con su amiga Concha. Ramón corre para alcanzarlas. Cuando ellas lo ven, lo saludan con gritos y risas. Ramón las saluda y empieza a hablar con Elena. No hablan por mucho tiempo porque las chicas tienen que estar en casa de Concha a las cinco y ella vive muy lejos. Ramón conoce a Concha también pero ella nunca lo invita porque cree que él es muy antipático. Por eso los jóvenes se despiden y Ramón le dice a Elena que va a llamarla más tarde.

C. Express the following in Spanish.

1. He called the professor last night.
2. They used to call Ramón every day.
3. She went to the movie theater at 8:00.
4. I used to go to the mountains every summer.
5. We found out that the Romans came to Spain in 200 B.C.
6. It was five o'clock when they arrived.
7. He met Mary last night, but he refused to talk with her.
8. They were dancing when the guests arrived.
9. We lived in Mexico at that time.

10. They came to Spain when he was five years old.
11. My mother met my father when he came to this country.
12. She knew the history of Spain well, but she wanted to ask more questions.
13. Elena went to the window, saw the children in the patio, and started to smile.
14. They couldn't understand the use of the reflexive verbs because they didn't read the explanation.
15. What he was saying was very interesting.

Direct Object Pronouns

A. Forms and usage

me	*me*	**nos**	*us*
te	*you*	**os**†	*you*
lo*	*him, you, it*	**los**	*them, you*
la	*her, you, it*	**las**	*them, you*

Direct object pronouns take the place of nouns used as direct objects. They agree in gender and number with the nouns they replace.

Compro **la** revista.	**La** compro.
Necesitan **los** zapatos.	**Los** necesitan.

B. Position

1. They normally precede the conjugated form of a verb.

Me ven en la escuela.	**Lo** tengo aquí.
They see me at school.	*I have it here.*

2. They usually follow and are attached to an infinitive.

Salió sin hacer**lo**.	Traje los libros para vender**los**.
He left without doing it.	*I brought the books to sell them.*

However, when an infinitive immediately follows a conjugated verb form, the pronoun may either be attached to the infinitive or placed before the entire verb phrase.

Enrique quiere comprar**las**.

    OR

Enrique **las** quiere comprar.
Enrique wants to buy them.

Note: The position of object pronouns with the present participle, the progressive tenses, and commands will be reviewed in subsequent units.

---

*In Spain, **le** is generally used instead of **lo** to refer to people (masculine). **Lo** is the preferred form in Latin America.

†In Latin America, the **os** has been replaced by **los** and **las**.

PRÁCTICA

A. Change the words in parentheses to direct object pronouns and then insert the pronouns in the original sentence.

Modelo   Yo te llamé. (Raúl)
              Yo lo llamé.

1. Juan me ve. (nosotros / tú / ellos / ella / él / ellas)
2. Nosotros lo leemos. (la carta / el artículo / los periódicos / las novelas)
3. Quiero verla. (las montañas / la playa / ellos / tú / el pueblo / Tomás / las revistas)
4. Salió sin escribirlo. (las cartas / el cuento / la composición / los artículos)

B. Change the words in italics to a direct object pronoun and restate each sentence, placing the pronoun in its proper position.

1. Los alumnos estudian *los verbos reflexivos*.
2. Las mujeres salieron sin pagar *la cuenta*.
3. Cristóbal Colón descubrió *el Nuevo Mundo*.
4. Elena quiere discutir *la historia de la lengua española*. (two ways)
5. Estaba muy cansado después de terminar *el trabajo*.
6. Los moros conocían bien *las tierras de España*.
7. Ellos leen *los libros históricos*.
8. Después de encontrar *una silla desocupada,* se sentó.
9. El profesor explicó *las influencias extranjeras*.
10. Los españoles conquistaron *a los moros* en 1492.

C. With a classmate, answer and ask the following questions, changing all direct object nouns (in italics) to pronouns.

Modelo   ¿Leíste *el periódico*?
              Sí, lo leí.

1. ¿Escribiste *las cartas*?
2. ¿Estudiaste *la lección*?
3. ¿Comiste *todo el maíz*?
4. ¿Compraste *los libros*?
5. ¿Aprendieron Uds. *los verbos*?
6. ¿Buscaron Uds. *las llaves*?
7. ¿Entendieron Uds. *la conferencia*?
8. ¿Dijeron Uds. *la verdad*?
9. ¿Hicieron Uds. *los ejercicios*?

The Reflexive Verbs and Pronouns

1. A reflexive verb may be identified by the reflexive pronoun **se** which is attached to the infinitive to indicate that the verb is reflexive. When a reflexive verb is conjugated the appropriate reflexive pronoun must accompany each form of the verb.

levantarse *to get (oneself) up*

me levanto	nos levantamos
te levantas	os levantáis
se levanta	se levantan

The reflexive construction is used when the action of the verb reflects back and acts upon the subject of the sentence.

Me levanto a las ocho.
I get (myself) up at 8:00.

Se llama Elena.
Her name is Elena. She calls (herself) Elena.

2. The reflexive pronouns may either precede a conjugated form of a verb or follow and be attached to the infinitive.

¿Vas a bañar**te** ahora?
¿No **te** vas a bañar ahora?

Note: The Spanish reflexive is often translated as *to become* or *to get* plus an adjective. The verb **ponerse** plus various adjectives also means *to become* or *to get*.

acostumbrarse *to get used to*	enojarse *to become angry*
casarse *to get married*	ponerse pálido *to become pale*
enfermarse *to get sick*	ponerse triste *to become sad*

A. *Verbs used reflexively and non-reflexively*

1. Many Spanish verbs may be used reflexively or non-reflexively; the use of the reflexive pronoun changes the meaning of the verb.

For example:

Lavo mi coche todos los sábados.
I wash my car every Saturday.

Me lavo antes de comer.
I wash (myself) before eating.

2. Note the following verbs:

acercar *to bring near*	acercarse (a) *to approach*
acordar *to agree (to)*	acordarse (de) *to remember*
acostar *to put to bed*	acostarse *to go to bed*
bañar *to bathe (someone)*	bañarse *to bathe (oneself)*
burlar *to trick, deceive*	burlarse (de) *to make fun of*
decidir *to decide*	decidirse (a) *to make up one's mind*
despedir *to discharge, fire*	despedirse (de) *to say good-bye*
despertar *to awaken (someone)*	despertarse *to wake up*

divirtir *to amuse*	divertirse *to have a good time*
dormir *to sleep*	dormirse *to fall asleep*
enojar *to anger (someone)*	enojarse *to get angry*
fijar *to fix, fasten*	fijarse (en) *to notice*
hacer *to do, make*	hacerse *to become*
levantar *to raise, lift*	levantarse *to get up*
llamar *to call*	llamarse *to be called, named*
negar *to deny*	negarse (a) *to refuse*
parecer *to seem, appear*	parecerse (a) *to resemble*
poner *to put, place*	ponerse *to put on (clothing)*
	ponerse a *to begin*
preocupar *to preoccupy*	preocuparse (de, por, *or* con) *to worry about*
probar *to try, taste*	probarse *to try on*
quitar *to take away, remove*	quitarse *to take off*
sentar *to seat someone*	sentarse *to sit down*
vestir *to dress (someone)*	vestirse *to get dressed*
volver *to return*	volverse *to turn around*

3. The following verbs are normally reflexive:

atreverse (a) *to dare*	jactarse (de) *to boast*
arrepentirse (de) *to repent*	quejarse (de) *to complain*
darse cuenta (de) *to realize*	suicidarse *to commit suicide*

B. *Reflexive pronouns for emphasis*

Colloquially, a reflexive pronoun may be used to intensify an action or to emphasize the personal involvement of the subject. Note the following conversational examples.

Se me murió el abuelo el año pasado.
My grandfather died last year.

¿Los viajes? Me los pago yo.
The trips? I'm paying for them.

Lo siento, me lo comí todo.
I'm sorry, I ate it all up.

PRÁCTICA

A. Read the following brief narrative. Then retell it from the point of view of the persons listed.

Ayer me levanté temprano. Me bañé, me vestí y me desayuné. Más tarde, me puse la chaqueta y me fui a la universidad. Después de mis clases, me decidí a estudiar en la biblioteca antes de volver a casa. Me divertí mucho leyendo el cuento para la clase de español. Al llegar a casa, me quité la ropa, me acosté y me dormí pronto.

(mis amigos y yo, Carmen, Uds., tú, ellas)

B. Change the sentences to the reflexive construction following the model.

Modelo   Ella lava los platos.
    Ella se lava.

1. José levanta a su hermano temprano.
2. Yo baño a mi perro todos los días.
3. La madre acuesta a sus niños a las ocho.
4. La señora viste a su nieta.
5. El criado sienta a los invitados cerca de la ventana.
6. Las mujeres quitan los zapatos de la mesa.

C. Tell what the following people did yesterday.

1. el profesor / levantarse tarde
2. yo / lavarse antes de salir de mi casa
3. mis padres / acostarse temprano
4. tú / dormirse durante la conferencia
5. mis amigos y yo / divertirse mucho durante la fiesta

D. Tell whether or not you used to do the following things by answering the questions.

1. ¿Se sentaba Ud. en el mismo lugar en esta clase todos los días?
2. ¿Se preocupaba Ud. mucho de sus estudios?
3. ¿Se acostaba Ud. todas las noches a las nueve?
4. ¿Se burlaba Ud. del profesor muchas veces?
5. ¿Se quejaba Ud. de sus clases con frecuencia?

E. Express the following in Spanish.

1. We used to get up late.
2. They washed the dishes before leaving.
3. My friend's name is Elena.
4. They sat down at that table.
5. She became angry.
6. They complained about the exercises.
7. He wanted to marry Rosa.
8. He always fell asleep during his classes.
9. They said good-bye to their friends.
10. He is getting used to eating early.
11. They noticed the picture in the living room.
12. I used to go to bed at ten.

F. Using reflexive verbs, relate five things that you did yesterday.

REPASO

1. Relate what you did *yesterday* by changing the verbs in the following passage from the present tense to the preterite.

A las siete *me despierto*. *Me levanto* en seguida y *voy* al baño. *Me lavo, me peino* y *me visto*. *Salgo* de mi cuarto a las siete y media. *Voy* al comedor para tomar el desayuno. Después de comer *salgo* para la universidad. *Llego* a mi primera clase a las ocho. Cuando *termina* la clase *voy* a la biblioteca para estudiar. *Estudio* por tres horas. *Vuelvo* a casa a las doce. *Preparo* el almuerzo y lo *como*. Por la tarde *duermo*. A las cinco mi amigo *pasa* por mi casa y *vamos* a la cafetería donde *trabajamos*. *Regreso* a casa muy tarde. *Me acuesto* inmediatamente.

II. Relate what happened to you in class yesterday by expressing the following paragraph in Spanish. Use either the preterite or imperfect tenses. Watch for the direct object pronouns.

When I entered the Spanish class yesterday, my friend was talking with the professor. I did not want to bother them, and therefore I sat down and started to study the lesson. While I was reading it, another friend tried to distract me. He wanted to know if I had the answers for all of the exercises. He wasn't able to understand the lesson and wanted to see them. I said that he could look at them. He read them quickly and realized that the exercises were not as difficult as he thought. He was able to finish them quickly. He was very happy.

III. Ask a classmate the following questions. Use an appropriate past tense in your response.

1. ¿Qué hiciste ayer?
2. ¿Estudiaste la lección para hoy o miraste la televisión?
3. ¿Almorzaste en la cafetería o en casa?
4. ¿Asististe a una conferencia anoche o fuiste al teatro?
5. ¿A qué hora te acostaste?
6. ¿Ibas de vacaciones todos los veranos o trabajabas?
7. ¿Estudiabas en casa o en la biblioteca todas las noches el semestre pasado?
8. ¿Qué hacías durante los fines de semana con tus amigos?

IV. Ask a classmate if he or she did the following things yesterday. Follow the model.

Modelo despertarse temprano
—*¿Te despertaste temprano ayer?*
—*Sí, me desperté temprano ayer. No, no me desperté temprano ayer.*

1. levantarse a las ocho
2. bañarse antes de vestirse
3. peinarse con mucho cuidado
4. vestirse rápidamente
5. ponerse perfume

Machu Picchu está situada en los Andes cerca de Cuzco, Perú. Se conoce como la ciudad perdida de los incas porque quedó escondida hasta 1911. ¿Por qué construirían los incas una ciudad en las montañas?

6. bajar a la cocina para comer
7. comer mucho para el desayuno
8. salir de casa a las nueve
9. llegar a clase a las diez
10. encontrar a tus amigos en la cafetería
11. hablar con tus amigos por dos horas
12. volver a casa tarde por la noche
13. cenar a las nueve de la noche
14. mirar la televisión por tres horas
15. acostarse tarde
16. dormirse pronto

V. Tell whether the following people always **(siempre)** or never **(nunca)** used to do the following things. Use the imperfect with **siempre** and the preterite with **nunca**.

Modelo   mi madre / preparar la comida en casa
Mi madre siempre preparaba la comida en casa.

1. mis hermanos / acostarse a las ocho
2. yo / ir a la playa todos los veranos
3. mis padres / venir a visitarme todos los fines de semana

*En tiempos precolom-
binos, Teotihuacán fue un
gran centro político-
religioso. El Palacio de
los Jaguares es sólo uno
de los edificios que se
encuentra allí. En su
opinión, ¿por qué cons-
truiría alguien un edificio
en honor a un animal?*

4. mis amigos y yo / estudiar todas las noches en la biblioteca
5. tú / distraer al profesor durante la clase
6. Carlos / dormirse en la clase de español

▣ INTERCAMBIOS

EL ARTE DE CONVERSAR

Language Functions

Being able to carry out specific language functions is essential to effective communication. Some of the basic language functions that you must practice are asking and
answering questions, describing, narrating, expressing likes and dislikes, expressing
and supporting opinions, stating preferences, giving and following directions, hy-
pothesizing, persuading, and discussing abstract concepts. In each unit of the text
you will be given the opportunity to use these functions.

Verbal Communication

In verbal communication be aware of the tone of voice used by the speaker. This can
indicate the mood of the speaker, which will alert you to what kind of message is
being conveyed. The intonation of a phrase or sentence can also tell you whether the
speaker is asking a question, exclaiming, or making a statement.

CONVERSACIÓN CONTROLADA

En la oficina de un(a) profesor(a). Un(a) profesor(a) pide una entrevista con un(a) estudiante para ver cómo conversa él (ella). Con un(a) compañero(a) de clase, prepare Ud. un diálogo según las siguientes indicaciones.

el (la) profesor(a)	el (la) estudiante
The professor asks the student where he/she studied and what grade he/she received.	The student answers that he/she studied Spanish in high school and that he/she received a B.
The professor asks what kind of teacher the student had.	The student answers that he/she had a very good teacher who knew a lot about the Hispanic world.
The professor asks where the teacher was from.	The student answers that the teacher was born in Mexico but came to the United States when he was ten years old.
The professor asks if the student likes Spanish.	The student answers yes and that he/she speaks Spanish with a friend every day.
The professor asks the student why he/she began to study Spanish.	The student answers that he/she started to study Spanish because it is an important language and that he/she wants to work and travel in Latin America.
The professor says that he/she speaks Spanish very well, but that he/she ought to continue his/her study of the language.	The student says thank you and that he/she is going to take a Spanish class this semester.

SITUACIONES

Con un(a) compañero(a) de clase, prepare Ud. un diálogo que corresponda a una de las siguientes situaciones.

En la biblioteca. Ud. trabaja en la biblioteca de la universidad. Un(a) estudiante entra y empieza a buscar un libro. Ud. le pide la información siguiente: el título del libro, el autor, la compañía que lo publicó y en cuál de sus clases va a usarlo.

Otro día en la clase de español. Ramón encuentra a Elena otra vez en la clase de español. Él le pregunta a ella lo que hizo anoche. Ella le describe a él en detalle todo lo que hizo. Luego ella le pregunta lo que hizo él. Ramón contesta que él fue al cine. Elena le hace muchas preguntas sobre la película que él vio. Ramón contesta en detalle todas sus preguntas.

▣ A CONVERSAR

A. *Diálogo*

Los indios americanos creían que las estrellas influían en la vida humana. Después de leer el siguiente diálogo, conteste Ud. las preguntas.

BERTA   Dame el periódico. Voy a leer mi horóscopo.

SARA   Oye, Berta, ¡no me vas a decir que crees en la astrología!

BERTA   Claro, chica. Verás *(you will see)*. Hoy dice: «Día de mucho éxito en los asuntos del corazón».

SARA   Creo que me estás tomando el pelo.

BERTA   No, en serio, muchas veces los pronósticos son ciertos. Hoy, por ejemplo, tengo cita con Raúl.

SARA   ¿Y qué? ¡Sales con él dos o tres veces por semana!

BERTA   Sí, pero el pronóstico dice que hoy voy a tener éxito. Quiere decir que hoy me va a pedir la mano.

SARA   ¡Eso te faltaba! ¿Quieres casarte con él?

BERTA   No. Es un tonto. Nunca va a terminar su carrera.

SARA   Entonces, ¿cómo puedes llamar a eso un éxito?

BERTA   Bueno, el éxito estará *(will be)* en decirle que no.

Preguntas

1.   ¿Qué quiere leer Berta en el periódico?   2.   ¿Cree Berta en la astrología?   3.   Según el horóscopo de Berta, ¿qué le va a pasar a ella hoy?   4.   ¿Con quién tiene Berta una cita?   5.   ¿Quiere Berta casarse con él? ¿Por qué?   6.   ¿Por qué puede decir Berta que ella va a tener éxito en los asuntos del corazón?   7.   ¿Cree Ud. en la astrología? ¿Por qué sí o por qué no?   8.   ¿Qué opina Ud. de las personas que leen su horóscopo todos los días? Explique.

B. *Discusión: la astrología, la magia y la ciencia*

Indique Ud. sus opiniones respecto a las siguientes posibilidades y explique por qué.

1.   Las estrellas...
   a. controlan la vida humana.
   b. influyen en la vida de todos.
   c. no influyen nada en nuestras vidas.

2.   En cuanto a los horóscopos...
   a. los leo todos los días porque quiero saber lo que va a pasar.
   b. no los leo nunca.
   c. los leo de vez en cuando, pero no creo en ellos.

3. Los rasgos típicos de los que nacen bajo mi signo del zodíaco...

   a. son cualidades con las que me identifico.
   b. pueden atribuirse a cualquier persona.
   c. son cualidades que no describen ni mi personalidad ni mi carácter.

4. La magia...

   a. sólo existe como explicación de lo que todavía no se entiende científi-camente.
   b. sí existe en todas partes del mundo.
   c. es una parte esencial de toda religión.

5. Los fenómenos psíquicos...

   a. indican que hay fuerzas inexplicables.
   b. se basan en el hecho de que existen ondas *(waves)* cerebrales que son capaces de moverse por el aire.
   c. no existen y son producto de la imaginación.

6. La ciencia...

   a. puede resolver todos los problemas de la humanidad.
   b. es menos importante que la filosofía o la religión.
   c. es la base de nuestra cultura.

7. El verdadero científico...

   a. sólo cree en lo tangible y lo material.
   b. también puede ser una persona religiosa.
   c. es la persona más indicada para gobernar el mundo moderno.

C. El horóscopo

Busque Ud. su signo y explique si se identifica o no con las características que se asocian con él.

ACUARIO:	20 enero–18 febrero Rasgos: independiente, idealista, inestable
PISCIS:	19 febrero–20 marzo Rasgos: imaginativo, optimista, compasivo
ARIES:	21 marzo–19 abril Rasgos: impulsivo, egoísta, enérgico
TAURO:	20 abril–20 mayo Rasgos: obstinado, estoico, paciente
GEMINIS:	21 mayo–20 junio Rasgos: inteligente, impaciente, inconstante

HOROSCOPO

 ARIES. 21-III/20-IV

Se te ofrecerán oportunidades que no debes desaprovechar. El tacto que tengas para tratar a los demás, será muy importante si quieres conseguir éxito. Es un día apropiado para organizar la vida cotidiana.

 TAURO. 21-IV/20-V

Debes escuchar a los que más que tú sobre el tema que se trate. Imponer tus puntos de vista sin tener toda la información, será poco positivo para ti. El tema familiar va a darte alguna preocupación.

 GEMINIS. 21-V/21-VI

Es el momento de renovarse con las amistades, de mostrarse abierto con otras personas distintas de las que conoces y participar de encuentros agradables. Físicamente necesitarás el contacto con la naturaleza.

 CANCER. 22-VI/22-VII

Puedes empezar a evitarte ciertos hábitos que no van bien con tu salud, para lograr un mejor estado físico y mental. Las cuestiones relativas al trabajo te preocuparán, pero también encontrarás la forma de solucionarlas.

 LEO. 23-VII/22-VIII

Estás dejando atrás a los amigos y a los que te quieren bien, debido a que te preocupas demasiado por el trabajo y la rutina cotidiana. Económicamente dispondrás de mayor holgura, así que podrás hacer planes positivos.

 VIRGO. 23-VIII/21-IX

Espera alguna oportunidad o noticia por algún sitio, las cosas empiezan a arreglarse tal cual deseas. Tus amigos buscarán los consejos que les puedas dar, ello puede agobiarte porque tendrás falta de tiempo.

LIBRA. 22-IX/22-X

Puedes sentirte presionado por las circunstancias, vivir las cosas de una forma muy dramática y poco objetiva. Delante de ti aparecerán buenas ocasiones de relacionarte y de llevar adelante una buena labor.

ESCORPION. 23-X/21-XI

Tiendes a dar excesiva importancia al tema afectivo, dejando de lado otros aspectos de la vida que también son importantes. Tus sentimientos y afectos pueden ser inestables. Deberías centrar tus objetivos.

SAGITARIO. 22-XI/22-XII

Pueden tratarte injustamente o la gente no saber valorar tus capacidades. Debes tener los ojos muy abiertos para que nadie invada tu terreno y para que nadie pueda manejarte. Por la cabeza se te pasarán ideas descabelladas.

CAPRICOR. 23-XII/21-I

Te mostrarás impulsivo y algo agresivo. Desearás llevar tú solo las riendas de las cosas, lo que puede resultar un tanto duro. A nivel profesional, la competitividad se intensificará, debes estar alerta.

 ACUARIO. 22-I/21-II

Te preocupa tu futuro amoroso, pasas por un momento de incertidumbres y también de carencias. Puedes encontrarte con una persona muy emotiva que te conmueva internamente. Trata de potenciar la vida social.

 PISCIS. 22-II/20-III

Tus planes profesionales pueden cambiar de forma radical. A nivel afectivo pasarás de un estado muy pasional a otro que es todo lo contrario. Económicamente debes cuidar tus gastos, evitando darte muchos caprichos.

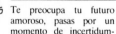

CÁNCER:	21 junio–22 julio
	Rasgos: caprichoso, malhumorado, emocional
LEO:	23 julio–22 agosto
	Rasgos: poderoso, dominante, orgulloso
VIRGO:	23 agosto–22 septiembre
	Rasgos: tímido, solitario, trabajador
LIBRA:	23 septiembre–22 octubre
	Rasgos: justiciero, artístico, indeciso
ESCORPIÓN:	23 octubre–21 noviembre
	Rasgos: vengativo, honesto, leal
SAGITARIO:	22 noviembre–21 diciembre
	Rasgos: sincero, impolítico, gracioso
CAPRICORNIO:	22 diciembre–19 enero
	Rasgos: ambicioso, serio, callado

D. Temas de conversación o de composición

1. Explique Ud. por qué hay tantas personas que creen en la astrología.
2. Busque Ud. su horóscopo en un periódico e indique su reacción a lo que dice.

E. Descripción y expansión

1. Refiriéndose al mapa, conteste Ud. las siguientes preguntas.

    a. ¿Cuántos países hay en Sudamérica?
    b. ¿En qué países no se habla español?
    c. ¿Cómo se llama la capital de la Argentina? ¿de Chile? ¿del Perú? ¿del Ecuador? ¿de Colombia? ¿de Bolivia? ¿de Uruguay? ¿del Paraguay? ¿de Venezuela? ¿del Brasil?
    d. ¿Cuál es el río más grande de Sudamérica?
    e. ¿Cómo se llama la cordillera de montañas que está en el oeste de Sudamérica?
    f. ¿Cuál es el país más grande de Sudamérica?
    g. ¿Qué océano está al este del Brasil?
    h. ¿Qué océano está al oeste de Chile?
    i. ¿Cuáles son los países de Sudamérica que no dan al mar?
    j. Si Ud. quiere pasar el verano en Sudamérica, ¿sería mejor ir en julio o en enero? ¿Por qué?

2. Opiniones

   a. Describa Ud. sus impresiones de Sudamérica.

   b. ¿Cuál de los países de Sudamérica le interesa más? ¿Por qué?

   c. ¿Ha viajado Ud. a algún país de Sudamérica? ¿A cuál(es)? ¿Qué pensó
      de él (ellos)?

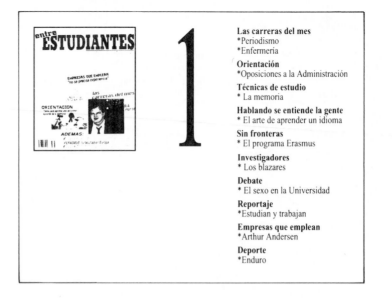

Las carreras del mes
*Periodismo
*Enfermeria

Orientación
*Oposiciones a la Administración

Técnicas de estudio
* La memoria

Hablando se entiende la gente
* El arte de aprender un idioma

Sin fronteras
* El programa Erasmus

Investigadores
* Los blazares

Debate
* El sexo en la Universidad

Reportaje
*Estudian y trabajan

Empresas que emplean
*Arthur Andersen

Deporte
*Enduro

MATERIALES AUTÉNTICOS

Una revista muy popular entre los jóvenes de España es *Entre estudiantes*. La revista está dividida en distintas secciones. Estudie los nombres y el contenido de las varias secciones y conteste las preguntas.

1. ¿Cuáles son las carreras *(careers)* del mes? ¿Cuál de las dos prefiere Ud.? ¿Por qué?
2. ¿Cómo se llama la sección en que se presenta «el arte de aprender un idioma»? ¿Cree Ud. que una persona puede entender mejor a la gente de otra cultura por hablar su idioma? ¿Por qué?
3. ¿Sobre qué tópico es el «reportaje»? En su opinión, ¿es difícil o fácil asistir a la universidad y trabajar a la misma vez? ¿Por qué?
4. ¿Hay otra sección de la revista que le interesa? ¿Qué es? Explique.
5. ¿Leyó Ud. una revista o un artículo la semana pasada que le interesó? ¿Cómo se llama? ¿Por qué le interesó?

La religión en el mundo hispánico

En muchas ciudades hispánicas hay procesiones solemnes por las calles durante la Semana Santa. Describa esta procesión que tuvo lugar en Sevilla.

(El Día de los Difuntos; después de la comida)

El Día de los Difuntos *All Souls' Day, Nov. 2*

CARLOS:	Con permiso.
MAMÁ:	¿Adónde vas, hijo?
CARLOS:	Voy a dormir la siesta. Me estoy muriendo de sueño.
5 MAMÁ:	Pero, ¿no te gustaría ir a misa conmigo?
CARLOS:	No, mamá, no quiero ir.
MAMÁ:	¿Qué te pasa, Carlos? Ya casi nunca vas a misa. Cuando eras niño y vivíamos en el campo[1] te gustaba ir todos los domingos y los días de obligación. Son esos amigos tuyos de la universidad que te están influyendo, ¿verdad?

días de obligación *holy days of obligation*

CARLOS:	Bueno, mamá, es cierto que muchos de mis amigos no van. Pero no me hace falta ir a misa. Es posible creer en Dios sin ir a misa todo el tiempo.
15 MAMÁ:	Ah, hijo. Hablas igual que hablaba tu padre.[2] Que en paz descanse. Tampoco quería ir a misa. Pero las palabras del cura renovarán tu fe. Vamos.

Que... descanse. *May he rest in peace.*

CARLOS:	El cura es sólo un hombre, como yo. En los pueblos, sí, los curas son los únicos hombres educados y por eso tienen mucha influencia. Pero aquí en la ciudad es diferente.
20	
MAMÁ:	Carlos, me desilusionas mucho. Sabes que son hombres dedicados a Dios.
CARLOS:	Tal vez, pero yo puedo creer en Dios sin tener que ir a misa. La iglesia es para las bodas y los bautizos.[3] Bueno, claro, y también para cuando se estira la pata. Como un seguro de viaje para las últimas vacaciones.
25	

cuando... pata *when you die* seguro de viaje *travel insurance* blasfemias *blasphemies* de repente *suddenly*

MAMÁ:	Carlos, ¡cállate! ¡Eres exactamente como tu padre! Ofenderás a Dios con esas blasfemias. No sé qué pasaría con tu padre. Nunca iba a misa y un día murió de repente. (Comienza a llorar.)
30	
CARLOS:	¡Mamá, está bien! No llores. Papá estará muy bien en el cielo. Tú rezas bastante para toda la familia.
MAMÁ:	Pues, para mí la religión siempre será muy importante. Es un gran consuelo en tiempos difíciles.
35	
CARLOS:	Sí, ya lo sé. Es cuestión de valores diferentes. Deja de llorar. Voy contigo a misa. No podría dormir de todos modos. ¡Qué dolor de cabeza tengo!

▣ NOTAS CULTURALES

[1] **Cuando... vivíamos en el campo:** En los pueblos pequeños la iglesia sirve de centro social además de centro religioso.

[2] **Hablas igual que hablaba tu padre:** En el mundo hispánico los hombres frecuentemente son católicos pero no son practicantes.

[3] **La iglesia es para las bodas y los bautizos:** Aún los hombres que casi nunca van a misa, esperan casarse y bautizar a sus hijos en la iglesia. También quieren la presencia del clero en la hora de la muerte.

▣ VOCABULARIO ACTIVO

Estudie estas palabras.

Verbos

bautizar to baptize
dejar de to stop
demostrar to show
desilusionar to disappoint, disillusion
influir (en) to influence
renovar (ue) to renew, renovate
rezar to pray
servir (i) de to serve as

Sustantivos

el bautizo baptism
la boda wedding
el campo country
el clero clergy

el consuelo consolation
el cura priest
el diablo devil
la fe faith
el fiel: los fieles the faithful, the devout
la misa mass
el valor value

Adjetivos

unico, -a only

Otras expresiones

con permiso excuse me
de todos modos anyway
es cierto it's true
igual que the same as, just like

Comprensión

1. ¿Qué quiere hacer Carlos después del almuerzo? 2. ¿Adónde va a ir su mamá? 3. ¿Va Carlos a misa todos los días de obligación? 4. ¿Quiénes influyen en Carlos, según la mamá? 5. ¿Dice Carlos que es necesario ir a misa? 6. ¿Por qué tienen los curas mucha influencia en los pueblos pequeños? 7. Según la mamá, ¿por qué son buenos los curas? 8. Según Carlos, ¿para qué sirve la iglesia? 9. Según la madre, Carlos es como su padre. ¿Cómo fue su padre? 10. ¿Para qué sirve la religión para la madre de Carlos? 11. ¿Por qué decide Carlos ir a misa con su mamá?

Opiniones

1. ¿Va Ud. a la iglesia todos los domingos? ¿Por qué? 2. ¿Cree Ud. que una persona puede ser religiosa sin asistir a una iglesia? ¿Por qué? 3. ¿Cree Ud. que una persona debe discutir sus creencias religiosas con otras personas o es algo demasiado personal? 4. ¿Cree Ud. que la religión tiene un papel muy importante en la vida diaria de cada persona? ¿Por qué? 5. ¿Es posible para una persona ser buena sin asistir a una iglesia? Explique. 6. ¿Qué piensa Ud. de una persona que dice que no cree en Dios? 7. ¿Piensa Ud. que los jóvenes de hoy son menos religiosos que sus padres? ¿Por qué? 8. En su opinión, ¿sería el mundo mejor o peor sin la religión? Explique.

▣ ESTRUCTURA

The *Ir a* + Infinitive Construction

The present indicative of the verb **ir** followed by **a** and the infinitive is often used in Spanish to express an action that will take place in the immediate future.

¿Qué vas a hacer?
What are you going to do?

Voy a vender la pintura.
I am going to sell the painting.

Va a invitar a tu hija.
She is going to invite your daughter.

Vamos a tener mucho éxito.
We are are going to be very successful.

Va a ser un gran consuelo para la gente.
It is going to be a great consolation for the people.

PRÁCTICA

A. Read the following brief narrative. Then retell it from the point of view of the persons listed.

> Vamos a asistir a la misa mañana. Vamos a celebrar el bautizo de nuestra sobrina. Vamos a invitar a toda la familia. Después de la misa, vamos a tener una comida especial en casa.

(yo, ella, Felipe y Juana, tú, Ud.)

B. Change the verbs in the following sentences from the present tense to the **ir a** + infinitive construction.

1. El clero influye mucho en la gente.
2. Los fieles renuevan su fe en la iglesia.
3. Yo sirvo de cocinero *(cook)* durante la fiesta.
4. Carlos y su madre no se meten en los problemas de la ciudad.
5. ¿Comes tú esta mañana antes de ir a misa?

C. When someone goes somewhere, it is usually for a specific purpose. Make ten logical sentences by combining elements from columns A, B, and C. Use forms of the verb **ir** as in the model.

Modelo Yo voy a la biblioteca. Voy a leer un libro.

A	B	C
Su madre	a la fiesta	divertirse
Yo	a la iglesia	renovar la fe
Tú	al centro	tomar el sol

Carlos y Teresa	a la biblioteca	nadar en el mar
Mis amigos y yo	a las montañas	comprar unos comestibles
	a un concierto	preparar la tarea
	a la Misa de gallo*	escuchar la música
	a la playa	hablar español
	a la clase	visitar al cura
	a la universidad	bailar
	a una discoteca	estudiar lenguas extranjeras
		mirar los picos altos
		rezar

The Future and Conditional Tenses

A. *The future of regular verbs*

1. In Spanish, the future tense of regular verbs is formed by adding the following endings to the complete infinitive: **-é, -ás, -á, -emos, -éis, -án**. Note that the same endings are used for all three conjugations.

hablar		**comer**		**vivir**	
hablaré	hablaremos	comeré	comeremos	viviré	viviremos
hablarás	hablaréis	comerás	comeréis	vivirás	viviréis
hablará	hablarán	comerá	comerán	vivirá	vivirán

2. The future tense in Spanish corresponds to the English auxiliaries *will*† and *shall*, and it is generally used in English.

    ¿A qué hora volverán?
    At what time will they return?

    Iremos a misa a las ocho.
    We shall go to mass at eight.

3. The future may also be used as a softened substitute for the direct command.

    Ud. volverá mañana a la misma hora.
    You will return tomorrow at the same time.

4. The following are often substituted for the future:
    a. **Ir a** (in the present) plus the infinitive, referring to the near future.

    Van a dejar de fumar.
    They are going to stop smoking.

    Voy a hacer compras mañana.
    I am going to shop tomorrow.

---

*Misa de gallo = midnight mass.

†When the English word *will* is used to make a request, the verb **querer** + an infinitive is used in Spanish rather than the future tense: **¿Quiere Ud. abrir la ventana?** *(Will you open the window?)*

b. The present tense.

El partido de tenis empieza a las dos.
The tennis game will begin at two.

B. *The conditional of regular verbs*

1. The conditional tense endings are also added to the complete infinitive: **-ía, -ías, -ía, -íamos, -íais, -ían**. The endings are the same for all three conjugations.

hablar		**comer**		**vivir**	
hablaría	hablaríamos	comería	comeríamos	viviría	viviríamos
hablarías	hablaríais	comerías	comeríais	vivirías	viviríais
hablaría	hablarían	comería	comerían	viviría	vivirían

2. The conditional tense corresponds to the English auxiliary *would** and is generally used as in English.

Me dijo que lo renovarían.
He told me that they would renovate it.

Me gustaría estudiar contigo.
I would like to study with you.

3. Specifically, the conditional is used:
   a. to express a future action from the standpoint of the past.

   Carlos le dijo que no dormiría la siesta.
   Carlos told her that he would not take his nap.

   b. to express polite or softened statements, requests, and criticisms.

   Tendría mucho gusto en llevar a tu hermana.
   I would be very happy to take your sister.

   ¿Podría Ud. ayudarme?
   Could you (would you be able to) help me?

   ¿No sería mejor ayudarlo?
   Wouldn't it be better to help him out?

   c. to state the result of a conditional *if*-clause.†

   Si viviéramos en el campo, irías a la iglesia todos los domingos.
   If we lived in the country, you would go to church every Sunday.

---

*The conditional tense is not used in Spanish to express *would* meaning "used to" or *would not* meaning "refused to." These concepts are expressed by the imperfect and the preterite, respectively. **Íbamos a la playa todos los días.** *(We would [used to] go to the beach every day.)* **No quiso hacerlo.** *(He would not [refused to] do it.)*

†In such situations the *if*-clause is in the imperfect subjunctive. *If*-clauses will be discussed in more detail in Unit 10.

C. *Irregular future and conditional verbs*

Some commonly used verbs are irregular in the future and conditional tenses. However, the irregularity is only in the stem; the endings are regular.

Verb	Future	Conditional
decir	diré	diría
haber	habré	habría
hacer	haré	haría
poder	podré	podría
poner	pondré	pondría
querer	querré	querría
saber	sabré	sabría
salir	saldré	saldría
tener	tendré	tendría
valer	valdré	valdría
venir	vendré	vendría

PRÁCTICA

A. Indicate what each person will do in the following situations.

Modelo   Al llegar a la biblioteca (yo / estudiar) la lección.
                Al llegar a la biblioteca yo estudiaré la lección.

1. Al levantarse (Carlos / vestirse) rápidamente.
2. Al entrar en la iglesia (nosotros / sentarse) inmediatamente.
3. Al llegar a casa (tú / poner) los libros en la sala.
4. Al recibir el dinero (ellos / ayudar) a los pobres.
5. Al terminar la clase (María / salir) para la casa.

Repeat exercise A by stating what you personally will do in each situation.

B. Ask a classmate when he/she will do the following things. Follow the model.

Modelo   escuchar las palabras del cura
                ¿Vas a escuchar las palabras del cura ahora?
                No, escucharé las palabras del cura mañana.

1. devolver el dinero
2. almorzar con los amigos
3. asistir a la iglesia
4. salir a pasear
5. tener una cita
6. tomar el tren
7. hacer los ejercicios
8. rezar en la iglesia

C. Carmen is making plans for tomorrow. Express them in Spanish.

1. I will get up early on Sunday.
2. I will call my friend, Alicia.
3. She will accompany me to church.
4. We will attend the baptism of her new cousin.

5. We will talk with the priest after the ceremony.
6. Later, we will go to the country to visit some friends.
7. It will be a long trip, but we will enjoy ourselves anyway.

D. Change the sentences to conform to the verbs in parentheses.

Modelo   Sé que vendrá en coche. (sabía)
Sabía que vendría en coche.

1. Me dicen que Ramón la llevará a la iglesia. (dijeron)
2. Creo que el cura contestará nuestras preguntas. (creía)
3. Estoy seguro de que la misa terminará a tiempo. (estaba)
4. Creo que nos dirá la verdad. (creía)
5. Les dice que discutirán la religión más tarde. (dijo)

E. Tell what each of the following people would do in each of the given situations.

Modelo   Al recibir el cheque (yo / hacer) un viaje.
Al recibir el cheque yo haría un viaje.

1. Al visitar México (Laura / asistir) a una fiesta religiosa.
2. Al hacer un viaje (sus padres / enviarnos) unos recuerdos.
3. Al volver tarde (nosotros / acostarse) sin comer.
4. Al mirar la televisión (tú / divertirse) mucho.
5. Al mudarse a la ciudad (los campesinos / poder) encontrar empleo.

Repeat exercise E, stating what you would do in each situation.

F. Express the following in Spanish.

1. Ramón said that he would do it, and he will do it.
2. Elena said that she would come to the party, and she will come.
3. They said that they would bring it, and they will bring it.
4. He said that he would tell the truth, and he will tell it.
5. She said that there would be enough time, and there will be enough.

G. Ask the following questions of a classmate and then relate the information to the rest of the class.

Modelo   ESTUDIANTE 1: ¿Qué harás después de esta clase?
ESTUDIANTE 2: *Iré a la cafetería.*
ESTUDIANTE 1: *Carlos dijo que iría a la cafetería.*

1. ¿Qué harás al ir a la biblioteca?
2. ¿Qué harás al llegar a casa esta tarde?
3. ¿Qué harás al asistir a la fiesta?
4. ¿Qué harás antes de estudiar esta noche?
5. ¿Qué harás al graduarte de la universidad?

The Future and Conditional to Express Probability

A. *The future of probability*

The future tense is used to express probability at the present time. This construction is used when the speaker is conjecturing about a situation or occurrence in the present.

¿Qué hora será?
I wonder what time it is. (What time do you suppose it is?)

Serán las once.
It is probably eleven o'clock. (It must be eleven o'clock.)

¿Dónde estará Rosa?
I wonder where Rosa is. (Where do you suppose Rosa is?)

B. *The conditional of probability*

The conditional tense is used to express probability in the past.

¿Qué hora sería?
I wonder what time it was. (What time do you suppose it was?)

Serían las once.
It was probably eleven o'clock. (It must have been eleven o'clock.)

Estaría en la iglesia.
She was probably in the church. (I suppose that she was in the church.)

Note: Probability in the present or the past may also be expressed by using the word *probablemente* with either the present or the imperfect tense.

Probablemente están en la biblioteca.   Estarán en la biblioteca.
Probablemente sabía la respuesta.   Sabría la respuesta.

PRÁCTICA

A. Restate the following sentences using the future of probability.

1. Probablemente ellos viven cerca de aquí.
2. Probablemente eso tiene poco valor.
3. Probablemente los alumnos estudian mucho.
4. Probablemente mi primo está en casa.
5. Probablemente Teresa lo sabe.

B. Answer the questions using the future of probability in your response.

Modelo   ¿Qué hora es? (las doce)
                    Serán las doce.

1. ¿A qué hora viene el cura? (a las nueve)
2. ¿Adónde va Carlos ahora? (a misa)
3. ¿A qué hora empieza el programa? (a las ocho)

4. ¿Cómo está su madre? (muy cansada)
5. ¿Dónde trabaja su esposo? (en un almacén)
6. ¿Qué tiene que hacer Ramón hoy? (ayudar a su hermano)

C. Answer each of the following questions, using the conditional of probability. Change the direct object nouns to pronouns in your response.

Modelo   ¿Quién contestó las preguntas? (Ramón)
Ramón las contestaría.

1. ¿Quiénes hicieron las preguntas? (las alumnas)
2. ¿Quién escribió este cuento? (Cervantes)
3. ¿Quiénes mandaron estos regalos? (mis padres)
4. ¿Quién compró los boletos? (mi primo)
5. ¿Quién puso el papel aquí? (el profesor)

D. Express the following conversation in Spanish.

MUJER 1	I wonder who he is.
MUJER 2	He is probably a priest.
MUJER 1	Where do you suppose he's from?
MUJER 2	He's probably from Spain.
MUJER 1	I wonder when he arrived.
MUJER 2	He probably came last night with the other members *(miembros)* of the clergy.

Indirect Object Pronouns

A. Forms

1. The indirect object pronouns are identical in form to the direct object pronouns except for the third person singular and plural forms **le** and **les**.

me	*(to) me*	**nos**	*(to) us*
te	*(to) you*	**os***	*(to) you*
le	*(to) him, her, you, it*	**les**	*(to) them, you*

2. Since **le** and **les** have several possible meanings, a prepositional phrase (**a él, a ella,** etc.) is sometimes added to clarify the meaning of the object pronoun.

Le dio el dinero a él.
He gave the money to him.

Les mandé un cheque a ellos.
I sent a check to them.

---

*In Latin America, the **os** form has been replaced by **les,** which corresponds to "**ustedes.**"

B. Usage

1. To indicate to whom or for whom something is done.

   Les dio el único cuaderno.
   He gave the only notebook to them.

   Mi marido me preparó la comida.
   Mu husband prepared the meal for me.

2. To express possession in cases where Spanish does not use the possessive adjectives (**mi, tu, su,** etc.). This usually is the case with parts of the body and articles of personal clothing.

   Me corta el pelo.
   She is cutting my hair.

   Nos limpia los zapatos.
   He is cleaning our shoes.

3. With impersonal expressions.

   Le es muy difícil hacerlo.
   It is very difficult for him to do it.

   Me es necesario hablar con él.
   It is necessary for me to talk with him.

4. With verbs such as **gustar, encantar, faltar,** and **parecer**. This use will be discussed later in this unit.

5. The indirect object pronoun is usually included in the sentence even when the indirect object noun is also expressed.

   Le entregué el dinero a Juan.
   I handed the money to Juan.

   Les leí el cuento a los niños.
   I read the story to the children.

   Mario le da el regalo a Delia.
   Mario is giving the present to Delia.

C. Position

Indirect object pronouns follow the same rules for position as direct object pronouns. They generally precede a conjugated form of the verb or are attached to infinitives and present participles.

   Van a leerte el cuento.
   They are going to read you the story.

   Te van a leer el cuento.
   They are going to read the story to you.

Están escribiéndole* una carta.
They are writing a letter to him.

Le están escribiendo una carta.
They are writing him a letter.

Double Object Pronouns

1. When both a direct and an indirect object pronoun appear in the same sentence, the indirect object pronoun always precedes the direct.

    Me lo contó.
    He told it to me.

2. Double object pronouns follow the same rules for placement as single object pronouns.

    Va a contármelo.† Me lo va a contar.
    He's going to tell it to me.

    Está contándomelo. Me lo está contando.
    He's telling it to me.

3. When both pronouns are in the third person, the indirect object pronoun **le** or **les** changes to **se**.

    Le doy el libro.   Se lo doy.
    I give him the book.   *I give it to him.*

    Les mandé los cheques.   Se los mandé.
    I sent them the checks. *I sent them to them.*

4. Since **se** may have several possible meanings, a prepositional phrase (**a ella, a Ud., a ellos,** etc.) is often added for clarification.

    Se lo dio a Ud.
    He gave it to you.

5. Reflexive pronouns precede object pronouns.

    Se lo puso.
    He put it on.

---

*Note that when one or more pronouns are attached to the present participle, a written accent is required on the original stressed syllable.

†Note that when two pronouns are attached to an infinitive, a written accent is required on the original stressed syllable.

6. The prepositional phrases **a mí, a ti, a nosotros,** and so forth may also be used with the corresponding indirect and direct object pronouns for emphasis.

A mí me dice la verdad.
She tells me the truth.

PRÁCTICA

A. Read the following brief narrative. Then retell it substituting the new indirect object pronouns, according to the cues.

Me habló por teléfono anoche. Estaba contándome sus experiencias en México cuando alguien interrumpió la conversación. Por eso me dijo que iba a mandarme una carta con unas fotos describiendo todo.

(a nosotros, a ti, a ella, a ellos, a Uds.)

B. Restate each sentence, changing the words in italics to object pronouns. Some sentences may be stated in two ways.

1. Voy a traer *la maleta a Juana.*
2. Dijo *la verdad a sus padres.*
3. Su padre prestó *dinero a Luz María.*
4. Tengo que comprar *los boletos para Juan y Felipe.*
5. Nos mandan *las cartas.*
6. Está explicando *el motivo a mi amigo.*
7. Carlos invitó *a los extranjeros.*
8. La compañía vendió *la maquinaria al cliente.*
9. Elena quiere dar *su cámara a los turistas.*
10. Van a mostrarme *sus apuntes.*

C. Ask a classmate the following questions. The first response should contain only the indirect object pronoun; the second should have the double object pronoun construction.

Modelo   ¿Vas a escribirme muchas cartas este verano?
Sí, voy a escribirte muchas cartas este verano.
Sí, voy a escribírtelas este verano.

1. ¿Vas a darme todo tu dinero hoy?
2. ¿Vas a prepararme comida mexicana esta noche?
3. ¿Nos dirás las respuestas mañana?
4. ¿Le diste tu tarea al profesor ayer?
5. ¿Estás haciéndome los ejercicios para hoy?
6. ¿Tus padres te prestan dinero para asistir a la universidad?

Gustar and Similar Verbs

A. Gustar

1. The Spanish verb **gustar** means *to please* or *to be pleasing*. The equivalent in English is *to like*. In the Spanish construction with **gustar** the English subject (I, you, Juan, etc.) becomes the indirect object of the sentence, or the one *to whom* something is pleasing. The English direct object, or the thing that is liked, becomes the subject. The verb **gustar** agrees with the Spanish subject; consequently, it almost always is in the third person singular or plural.

   Nos gusta bailar.
   We like to dance. (Dancing pleases us.)

   Me gustó la música.
   I liked the music. (The music was pleasing to me.)

   ¿Te gustan las conferencias del profesor Ramos?
   Do you like Professor Ramos's lectures?

   Les gustaban sus cuentos.
   They liked his stories.

2. When the indirect object is a noun, it must be preceded by the preposition **a**. (The indirect object pronoun is still used.)

   A mis hermanos les gustan los discos.
   My brothers like the records.

   A Pablo le gusta el queso.
   Pablo likes cheese.

B. *Other verbs like* gustar

Other common verbs that function like **gustar** are **faltar** *(to be lacking, to need)*, **hacer falta** *(to be necessary)*, **quedar** *(to remain, have left)*, **parecer** *(to appear, seem)*, **encantar** *(to delight, charm)*, **pasar** *(to happen, occur)*, and **importar** *(to be important, to matter)*.

   Me faltan tres billetes.
   I am lacking (need) three tickets.

   Nos hace falta estudiar más.
   It is necessary for us to study more.

   Les quedan tres pesos.
   They have three pesos left.

   No me importa el dinero.
   Money doesn't matter to me.

   Me encantan las rosas.
   Roses delight me.

¿Qué te parece? ¿Vamos a la iglesia o no?
What do you think? Shall we go to church or not?

¿Qué te pasa?
What's happening to you? What's wrong?

PRÁCTICA

A. Make the following substitutions, according to the model.

Modelo Me gustan los regalos. (a él / el poema)
Le gusta el poema.

1. Me gusta la canción. (a ti / las películas; a Ud. / la misa; a nosotros / los deportes; a Raúl / la comida; a las chicas / las fiestas; a Rosa / la raqueta; a ellos / viajar)
2. Le faltaba a Ud. el dinero. (a ti / los zapatos; a ella / una cámara; a nosotros / un coche; a Rosa y a Pedro / los billetes; a mí / un lápiz)
3. ¿Qué les parecieron a Uds. las clases? (a ti / el concierto; a Elena / el clima; a tus hermanos / los partidos; a ella / las lecturas; a Ud. / la discoteca; a ellos / los bailes mexicanos)

B. Ask the corresponding questions for the following statements.

1. Sí, me gustaron las ruinas indias.
2. Sí, nos gustan esos jardines.
3. No, a él no le gusta el movimiento feminista.
4. No, a mí no me gusta la política.
5. Sí, nos gusta dormir la siesta.

C. State whether you like or dislike the following.

Modelo estudiar mucho
Sí, me gusta estudiar mucho.

OR

No, no me gusta estudiar mucho.

1. las ciudades grandes
2. mirar la televisión
3. vivir en el campo
4. la comida española
5. hablar y escribir en español
6. los bailes latinos
7. asistir a la iglesia
8. esta clase

D. Express the following comments in Spanish about a popular woman writer from Argentina.

1. I like to read and write about her books.
2. Her books always seem interesting to me.
3. I have only twenty pages left in order to finish this novel.

4. Her novels about life in the country delight my friend and me.
5. He would like to buy her new book, but he needs five dollars.
6. It is necessary for him to earn *(ganar)* more money.
7. What happened to them last night when they told her that they liked her novels?

El bautizo es una ocasión importante en la vida hispánica. A menudo se celebra con una gran fiesta familiar después de la ceremonia religiosa. Comente sobre una ocasión importante en la vida de su familia.

The Verbs *Ser* and *Estar*

The verbs **ser** and **estar** are translated as the English verb *to be*. However, their usage in Spanish are quite different. They can never be interchanged without altering the meaning of a sentence or in certain contexts producing an incorrect sentence.

A. Estar *is used:*

1. to express location.

   La ciudad de Granada está en España.
   The city of Granada is in Spain.

   Ellos están en la clase de español.
   They are in the Spanish class.

2. to indicate the condition or state of a subject when that condition is variable or when it is a change from the norm. Note that in some of the examples below **estar** can be translated by a verb other than *to be (to look, to taste, to seem, to feel,* etc.).

La ventana está sucia.	Juan está muy alegre hoy.
The window is dirty.	*Juan is (seems) very happy today.*
Yo estoy muy desilusionado.	¡Qué delgada está Teresa!
I am (feel) very disillusioned.	*How thin Teresa is (looks)!*
La cena está lista.	La sopa está riquísima.
The dinner is ready.	*The soup is (tastes) delicious.*

3. with past participles used as adjectives to describe a state or condition that is the result of an action.

   El profesor cerró la puerta. La puerta está cerrada.
   The professor closed the door. The door is closed.

   El autor escribió el libro. El libro está escrito.
   The author wrote the book. The book is written.

4. with the present participle to form the progressive tenses.*

   Los estudiantes están analizando los verbos reflexivos.
   The students are analyzing the reflexive verbs.

B. Ser *is used:*

1. to describe an essential or inherent characteristic or quality of the subject.

Su hija es bonita.	La isla es pequeña.
Your daughter is pretty.	*The island is small.*

---

*See Unit 4.

El hombre es pobre.
The man is poor.

Su abuelo es viejo. (in years)
His grandfather is old.

Mis tíos son ricos.
My uncles are rich.

Su hermana es joven. (in years)
Her sister is young.

2. with a predicate noun that identifies the subject.

El señor Pidal es profesor.
Mr. Pidal is a professor.

María es ingeniera.
María is an engineer.

Juan es el cónsul español.
Juan is the Spanish consul.

Ramón es su amigo.
Ramón is her friend.

3. with the preposition **de** to show origin, possession, or the material from which something is made.

Roberto es de España.
Roberto is from Spain.

El reloj es de oro.
The watch is (made of) gold.

El libro es de Teresa.
The book is Teresa's.

La casa es de madera.
The house is made of wood.

4. to express time and dates.

Son las ocho.
It's eight o'clock.

Es el cinco de mayo.
It's the fifth of May.

5. when *to be* means "to take place."

La conferencia es aquí a las seis.
The lecture is (taking place) here at 6:00.

El concierto fue en el Teatro Colón.
The concert was (took place) in the Teatro Colón.

6. to form impersonal expressions (**es fácil, es difícil, es posible,** etc.).

Es necesario entender los tiempos verbales.
It is necessary to understand the verb tenses.

7. with the past participle to form the passive voice. (This will be discussed further in Unit 11.)

El fuego fue apagado por el viento.
The fire was put out by the wind.

La lección fue explicada por el profesor.
The lesson was explained by the professor.

C. Ser *and* estar *used with adjectives*

1. It is important to note that both **ser** and **estar** may be used with adjectives. However, the meaning or implication of the sentence changes depending upon which verb is used.

Ser	**Estar**
Elena es bonita.	Ella está bonita hoy.
Elena is pretty (a pretty girl).	*She looks pretty today.*
Tomás es pálido.	Tomás está pálido.
Tomás is pale-complexioned.	*Tomás looks pale.*
Él es bueno (malo).	Está bueno (malo).
He's a good (bad) person.	*He's well (ill).*
Es feliz (alegre).	Está feliz (alegre, contenta).
She's a happy (cheerful) person.	*She's in a happy (cheerful, contented) mood.*
El profesor es aburrido.	Está aburrido.
The professor is boring.	*He's bored.*
Carlos es borracho.	Carlos está borracho.
Carlos is a drunkard.	*Carlos is drunk.*
José es enfermo.	José está enfermo.
José is a sickly person.	*José is sick (now).*
Las sandalias son cómodas.	Estas sandalias están muy cómodas.
Sandals are (generally) comfortable.	*These sandals are very comfortable.*
Carolina es lista.	Carolina está lista para salir.
Carolina is clever (alert).	*Carolina is ready to leave.*

PRÁCTICA

A. Complete the following sentences with the correct present tense form of **ser** or **estar**.

1. La casa de Patricia _____ muy lejos de aquí.
2. Su casa _____ de ladrillo.
3. Marina _____ la esposa de Juan.
4. Mi amigo _____ muy cansado hoy.
5. _____ el primero de octubre.
6. Esta sopa _____ muy caliente.
7. Él _____ muy buena persona, pero _____ enojado ahora.
8. Mi primo _____ enfermo hoy.
9. _____ más ricos que los reyes de España.
10. Ya _____ apagado el fuego.

11. Elena _____ bonita, y hoy _____ más bonita que nunca.
12. ¿De quién _____ este libro?
13. La conferencia _____ a las ocho.
14. Yo _____ muy contento porque los zapatos _____ muy cómodos.
15. El libro _____ muy aburrido y por eso yo _____ aburrido.

B. Complete the following with the imperfect tense of **ser** or **estar,** depending upon the meaning of the sentence.

_____ las siete cuando Enrique se despertó. _____ el día de los exámenes finales y él _____ muy nervioso. Su primer examen _____ a las nueve y quería llegar temprano para poder estudiar. Después de vestirse, empezó a buscar los libros. No _____ ni en la sala ni en el estudio. Al fin, su madre le dijo que _____ detrás de la puerta de su cuarto. Ahora _____ listo y salió para la escuela. Cuando llegó, ya _____ sus amigos en la biblioteca. _____ muy aburridos de esperar tanto pero no dijeron nada. Todos _____ seguros de que iban a salir mal en el examen. _____ las nueve menos cinco. Ya _____ muy tarde y ellos tenían que apurarse para llegar a clase a tiempo. Después del examen, todos _____ cansados pero alegres porque el examen fue muy fácil.

C. Complete each sentence with a form of **ser** or **estar.**

1. Mi padre no _____ viejo, pero hoy _____ muy viejo.
2. La clase _____ aburrida hoy, pero generalmente _____ interesante.
3. Normalmente la sopa aquí _____ mala, pero hoy _____ buena.
4. La profesora _____ simpática hoy, pero normalmente _____ antipática.
5. Generalmente el hombre _____ rico, pero en este momento _____ pobre.

REPASO

I. Carlos is writing to his cousin. He is telling her what he and his friends will be doing at the university this semester. Express his ideas by changing the verb to the future.

1. Yo (estudiar) más este semestre.
2. Mis amigos (hacer) su tarea todas las noches.
3. Juan y yo (asistir) a las conferencias especiales con más frecuencia.
4. Enrique (tener) que escribir un trabajo sobre la importancia de la iglesia en México.
5. A pesar de los estudios, yo (divertirse) mucho.
6. José y Carmen (graduarse) de la universidad en mayo.

II. Tell what you *would* do in each of the following situations.

Modelo   Al terminar la lección *me acostaría*.

1. Al recibir un cheque de mil pesos _____.
2. Al entrar en la clase de español _____.
3. Al ir a un buen restaurante _____.
4. Al ver a mi mejor amigo(a) _____.
5. Al ir de vacaciones _____.
6. Al despertarme temprano _____.

III. Express the following in Spanish.

1. I will talk with the priest tomorrow.
2. I said that I would talk with him.
3. I told them that he was probably at home.
4. It was ten o'clock and I was tired.
5. I was bored because the novel was boring.
6. The soup was hot, but it tasted delicious.
7. The lecture was at nine o'clock. They were still in the library.
8. My friend is from Spain, but he is in Mexico now.
9. Her father was a doctor, but she wanted to be an engineer.
10. They are (normally) unpleasant, but today they seem nice.

IV. Tell what each of the following individuals will do after graduation.

Modelo   Ana (casarse con un hombre rico)
Ana se casará con un hombre rico.

1. nosotros (hacer un viaje alrededor del mundo)
2. tú (trabajar para un banco internacional)
3. mis amigos (comprar un coche nuevo)
4. Alicia (entrar en un convento)
5. Roberto (salir para España para estudiar)

Now state three things that you will do after graduating.

V. If you had a choice, which of the following things would you do?

Modelo   asistir a una misa o a un concierto
Asistiría a un concierto.

1. estudiar en México o en Colombia
2. vivir en la playa o en las montañas
3. ver una película española o una película francesa
4. salir temprano o tarde de la clase de español

VI. Ask a classmate the following questions. (Be prepared to share this information with the rest of the class.)

1. ¿Piensas que una persona debe casarse con otra persona que tiene una creencia religiosa diferente? ¿Por qué?

2. En tu opinión, ¿cuál es la religión más verdadera y aceptable de todas las religiones? ¿Por qué?
3. ¿Crees que es importante para los padres bautizar a sus hijos en una iglesia? ¿Por qué?
4. ¿Piensas que debe haber solamente una religión mundial? Explica.
5. ¿Crees que las religiones causan o resuelven la mayor parte de los problemas del mundo? Explica.

▣ INTERCAMBIOS

EL ARTE DE CONVERSAR

Being a good listener can make you a better conversationalist. In the initial phases of language learning and acquisition, you will not know all of the vocabulary needed to understand every word that is spoken. Being aware of the linguistic and social contexts of the message will enable you to understand a conversation through word and phrase association and through the social situation in which the conversation is taking place. Also try to determine the topic or gist of the conversation. Then by making some logical assumptions and with sensible guessing, you should be able to determine the meaning of what you are hearing, which will enable you to make appropriate responses during the conversation.

CONVERSACIÓN CONTROLADA

¿Qué hacemos? Dos estudiantes comparten un cuarto en una residencia estudiantil. Acaban de conocerse. Están tratando de decidir lo que deben hacer para divertirse. Con un(a) compañero(a) de clase, prepare Ud. un diálogo según las siguientes indicaciones.

Estudiante 1	Estudiante 2
Says that he/she is bored and asks his/her roommate if he/she knows what they can do to amuse themselves.	Answers that they can go to a show or to a religious festival (*un festival*) that will take place in the plaza.
Says that he/she does not like religious festivals. Says he/she prefers to go to a show.	Asks what he/she prefers to see, an American film or one from Mexico.
Answers that he/she prefers to see a Mexican film because he/she wants to have more practice hearing Spanish. Asks if it's OK with him/her.	Says yes, that it's a good idea. Then he/she says that they should leave now because the show starts at 8:00 and the theater is far from the dormitory.

Con un(a) compañero(a) de clase, prepare Ud. un diálogo que corresponda a una de las siguientes situaciones.

Un(a) niño(a) no quiere asistir a misa. Una familia está lista para salir para la iglesia. Un(a) niño(a) de la familia no quiere ir. La madre le explica por qué él (ella) debe asistir a misa y el(la) niño(a) le dice a ella las razones por las cuales no quiere ir.

La vida ideal. Dos amigos(as) conversan sobre lo que piensan sería la vida ideal. Están comparando sus ideas. Uno(a) explica en que consistiría la vida ideal y el(la) otro(a) responde con su perspectiva de la vida perfecta.

▣ A CONVERSAR

A. Diálogo

Practique Ud. el siguiente diálogo con un(a) compañero(a) de clase. Después, preséntenlo Uds. oralmente a la clase.

(Alicia habla con su hermano Roberto.)

ALICIA	Roberto, ¡Eduardo quiere casarse conmigo!
ROBERTO	¡Enhorabuena! Ya era hora.
ALICIA	Va a hablar con papá mañana.
ROBERTO	Papá no pondrá obstáculos. ¿Cuándo será la boda?
ALICIA	La semana que viene. ¿Qué te parece?
ROBERTO	Es muy pronto. Necesitarás más tiempo para hacer los arreglos con la iglesia…
ALICIA	Pero nos casaremos ante un juez.
ROBERTO	Ah, no, Alicia. Papá no lo permitirá.
ALICIA	Pero Eduardo es ateo *(atheist)*. No quiere casarse por la iglesia.
ROBERTO	No importa. Si no es por la iglesia, papá no les dará su permiso.
ALICIA	¿Qué voy a hacer? No podré convencerle a Eduardo.

Ahora, explique Ud. cómo Alicia puede resolver su problema.

B. Temas de conversación o de composición

1. El casarse con alguien de otra religión ya no presenta problemas en nuestra sociedad.
2. Todas las religiones son esencialmente iguales. Por eso, deberían unirse en una gran religión universal.
3. Las mujeres y los hombres deberían participar igualmente en la dirección de los ritos religiosos.
4. Ninguna religión debe recibir el apoyo del estado.
5. Las creencias religiosas siempre se basan en ideas supersticiosas.

C. Discusión: *Modos de vivir*

A continuación se presentan cinco modos de vivir. Primero, indique Ud. su reacción ante cada uno de ellos. Después, compare Ud. sus reacciones con las de sus compañeros de clase. Si quiere, describa Ud. brevemente su propio modo de vivir y su filosofía personal.

Aquí está la lista de reacciones que son posibles:

a.   Me gusta mucho.   d.   No me gusta mucho.
b.   Me gusta un poco.   e.   No me gusta nada.
c.   No me importa.

1.   En este modo de vivir, el individuo participa activamente en la vida social de su pueblo, pero no busca cambiar la sociedad, sino comprender y preservar los valores establecidos. Evita todo lo excesivo y busca la moderación y el dominio sobre sí mismo. La vida, según esta filosofía, debe ser activa, pero también debe tener claridad, control y orden.

2.   El individuo que participa en este modo de vivir se retira de la sociedad. Vive apartado donde puede pasar mucho tiempo solo y controlar su propia vida. Hay mucho énfasis en la meditación y la reflexión, el conocerse a sí mismo. Para este individuo el centro de la vida está dentro de uno mismo y no debe depender de otras personas ni de otras cosas.

3.   Según esta filosofía, la vida depende de los sentidos y se debe gozar de ella sensualmente. Uno debe ser receptivo a las cosas y a las personas y deleitarse con ellas. La vida es alegría y no la escuela donde uno aprende la disciplina moral. Lo más importante es abandonarse al placer y dejar que los acontecimientos y las personas influyan en uno.

4.   Ya que el mundo exterior es transitorio y frío, el individuo sólo puede encontrar significado y verdadera gratificación en la vida pensativa y en la religión. Como han dicho los sabios, esta vida no es más que una preparación para la otra, la vida eterna. Todo lo físico debe ser subordinado a lo espiritual. El individuo debe juzgar sus acciones y sus deseos a la luz de la eternidad.

5.   Sólo al usar la energía de nuestros cuerpos podemos gozar completamente de la vida. Las manos necesitan fabricar y crear algo. Los músculos necesitan actuar: saltar, correr, esquiar, etcétera. La vida consiste en conquistar y triunfar sobre todos los obstáculos.

D. Descripción y expansión

1. Describa la plaza de este pueblo hispánico.

2. Describa la iglesia.

3. ¿Qué pasa en el dibujo?

   a. ¿Cuántas personas hay en el dibujo?
   b. ¿Qué hace el cura?
   c. ¿Qué hacen los niños?
   d. ¿Dónde están los jóvenes?
   e. ¿Qué hacen los jóvenes?
   f. ¿Qué venden los vendedores?
   g. ¿Qué compra la señora?

4. Opiniones

   a. ¿Le gustaría a Ud. más vivir en un pueblo pequeño o en una ciudad grande? ¿Por qué?
   b. Describa Ud. su percepción de Dios o su actitud hacia la religión.

MATERIALES AUTÉNTICOS

La religión en los negocios. La religión hace un papel importante en la vida diaria de la mayor parte de la gente del mundo hispánico. Lea Ud. éste anuncio que apareció en uno de los diarios de México, *EXCELSIOR*. Ud. puede ver como una compañía ha incorporado un tema religioso en un anuncio para vender computadoras. El tema religioso que se usa aquí es el Día de lo Reyes Magos *(Three Wise Men)* que pasa cada año el seis de enero en el mundo hispánico. Es el día en el cual hay un intercambio de regalos entre amigos.

1. ¿Cómo se llama la compañía que vende computadoras?
2. ¿Por qué usará la compañía el tema del Día de los Reyes Magos para vender sus computadoras?
3. ¿Qué nombres tienen cada de los paquetes especiales?
4. ¿En cuál de los paquetes recibe el cliente un procesador 80286?
5. ¿En cuál de los paquetes recibe el cliente un Monitor Color VGA?
6. En su opinión, ¿tendrá este anuncio mucho éxito en atraer la atención *(attracting the attention)* del público? ¿Por qué?
7. En su opinión, ¿sería buena idea usar temas religiosos para vender mercancías *(merchandise)?* ¿Por qué?

Aspectos de la familia en el mundo hispánico

Esta familia se reúne todos los domingos. Identifique las varias generaciones de la familia en la foto.

(Carlos y Concha piensan ir al cine pero encuentran varios obstáculos.)

CARLOS	Oye, Concha, no hemos visto esa nueva película italiana.[1] ¿Quieres ir esta noche?
5 CONCHA	¡Oh! Me encantaría. Pero, sabes, mi mamá querrá ir también.[2]
CARLOS	¿No hay manera de irnos solos? Tu mamá es una buena persona pero yo sólo deseaba verte a ti.
CONCHA	Carlitos,[3] tú sabes como es ella. Siempre se enoja
10	cuando no la invitamos. Tendrás que llevarla a ella también.
CARLOS	¿Y si le decimos que la película es de esas surrealistas? La última vez la invitamos pero no quiso ir.
CONCHA	¡Ah, sí! Dice que siempre se duerme. Pero, ¿cómo
15	vamos a convencerla?
CARLOS	Déjamelo a mí. Yo lo arreglaré.

(Van a la cocina donde encuentran a la mamá de Concha y al tío Paco, de 86 años.)

MAMÁ	¡Hola, Carlos! ¿Cómo estás? Te quedas a comer con
20	nosotros, ¿verdad?[4]
CARLOS	Gracias, acabo de comer en casa. Venimos a ver si Ud. querría acompañarnos al cine. Vamos a ver la película italiana que dan en el Cine Mayo. No la ha visto, ¿verdad?
25 MAMÁ	¿Qué película es? Para decir la verdad me gustan más las norteamericanas con Michael Douglas o Robert Redford. Prueba esta carne asada, Carlos.[5]
CARLOS	Bueno, un bocado nada más. Esas películas corrientes no valen la pena. Ésta sí que debe ser
30	buena; fue premiada en Europa.
CONCHA	¿Vienes o no, mamá?
MAMÁ	Bueno, pensándolo bien, es mejor que vayan Uds. solos. La última vez me dormí apenas comenzada la película.
35 TÍO	A mí que me gustan las películas de ese… ¿cómo se llama?… Fettucini, creo, Yo iré con Uds.[6] Hace dos semanas que no voy al cine.
CARLOS	Bueno… no lo había pensado.
CONCHA	*(en voz baja a Carlos)* No te preocupes, tonto. Está
40	tan ciego el tío Paco que tiene que sentarse muy cerca de la pantalla. Le diremos que no aguantamos eso y nos sentaremos atrás, solitos.
CARLOS	Ah, Conchita, ¡eres tan lista!

corrientes *common, ordinary*
fue premiada *was awarded a prize*

🔲 NOTAS CULTURALES

1   **película italiana:** Las películas extranjeras son muy populares en Europa y en Hispanoamérica. En España, en la Argentina y en México hay una industria cinematográfica notable, pero no alcanza a satisfacer al público hispánico.

2   **mi mamá querrá ir también:** Es común en el mundo hispánico que salgan juntas personas de diversas edades. No hay la división según la edad que hacemos en los EE.UU.

3   **Carlitos:** Es común usar diminutivos para indicar cariño o familiaridad.

4   **Te quedas a comer con nosotros, ¿verdad?:** Es casi automática esta invitación a comer, pero es falsa. La respuesta, también automática, es negativa pero cortés. «Gracias» sin más significa «No, gracias».

5   **Prueba esta carne asada, Carlos:** La segunda invitación, siempre hecha con más fuerza, es verdadera y debe ser aceptada, con ganas o no.

6   **Yo iré con Uds.:** El tío, por pertenecer a la familia, tiene el derecho de invitarse. Sería descortés negárselo.

🔲 VOCABULARIO ACTIVO

Estudie estas palabras.

Verbos

aguantar   to put up with
arreglar   to arrange
probar (ue)   to taste, sample
significar   to mean

Adjetivos

asado, -a   roasted
ciego, -a   blind
listo, -a   clever
solitos *dimin. of* **solos**   alone
surrealista   surrealistic

Sustantivos

el bocado   bite, taste
el cariño   affection
la(s) gana(s)   desire
la pantalla   movie screen
la película   movie, film

Otras expresiones

atrás   in back
acabar de   to have just
hace dos semanas que   it has been two weeks since
valer la pena   to be worthwhile

Comprensión

1. ¿Qué piensan hacer Carlos y Concha?   2. ¿Por qué no podrán ir solos?   3. ¿Qué hace la mamá cuando no la invitan?   4. ¿Qué clase de película quieren ver?   5. ¿Qué hace la mamá cuando ve una película surrealista?   6. ¿Quiénes están en la cocina?   7. ¿Qué le pregunta la mamá a Carlos?   8. ¿Cuáles son las películas que le gustan a la mamá?   9. ¿Qué come Carlos?   10. ¿Quién decide ir al cine con los jóvenes?   11. ¿Qué van a hacer los jóvenes para estar solos en el cine?

Opiniones

1. ¿Le gustan a Ud. las películas extranjeras? ¿Por qué sí o por qué no? 2. ¿Qué películas ha visto Ud. recientemente? 3. ¿Le gustan las películas surrealistas? Explique. 4. ¿Va Ud. al cine con sus padres? ¿Por qué? 5. ¿Con quién prefiere Ud. ir al cine? ¿Por qué? 6. ¿Cuáles son sus películas favoritas? 7. ¿Quién es su actor favorito? ¿su actriz favorita? 8. En su opinión, ¿vale la pena ver las películas modernas? ¿Por qué?

▣ ESTRUCTURA

The Progressive Tenses

A. *The present participle*

1. The present participle is formed by adding **-ando** to the stem of all **-ar** verbs and **-iendo** to the stem of most **-er** and **-ir** verbs.

hablar:	***habl*ando**	*speaking*
aprender:	***aprend*iendo**	*learning*
vivir:	***viv*iendo**	*living*

2. Some common verbs have irregular present participles. In **-er** and **-ir** verbs the **i** of **-iendo** is changed to **y** when the verb stem ends in a vowel.

caer:	**cayendo**	leer:	**leyendo**
creer:	**creyendo**	oír:	**oyendo**
ir:	**yendo**	traer:	**trayendo**

3. Stem-changing **-ir** verbs and some **-er** verbs have the same stem changes in the present participle as in the preterite.

decir:	**diciendo**	sentir:	**sintiendo**	mentir:	**mintiendo**
poder:	**pudiendo**	pedir:	**pidiendo**	divertir:	**divirtiendo**
venir:	**viniendo**	dormir:	**durmiendo**		

B. *The present progressive*

1. The present progressive is usually formed with the present tense of **estar** and the present participle of a verb.

estoy			
estás		bailando	*I am dancing, etc.*
está			
estamos		bebiendo	*I am drinking, etc.*
estáis			
están		escribiendo	*I am writing, etc.*

2. The present progressive is used to stress that an action is in progress or is taking place at a particular moment in time.

Están demostrando mucho interés en las religiones del mundo.
They are showing a lot of interest in the religions of the world.

Estoy leyendo mis apuntes.
I am reading my notes.

Están viviendo solitos en México.
They are living alone in Mexico.

3. Certain verbs of motion are sometimes used as substitutes for **estar** in order to give the progressive a more subtle meaning.

ir:	Va aprendiendo a tocar la guitarra.
	He is (slowly, gradually) learning to play the guitar.
seguir, continuar:	Siguen hablando.
	They keep on (go on) talking.
venir:	Viene contando los mismos chistes desde hace muchos años.
	He has been telling the same jokes for many years.
andar:	Anda pidiendo limosna para los pobres.
	He is going around asking for alms for the poor.

C. The past progressive

1. The past progressive is usually formed with the imperfect of **estar** plus a present participle.*

estaba		
estabas		
estaba	mirando	*I was looking at, etc.*
estábamos		
estabais	vendiendo	*I was selling, etc.*
estaban	saliendo	*I was leaving, etc.*

2. This tense is used to stress that an *unfinished* action was in progress at a specific time in the past.

Yo estaba mirando un programa de televisión en vez de estudiar.
I was watching a television program instead of studying.

El cura estaba explicando las influencias extranjeras sobre la iglesia cuando lo interrumpieron.
The priest was explaining the foreign influences on the church when they interrupted him.

---

*A second past progressive tense is the preterite progressive, formed with the preterite of **estar** plus a present participle. It is used to stress that a completed action was in progress at a specific time in the past: **Estuve estudiando hasta las seis.** *(I was studying until six.)* This tense is rarely used in colloquial Spanish.

3. As in the present progressive, the verbs of motion **ir, seguir, continuar, venir,** and **andar** may also be used to form the past progressive.

Seguía escribiendo poemas.
She kept on writing poems.

Andaba diciendo mentiras.
He was going around telling lies.

D. *Position of direct object pronouns with the participle*

Direct object pronouns are attached to the present participle. But in the progressive tenses the object pronoun may either precede **estar** or be attached to the participle.

Leyéndolo,* vio que tenía razón.
Reading it, he saw that I was right.

Estoy arreglándola.

    OR

La estoy arreglando.
I am repairing it.

PRÁCTICA

A. Complete the following brief narrative with the correct form of **estar** and the present participle of the verb in parentheses.

Mi amigo y yo (observar) _____ a la gente que (llegar) _____ al cine. Hay mucha gente que (comprar) _____ entradas. Otras personas (entrar) _____ en el cine. Un hombre (pedir) _____ palomitas *(popcorn)* y su amiga (beber) _____ una coca-cola. Yo (morirme) _____ de hambre pero me falta dinero para comprar refrescos. Muchas personas (sentarse) _____ cerca de la pantalla, otras no. Varias personas (leer) _____ su programa. Nosotros (divertirse) _____ mucho.

B. Change the verbs to the present progressive, using the auxiliary **estar**.

Modelo   Ofendes al tío Paco con tus blasfemias.
                 Estás ofendiendo al tío Paco con tus blasfemias.

1. Miro hacia atrás.
2. El niño corre por el patio.

---

*Note that when the pronoun is attached to the participle, a written accent is required on the original stressed syllable of the participle.

3. María hace preguntas.
4. Ramón y yo compramos regalos.
5. Los estudiantes analizan las varias religiones.
6. El chico prueba la torta.
7. Leemos novelas románticas.
8. Ella duerme mucho.

Now repeat the exercise, using the auxiliary **seguir**.

C. Change the verbs to the past progressive, using the auxiliary **estar**.

Modelo   Vivían como ricos.
            Estaban viviendo como ricos.

1. Leía la noticia del accidente.
2. Mirábamos el programa de televisión.
3. El abogado y el cliente hablaban por teléfono.
4. Su amigo dormía durante la película.
5. ¿Pensabas ir al cine?
6. Aprendían a nadar en la piscina.
7. Rezaba en la iglesia.
8. Trataba de terminar la explicación.

Now repeat the exercise, using the auxiliary **seguir**.

D. Relate what the following people are or are not doing right now. Use the present progressive with **estar**.

Modelo   su mamá (mirar la televisión / preparar la comida)
            Su mamá no está mirando la televisión. Está preparando la comida.

1. el tío Paco (mirar la película / dormir)
2. Concha (estudiar / hablar con Carlos)
3. el estudiante (escribir cartas / estudiar la lección)
4. nosotros (leer / buscar un libro)
5. yo (mentir / decir la verdad)
6. sus padres (comer / escuchar música)

E. Tell what was happening yesterday when you entered your house.

Modelo   mi amiga / estudiar
            Cuando entré en casa ayer, mi amiga estaba estudiando.

1. el gato / dormir   4. mis hermanos / jugar
2. Rafael / leer el periódico   5. mi padre / mirar la televisión
3. tú / hacer tu tarea   6. mi madre / cantar una canción folklórica

Continue the exercise by relating other things that were happening.

F. Concha is describing what was going on at her house yesterday evening. Express this in Spanish.

1. I was reading the newspaper.
2. My mother went on preparing the meal.
3. Our uncle was (gradually) answering our questions.
4. Carlos was trying to find the entertainment guide *(Guía de Ocio)*.
5. He was telling us that they keep on repeating the same films all week.
6. My mother was describing her favorite film to us.
7. Carlos went around asking for money for the show.
8. We kept on talking about the movies until midnight.

The Perfect Tenses

A. *The past participle*

1. The past participle of regular verbs is formed by dropping the infinitive ending and adding **-ado** to **-ar** verbs and **-ido** to **-er** and **-ir** verbs.

hablar:	**hablado**	*spoken*
comer:	**comido**	*eaten*
vivir:	**vivido**	*lived*

2. Some common verbs have irregular past principles.

abrir:	**abierto**	hacer:	**hecho**
cubrir:	**cubierto**	morir:	**muerto**
decir:	**dicho**	poner:	**puesto**
descubrir:	**descubierto**	romper:	**roto**
devolver:	**devuelto**	resolver:	**resuelto**
envolver:	**envuelto**	ver:	**visto**
escribir:	**escrito**	volver:	**vuelto**

3. Some forms carry a written accent. This occurs when the stem ends in a vowel.

caer:	**caído**	oír:	**oído**
creer:	**creído**	reír:	**reído**
leer:	**leído**	traer:	**traído**

4. The past particle in Spanish is used with the auxiliary verb **haber** to form the perfect tenses. It can also be used as an adjective to modify nouns with **ser** or **estar,** or it can modify nouns directly. When used as an adjective, it must agree in gender and number with the noun.

La puerta está cerrada.
The door is closed.

El tío Paco está aburrido porque la película es aburrida.
Uncle Paco is bored because the movie is boring.

Tenemos que memorizar las palabras escritas en la pizarra.
We have to memorize the words written on the blackboard.

The past participle may also be used with a form of **estar** to describe the resultant condition of a previous action.

Juan escribió los ejercicios. Ahora los ejercicios están escritos.
Juan wrote the exercises. Now the exercises are written.

Su madre cerró la ventana. Ahora la ventana está cerrada.
His mother closed the window. Now the window is closed.

B. *The present perfect tense*

1. The present perfect is formed with the present tense of **haber** plus a past participle.

he has	hablado	*I have spoken, etc.*
ha hemos	comido	*I have eaten, etc.*
habéis han	vivido	*I have lived, etc.*

2. The present perfect is used to report an action or event that has recently taken place and whose effects are continuing up to the present.

Ellos han encontrado varios obstáculos.
They have encountered several obstacles.

Esta semana he pensado mucho en ver esa película.
This week I have thought a lot about seeing that movie.

3. The parts of the present perfect construction are never separated and the past participles do not agree with the subject in gender or number. They always end in **-o**.

¿Lo ha probado María?
Has María tasted it?

Han visto una película italiana.
They have seen an Italian movie.

4. **Acabar de** plus an infinitive is used idiomatically in the present tense to express *to have just + past participle*. The present perfect tense is not used in this construction.

Ella acaba de preparar la comida.
She has just prepared the meal.

C. The pluperfect tense

1. The past perfect tense, also called the pluperfect, is formed with the imperfect tense of **haber** plus a past participle.*

había habías	hablado	*I had spoken, etc.*
había habíamos	comido	*I had eaten, etc.*
habíais habían	vivido	*I had lived, etc.*

2. The past perfect is used to indicate an action that preceded another action in the past.

Cuando llamé, ya habían salido.
When I called, they had already left.

Dijo que ya había ido al cine.
He said that he had already gone to the movies.

3. Negative words and pronouns precede the auxiliary verb form of **haber**.

No ha probado un bocado.
He hasn't tasted a mouthful.

Mamá se había dormido apenas comenzada la película.
Mom fell asleep when the movie had barely started.

4. **Acabar de** plus an infinitive is used idiomatically in the imperfect tense to express *had just + past participle*. The pluperfect tense is not used in this construction.

Ellos acababan de salir del teatro, cuando los vi.
They had just left the theater, when I saw them.

PRÁCTICA

A. Change the following sentences from the present to the present perfect.

1. Su tío me dice algo de Luis.
2. El joven tiene mala suerte.
3. Yo hago un viaje a Madrid.
4. Sus amigos vuelven del Cine Mayo.
5. Nuestro equipo gana el campeonato.
6. La película ya empieza.

---

*The preterite of **haber** plus a past participle forms the preterite perfect, which is a literary tense. It is rarely used in colloquial language.

7. Mis padres oyen decir que esas películas no son buenas.
8. Los chicos encuentran varios obstáculos.

B. Change the following sentences from the preterite to the past perfect.

1. Yo no hice nada.
2. ¿Abrieron las ventanas?
3. Mi tía trabajó en una librería.
4. Pedro fue a casa antes de comer.
5. El chico prometió acompañarnos.
6. Se enojó porque no la invitamos.
7. La invitaron al cine.
8. ¿Dónde perdiste los boletos?

C. Tell why the following people do not want to do the things indicated. Use the present perfect tense.

Modelo   Concha no quiere ver esta película porque _____ .
            Concha no quiere ver esta película porque ya la ha visto.

1. Su madre no va a preparar la comida porque _____ .
2. Carlos y ella no quieren probar el arroz porque _____ .
3. Nosotros no vamos a hacer los platos mexicanos porque _____ .
4. Tú no vas a escribir la carta porque _____ .
5. Yo no pienso comprar las entradas porque _____ .
6. Enrique no va a devolver el regalo porque _____ .

D. Tell what the following people had already done before doing the things indicated. Use the past perfect tense.

Modelo   Antes de ir al cine ya (ellos / comprar las entradas).
            Antes de ir al cine ya habían comprado las entradas.

1. Antes de asistir al teatro ya (yo / cenar).
2. Antes de entrar en la cocina ya (ellos / hablar con su madre).
3. Antes de salir de la casa ya (ella / hacer la comida).
4. Antes de hablar con tus padres ya (tú / resolver el problema).
5. Antes de ir a la biblioteca ya (nosotros / escribir la composición).
6. Antes de nuestra llegada ya (ellos / volver).

E. The members of your family did the following things. Describe the resultant conditions of their actions.

Modelo   Mi madre preparó la comida.
            Ahora la comida está preparada.

1. Mi hermano rompió la ventana.
2. Mi hermana hizo su tarea.
3. Mi padre arregló el coche.
4. Yo escribí unas cartas.
5. Mi madre lavó los vasos.

F. Tomás is relating some things that had happened at his house yesterday. Express them in Spanish.

1. My grandmother had made her favorite meal for the family.
2. We had just sat down to eat, and I had sampled a bite of roasted meat when our father arrived.
3. He had bought tickets for us for the movie.
4. He had also arranged transportation *(transporte)* for us.
5. We had told him that we had thought about going to a movie, but we needed money for the tickets.
6. He said that someone had just returned some money to him, and that he had decided to buy the tickets for us.
7. My grandmother stayed at home because she had seen the movie last week.

The Future and Conditional Perfect

A. *Future perfect*

1. The future perfect tense is formed with the future tense of the verb **haber** plus a past participle.

habré habrás	hablado	*I will have spoken, etc.*
habrá habremos	comido	*I will have eaten, etc.*
habréis habrán	salido	*I will have left, etc.*

2. It expresses a future action that *will have taken place* by some future time.

Habrán salido a eso de las diez.
They will have left by ten.

Habrá terminado la lección antes de comer.
He will have finished the lesson before eating.

B. *Conditional perfect*

1. The conditional perfect is formed with the conditional tense of **haber** plus a past participle.

habría habrías	hablado	*I would have spoken, etc.*
habría habríamos	comido	*I would have eaten, etc.*
habríais habrían	salido	*I would have left, etc.*

2. This tense is used to express something that *would have* taken place.

Yo habría estudiado en vez de ir al cine.
I would have studied instead of going to the movies.

¿Qué habrías contestado tú?
What would you have answered?

C. *Probability*

The future and conditional perfects may be used to express probability.

¿Habrá terminado su trabajo a tiempo?
I wonder if he has finished his work on time.

¿Habría terminado su trabajo a tiempo?
I wonder if he had finished his work on time.

Habrán llegado a las ocho.
They must have arrived at eight.

Habrían llegado a las ocho.
They had probably arrived at eight.

PRÁCTICA

A. Change the following sentences to the future perfect.

1. Su tío ha estado aquí.
2. Los alumnos han escrito una composición.
3. Su madre ya se ha ido.
4. Han visto esa película francesa.
5. ¿Has puesto los lápices en la mesa?

B. Change the following sentences to the conditional perfect.

1. Había muerto varios días antes.
2. María había devuelto el libro.
3. ¿Qué habían dicho ellos?
4. ¿Cuándo habías salido?
5. Había estudiado mucho para el examen.

C. Express the following dialogue in Spanish.

ROBERTO: Where do you suppose they have gone?
MARGARITA: They must have decided to go to the show.
ROBERTO: I wonder if they had tried to call us before leaving the house.
MARGARITA: Maybe, but we had probably not arrived home yet.
ROBERTO: They must have thought that we had already seen the movie or they probably would have invited us to go with them.

Possessive Adjectives and Pronouns

A. *Possessive adjectives—unstressed (short) forms*

1. The unstressed (short) forms of the possessive adjectives:

mi, mis	*my*	**nuestro (-a, -os, -as)**	*our*
tu, tus	*your*	**vuestro (-a, -os, -as)***	*your*
su, sus	*his, her, its, your*	**su, sus**	*their, your*

2. Possessive adjectives agree with the thing possessed and not with the possessor. The unstressed forms always precede the noun.

   Él es cortés con mi mamá.
   He is polite with my mother.

   Su hermano es muy listo.
   His (her, your, their) brother is very clever.

   Tus composiciones son muy interesantes.
   Your compositions are very interesting.

3. All possessive adjectives agree in number with the nouns they modify, but **nuestro** and **vuestro** show gender as well as number.

   Nuestros padres van mañana.
   Our parents are going tomorrow.

   Nuestra casa está lejos del centro.
   Our house is far from downtown.

4. The possessive **su** has several possible meanings: *his, her, its, your,* or *their.* For clarity, **su** plus a noun is sometimes replaced by the **definite article + noun + prepositional phrase.**

   ¿Dónde vive su madre?

      OR

   ¿Dónde vive la madre de él? (de ella, de Ud., de ellos, etc.)
   Where does his (her, your, their, etc.) mother live?

   El padre de él y el tío de ella son amigos.
   His father and her uncle are friends.

5. Definite articles are generally used in place of possessives with parts of the body, articles of clothing, and personal effects. If the subject does the action to

---

*The **vuestro (-a, -os, -as)** form has been replaced by **su, sus** in Latin America.

someone else, the indirect object pronoun indicates the possesssor (**Les limpié los zapatos** = *I cleaned their shoes*). If the subject does the action to himself or herself, the reflexive pronoun is used (**Ella se lava las manos** = *She washes her hands*). However, if the part of the body or article of clothing is the subject of the sentence, or if any confusion exists regarding the possessor, then the possessive adjective is used.

Tus pies son enormes.
Your feet are enormous.

Pedro dice que mis brazos son muy fuertes.
Pedro says that my arms are very strong.

B. *Possessive adjectives—stressed (long) forms*

1. The stressed (long) forms of the possessive adjectives:

mío (-a, -os, -as)	*(of) mine*
tuyo (-a, -os, -as)	*(of) yours*
suyo (-a, -os, -as)	*(of) his, hers, its, yours*
nuestro (-a, -os, -as)	*(of) ours*
vuestro (-a, -os, -as)*	*(of) yours*
suyo (-a, -os, -as)	*(of) theirs, yours*

2. The stressed forms agree in gender and number with the noun they modify; they always follow the noun.

unas amigas mías	una tía nuestra
some friends of mine	*an aunt of ours*

3. The stressed possessive adjectives may function as predicate adjectives or they may be used to mean *of mine, of theirs,* and so forth.

Unas amigas mías vinieron al club.
Some friends of mine came to the club.

Esa es la raqueta suya, ¿verdad?
That's your racquet, isn't it?

4. It is important to note in the previous examples that the stress is on the possessive adjective and not on the noun: **unas amigas mías, una raqueta suya.** In contrast, the short forms of the possessive adjective are not stressed: **mis amigas, su raqueta.**

---

*Vuestro (-a, -os, -as) has been replaced by suyo (-a, -os, -as) in Latin America.

5. Since **suyo** has several possible meanings, the construction **de + él, ella, Ud.,** etc., may be used instead for clarity.

Un amigo suyo viene a verme.

    OR

Un amigo de Ud. viene a verme.
A friend of yours is coming to see me.

C. *Possessive pronouns*

1. The possessive pronouns are formed by adding the definite article to the stressed forms of the possessive adjectives.

Possessive Adjectives		**Possessive Pronouns**	
el coche mío	*my car*	el mío	*mine*
la finca nuestra	*our farm*	la nuestra	*ours*

Carlos tiene la maleta suya y las mías.
Carlos has his suitcase and mine (plural).

2. For clarification, **el suyo (la suya,** etc.) may be replaced by the **de + él (ella, Ud.,** etc.) construction.

Esta casa es grande.   *This house is large.*
La suya es pequeña. ⎫
La de él es pequeña. ⎭   *His is small.*

3. After the verb **ser** the definite article is usually omitted.

¿Son tuyos estos boletos?
Are these tickets yours?

Note: An article may be used to stress selection: **Es el mío.** *It's mine.*

PRÁCTICA

A. Two people are comparing notes about their families. Complete each sentence with the correct possessive adjective.

1. *(My)* _____ tío vive con *(our)* _____ familia.
2. *(His)* _____ hermanas visitan a *(your fam. sing.)* _____ primas, ¿verdad?
3. *(Their)* _____ casa está cerca de *(her)* _____ aparta-mento.
4. *(Her)* _____ parientes conocen a *(my)* _____ abuelos.

B. Change the following sentences according to the model.

Modelo   Mi amigo vive cerca de la universidad.
                Un amigo mío vive cerca de la universidad.

1. Nuestro tío es casi ciego.
2. Tus primos viven en España.
3. Mis camisas están sucias.
4. Su hermana trajo la comida.
5. Ésta es su idea.

C. The conversation about families continues. Complete each sentence with a correct possessive adjective or pronoun.

1. *(My)* _____ familia es grande. *(Yours fam. sing.)* _____ es pequeña.
2. *(His)* _____ hermana es joven. *(Mine)* _____ es vieja.
3. *(Her)* _____ parientes viven en España. *(Ours)* _____ viven aquí.
4. *(Your formal)* _____ primos asisten a esta universidad. *(Hers)* _____ prefieren estudiar en Chile.

D. Answer the following questions using possessive pronouns in your response.

Modelo   ¿Es tuyo este libro?
                Sí, es mío.
                    OR
                No, no es mío.

1. ¿Son tuyas estas revistas?
2. ¿Es de Ud. este auto?
3. ¿Son tuyas estas recetas?
4. ¿Es tuyo ese traje de baño?
5. ¿Es de Juan esta casa?

E. Express the following in Spanish. Use words of clarification when needed.

1. My cousins live in this country; yours *(fam.)* live in Latin America.
2. His family prepares Mexican dishes. Hers doesn't know how to make them.
3. My bicycle is here. Where is yours?
4. We have our notes. Where are theirs?
5. When do your *(formal)* guests arrive? Mine arrived last night.

F. Compare the following things using possessive adjectives and pronouns.

Modelo   your family and a friend's family
                Mi familia es pequeña; la suya es grande.

1. our class with their class
2. your favorite food and your friend's favorite food

3. your house with your friend's house
4. your friend's grades with your grades *(notas)*
5. our university with their university

Interrogative words

A. *Forms of the interrogatives*

¿quién? ¿quiénes?*	*who?*
¿de quién? ¿de quiénes?	*whose, of whom, about whom?*
¿a quién? ¿a quiénes?	*to whom?*
¿con quién? ¿con quiénes?	*with whom?*
¿qué?	*what?*
¿cuál? ¿cuáles?	*what, which, which one(s)?*
¿cuánto? ¿cuánta?	*how much?*
¿cuántos? ¿cuántas?	*how many?*
¿cómo?	*how? what?*
¿para qué?	*why (for what purpose)?*
¿por qué?	*why (for what reason)?*
¿dónde?	*where?*
¿adónde?	*to where?*
¿cuándo?	*when?*

¿Quién ha ganado el premio Nobel?
Who has won the Nobel prize?

¿Cuánto dinero necesitas?
How much money do you need?

¿Qué busca Ud.?
What are you looking for?

¿Por qué va a casarse?
Why are you going to get married?

¿Cuál es su religión?
What is his religion?

¿Adónde van ellos en el invierno?
Where are they going in the winter?

B. ¿Qué? *versus* ¿cuál?

1. **¿Qué?** *(What?)* asks for a definition or explanation. It is also used to ask for a choice when the things involved are general or abstract nouns.

   ¿Qué es una pantalla?
   What is a screen?

   ¿Qué te pasó?
   What happened to you?

   ¿Qué prefieres, la poesía o la prosa?
   What do you prefer—poetry or prose?

---

*Note that all the interrogatives have written accents.

2. When an identification is being asked for in a question that contains a noun, either expressed or implied, **¿qué?** is always used. Note that **¿qué?** always comes before the noun in this construction.

¿Qué (cosa) le dio ella de comer a Carlos?
What (thing) did she give Carlos to eat?

¿Qué libro quieres?
What book do you want?

3. **¿Cuál?** *(Which? Which one?)*, on the other hand, is used when asking for a selection or choice among specific objects or when asking questions involving a number of possibilities as answers.

Hay muchos coches en la calle. ¿Cuál es el tuyo?
There are many cars on the street. Which one is yours?

Tengo muchas clases difíciles. ¿Sabes cuál es la más difícil?
I have many difficult classes. Do you know which one is the most difficult?

¿Cuál prefieres, el tuyo o el mío?
Which one do you prefer—yours or mine?

4. **¿Cuál?** is a pronoun and usually is not used as an adjective to modify a noun.*

¿Cuál es la fecha de su carta?
What is the date of his letter?

    BUT

¿Qué fecha prefieres?
Which date do you prefer?

5. Note that **¿cuál?** is always used before a phrase introduced by **de**.

¿Cuál de los dos quieres?
Which of the two do you want?

PRÁCTICA

A. A very curious friend wants to know what you are going to do tonight. Express the questions that you are asked in Spanish.

1. Where are you going tonight?
2. Who are you going with?
3. Why have you decided to see that movie?
4. What does the title of the film mean?
5. What is the film about?

---

*In parts of Latin America, however, **¿cuál?** is frequently used as an adjective with a noun. In Spain it is not. **¿Cuál libro prefieres?** *(Which book do you prefer?)*

6. Who are the actors in the film?
7. Which of the two actors is your favorite?
8. How much do the tickets cost?
9. To whom do we give our money for the tickets if we want to go?
10. Whose ticket is this?
11. Why has he given you his ticket?
12. Who are you talking about?
13. What time does the movie begin?
14. How much time do you need in order to arrive on time?
15. Which bus do you take to the movie theater?

Now create a dialogue with a classmate using some of the questions above.

B. Make questions using interrogative words that will elicit the following information.

> **Modelo** Carlos y Berta van al teatro.
> *¿Quiénes van al teatro?*
>
> OR
>
> *¿Adónde van Carlos y Berta?*

1. Esa chica es mi amiga.
2. Vamos a salir para Toledo el sábado.
3. Su casa está cerca de la iglesia.
4. El coche es de mi papá.
5. Aurelio llama a Elena.
6. Es una cámara.
7. Quiero las maletas rojas.
8. Les tengo mucho cariño a ellos.
9. Van al Cine Mayo para ver la película francesa.
10. Estoy bien, gracias.

Hacer and *Haber* with Weather Expressions

A. *Expressions with* hace (hacía)

1. Most expressions that describe the weather are formed with the impersonal (third person singular) forms of **hacer**.

¿Qué tiempo hace?	Hace fresco.
What's the weather like?	*It is cool.*
Hace buen tiempo.	Hace calor.
The weather is good.	*It is hot.*
Hace mal tiempo.	Hace viento.
The weather is bad.	*It is windy.*
Hacía frío.	Hacía sol.
It was cold.	*It was sunny.*

2. The adjective **mucho** (*not* **muy**) is the equivalent of *very* in these expressions since **frío, calor,** and **sol** are nouns.

Hace mucho frío (calor, sol).
It is very cold (hot, sunny).

3. The verb **tener** is used with animate beings to describe a physical state.

Yo tengo frío (calor).
I am cold (hot).

B. *Expressions with* **hay (había)**

Hay, the impersonal form of **haber,** is used to describe weather conditions that are visible. **Había** is used for the past.

Hay polvo (nubes, niebla).
It is dusty (cloudy, foggy).

Había sol* (luna).
The sun (moon) was shining.

PRÁCTICA

A. Express the following in Spanish.

1. The weather is good today. The sun is shining; it is not windy and it is not cold.
2. The weather was bad yesterday. It was windy; it was also cloudy and very hot.
3. It is a beautiful night. It is cool and the moon is shining.
4. Yesterday we were cold.

B. Now describe the weather where you are living.

Hacer with Expressions of Time

A. Hacer + *time expressions*

1. The impersonal form of **hacer (hace)** is used with expressions of time to indicate the duration of an action that began in the past and continues into the present. The normal word order in these constructions is **hace** + expression of time + **que** + verb in the present tense.

Hace dos años que vivo aquí.
I have lived here for two years.

¿Cuánto tiempo hace que estás aquí?
How long have you been here?

---

*__Hace sol.__ = It is sunny.
 Hay sol. = The sun is shining.

2. When an action had been going on for a period of time in the past and was still continuing when something interrupted the action, it is expressed by **hacía** + a time expression + **que** + verb in the imperfect tense.

Hacía dos años que él vivía aquí cuando murió.*
He had been living here for two years when he died.

3. **Hace** plus an expression of time may also be used to express the idea of *ago*. The normal word order in this construction is **hace** + expression of time + **que** + verb in the preterite tense.

Hace más de dos mil años que los romanos lo construyeron.
The Romans built it more than two thousand years ago.

The word order in this construction may also be reversed.

Los romanos lo construyeron hace más de dos mil años.

PRÁCTICA

A. Change the following phrases into sentences, according to the model.

Modelo   (nosotros) viajar / dos meses
Hace dos meses que viajamos.
Hacía dos meses que viajábamos.

1. (yo) tocar el piano / cuatro años
2. (ellos) trabajar aquí / diez meses
3. (tú) hablar con Rosa / media hora
4. (Carlos) tener ganas de comer / más de una hora

B. Express in Spanish.

1. Roberto arrived at her house twenty minutes ago.
2. They left for the movies two hours ago.
3. Uncle John entered the kitchen five minutes ago.
4. How long have you been in the kitchen?
5. We had been watching the movie for an hour when he arrived.
6. My cousins have been here since 9:00.

---

*An alternate construction for expressing the same idea is: verb phrase + **desde hace** or **hacía** + expression of time.

Vivo aquí desde hace dos años.
I have lived here for two years.

Vivía aquí desde hacía dos años cuando murió.
He had been living here for two years when he died.

The present tense of any verb + **desde** + a specific day, month, or year is used to express *since* in sentences such as:

Trabajo día y noche desde junio. *(I have been working day and night since June.)*
Trabajo aquí desde el lunes. *(I have been working here since Monday.)*

REPASO

I. Change each of the following sentences to the present perfect, past perfect, future perfect, conditional perfect, present and past progressive tenses.

1. Yo lo hago.
2. Elena lo mira.
3. Nosotros la escribimos.
4. Raúl la abre.
5. Los alumnos los devuelven.

II. Translate the words given in parentheses.

1. *(My)* _____ libros están aquí. ¿Dónde están *(yours)* _____?
2. *(His)* _____ casa está cerca. ¿Dónde está *(theirs)* _____?
3. *(Their)* _____ coche está enfrente del teatro. ¿Dónde está *(ours)* _____?
4. *(Her)* _____ novio vive cerca del cine. ¿Dónde vive *(yours fam.)* _____?
5. *(Our)* _____ mamá está en la sala. ¿Dónde está *(his)* _____?

III. Relate the experiences that Ricardo had yesterday by changing all verbs to the past.

Es sábado. Son las seis de la mañana. Sale el sol y parece que va a hacer fresco. Tengo mucho que hacer, pero como me siento perezoso, me quedo en casa hablando por teléfono con un amigo. Me dice que quiere ir a la playa y que pasará por mi casa dentro de poco. Sigo charlando con un vecino hasta las nueve cuando viene mi amigo a recogerme. Salimos.

Al llegar a la playa estamos muy contentos. Hay una vista magnífica y el agua está fresca. Veo que un antiguo compañero de clase me saluda. Me dice que está trabajando en una fábrica. Durante media hora habla de la ignorancia, la mala fe y la falsa conciencia de los eruditos universitarios. Le contesto que no todos son así y que no hay que dejar las universidades a los pedantes y los intrigantes.

Para cambiar de tema le pregunto por su novia. Me contesta que están reñidos *(on bad terms)* a causa de sus ideas respecto al feminismo. Estamos hablando de esto y de otras cosas cuando vemos acercarse un bote a la playa. Por las muchas cañas de pesca, los hombres parecen pescadores. En ese momento, miro el reloj. Ya es muy tarde. Me doy cuenta de que hablamos desde hace casi dos horas. He prometido encontrarme con mi novia a las cinco.

IV. Ask a classmate the following questions. Be prepared to share this information with the rest of the class.

1. ¿De dónde eres?
2. ¿Dónde vives aquí?
3. ¿Adónde vas generalmente durante el fin de semana?

4. ¿Quién es tu mejor amigo(a)?
5. ¿A quién escribes cada semana?
6. ¿Con quién sales mucho?
7. ¿De qué hablas con tu amigo(a)?
8. ¿Por qué estudias español?
9. ¿Cuál de tus clases es tu favorita?
10. ¿Cuándo termina tu última clase del día?
11. ¿Qué haces después de tu última clase?
12. ¿Cuántas veces por semana vas a estudiar a la biblioteca?

V. Provide information about your family and yourself by completing each of the following statements. Be prepared to share this information with the class. Use time expressions with **hacer**.

1. (Hacer) _____ años que mis antepasados (llegar) _____ a este país.
2. (Hacer) _____ años que mi familia (vivir) _____ en _____.
3. Yo (nacer) _____ en _____ (hacer) _____ años.
4. Yo (decidir) _____ asistir a esta universidad (hacer) _____.
5. Yo (llegar) _____ aquí (hacer) _____.
6. Yo (estar) _____ aquí (hacer) _____.
7. Yo (estudiar) _____ el español en esta clase (hacer) _____.
8. Antes de entrar en esta clase, yo (estudiar) _____ el español (hacer) _____ en _____.

▣ INTERCAMBIOS

EL ARTE DE CONVERSAR

One of the primary goals of second language learning is oral communication. Therefore, it is essential that you learn the ways in which native speakers of Spanish organize conversations in order to communicate effectively. One of the first steps toward effective communication is to learn phrases for initiating and ending a conversation. The following are some useful expressions.

Initiating a Conversation:

Hola, ¿qué tal?	*Hello, how are you?*
Buenos días, ¿cómo estás?	*Good day (hello), how are you?*
Hola, me llamo…	*Hello, my name is . . .*
Hola, ¿cómo te llamas?	*Hello, what is your name?*
Hola, soy…	*Hello, I am . . .*
¿Qué hay de nuevo?	*What's new? (What's going on?)*

¿Adónde vas?	*Where are you going?*
¿Eres…?	*Are you . . . ?*
¿De dónde eres?	*Were are you from?*
¿Qué estudias?	*What are you studying?*

Ending a Conversation:

Adiós. Tengo que irme a casa.	*Good-bye. I have to go home.*
Hasta luego.	*See you later.*
Hasta mañana.	*See you tomorrow.*

CONVERSACIÓN CONTROLADA

¿Quiénes eran? Una persona quiere saber algo de sus antepasados. Visita una agencia que se dedica a la genealogía. Con un(a) compañero(a) de clase, prepare Ud. un diálogo según las siguientes indicaciones.

El (la) genealogista	La persona
Says hello and asks how he/she can help him/her.	Answers that he/she is looking for information about his/her ancestors. Asks if he/she can help him/her.
Says yes, but that he/she will have to ask him/her a lot of questions. Then he/she asks what the surnames of his/her family are.	Answers that his/her father's surname is Martínez and his/her mother's family name is González.
Asks where the person is from and where his/her parents and grandparents are from.	Answers that he/she and his/her parents are from Tucson, but his/her grandparents are from Mexico.
Asks where his/her grandparents were born and how long ago they left there.	Answers that his/her grandparents were born in Guadalajara, and that they came to the United States thirty years ago.
Asks if he/she knows something about his/her great-grandparents *(bisabuelos).*	Answers that he/she doesn't know anything.
Says that he/she will have to look for the information in the genealogical archives *(archivos genealógicos),* and that he/she will have the information for him/her next week.	Says thank you and that he/she will call him/her on Tuesday.

Con un(a) compañero(a) de clase, prepare Ud. un diálogo que corresponda a una de las siguientes situaciones.

Una reunión familiar. Ud. y otro miembro de su familia están planeando una reunión familiar. Tienen que decidir dónde y cuándo será la reunión, quién va a hacer las invitaciones, qué clase de comida van a preparar, quién va a sacar fotos y las actividades en que los niños pueden participar para divertirse.

El cine. Ud. y un(a) amigo(a) hablan del cine. Ud. habla de una película que Ud. vio hace dos semanas. A Ud. le gustó mucho y su amigo(a) quiere saber por qué. Ud. le explica las razones y después Ud. le pide a su amigo(a) describir una película buena que él (ella) ha visto. Más tarde Uds. deciden ir al cine.

▣ A CONVERSAR

A. *Diálogo*

Lea Ud. el siguiente diálogo y conteste las preguntas.

FERNANDO	Tenemos que hablar, Carmen.
CARMEN	¿Sobre qué, Fernando?
FERNANDO	Dentro de un mes nos casamos. Debemos hablar del futuro.
CARMEN	Sí, mi amor. Será un futuro maravilloso. Estoy segura.
FERNANDO	Hablo en serio. ¿Has pensado cuántos hijos te gustaría tener?
CARMEN	Bueno, no había pensado en eso específicamente. Pero siempre he soñado con una familia grande como la mía.
FERNANDO	Yo también. ¿Pero no crees que en vista de los problemas mundiales tenemos la obligación de limitarnos?
CARMEN	Pero Fernando, los hijos nuestros serán miembros útiles de la sociedad.
FERNANDO	Sí claro, pero sabes que la población crece rápidamente. Creo que cada pareja tiene la responsabilidad de limitar su familia para asegurar el futuro de todos.
CARMEN	También tenemos una responsabilidad hacia nosotros mismos. ¡No podemos resolver los problemas del mundo entero!

Preguntas

1. ¿Qué van a hacer Carmen y Fernando? ¿Cuándo? 2. Según Fernando, ¿qué deben discutir ellos? 3. ¿Quiere Carmen una familia grande o pequeña? ¿Por qué? 4. ¿Qué cree Fernando que ellos deben hacer? ¿Por qué? 5. ¿Está convencida Carmen que ellos deben limitar su familia? ¿Por qué? 6. ¿Cree Ud. que cada pareja tiene la responsabilidad de limitar su familia? Explique.

B. Discusión: Un dilema familiar

A continuación se describe una familia que se ve confrontada con un problema típico. Acaban de informarle al padre que lo van a ascender a director de su compañía; su familia tendrá que mudarse a una ciudad que queda lejos del pueblo donde siempre han vivido. Los miembros de la familia son:

EL PADRE	tipo conservador, ambicioso, que quiere controlar a su familia. A él le gusta la idea de mudarse y de ascender a director. Así ganará más dinero para pagar los estudios de sus hijos. Además, podrá comprarse una casa más lujosa y pasar las vacaciones en Europa. Aunque solicita la opinión de los demás, está convencido de que será una oportunidad maravillosa para todos.
LA MADRE	mujer bondadosa que siempre busca reconciliar las diferencias entre la familia. Ella tiende a apoyar a su marido en cuestiones de negocio. Por eso, dice que su marido tiene razón: que habrá más posibilidades para todos y que los problemas de la mudanza se resolverán fácilmente.
LA ABUELA	viuda, vieja, muy vinculada al pueblo donde vive ahora, donde está enterrado su marido. Ella sabe que va a echar de menos su pueblo, ya que todas sus amistades se encuentran allí y ella es muy vieja para cambios de esa clase.
EL PRIMO	joven desocupado que no ha podido encontrar trabajo. Le parece que su pueblo no ofrece muchas oportunidades para un joven. Ya conoce la otra ciudad y está seguro de que allá podrá encontrar empleo.
EL HIJO	muchacho de unos quince años que siempre ha creído que el pueblo de ellos es muy atrasado. Le gusta conocer a gente nueva y visitar lugares desconocidos. Le parece que ya ha explorado, todo en su pueblo y está aburrido con su vida actual. También cree que si su padre gana más dinero es posible que le regale un auto el año que viene.
LA HIJA	muchacha de unos diecisiete años que está enamorada de un joven, vecino de ellos. Para ella, su Pepe es el hombre más sofisticado que hay, puesto que tiene veintidós años y sabe tanto del mundo. Además, su íntima amiga Julia piensa casarse en el verano y ella no quiere perder la boda.

En grupos, preparen una escena breve pero emocionante en la cual participan todos los miembros de la familia. Discutan las ventajas y desventajas de mudarse.

C. Temas de conversación o de composición

1. ¿Se ha mudado mucho su familia? ¿Cuántas veces? ¿Le gusta la idea de mudarse a menudo o prefiere quedarse en un lugar?
2. En cuestiones económicas, ¿debe funcionar la familia como una pequeña democracia o debe mandar el padre? ¿Por qué?
3. ¿Qué importancia deben tener las opiniones de los niños en una familia? ¿Cree Ud. que en su familia se toman en serio sus opiniones?

D. Descripción y expansión

1. ¿Qué está pasando en el dibujo?

   a. ¿Dónde está la madre? ¿Qué está haciendo?
   b. ¿Dónde está el padre? ¿Qué está haciendo?
   c. ¿Dónde están los niños pequeños? ¿Qué están haciendo?
   d. ¿Dónde están los jóvenes? ¿Qué están haciendo?
   e. ¿Dónde está la abuela? ¿Qué está haciendo ella?

2. Compare Ud. las actividades de la familia en el dibujo con las de su familia.

3. Ahora, describa Ud. lo que estaba haciendo ayer a cada una de las horas indicadas.

   a. a las 6:00 de la mañana   d. a las 3:00 de la tarde
   b. a las 9:00 de la mañana   e. a las 6:00 de la tarde
   c. a las 12:30 de la tarde   f. a las 8:00 de la noche

4. Opiniones

   En el mundo hispánico el concepto de la familia incluye no solamente la madre y el padre y sus hijos, sino también los tíos, los primos y los abuelos.

Se refiere a esta clase de familia como una «familia extensa». En cambio, una familia de los Estados Unidos por lo general consiste en sólo los padres e hijos y se llama una «familia nuclear».

a. ¿Qué clase de familia hay en el dibujo, en su opinión? ¿Por qué opina esto?

b. ¿Es común que el abuelo o la abuela viva con sus hijos en nuestra sociedad? En su opinión, ¿deben vivir juntas varias generaciones? ¿Por qué?

c. ¿Qué clase de familia prefiere Ud., una familia extensa o una familia nuclear? ¿Por qué?

Cine en televisión

Domingo, 14. 02.00 h.
Antena 2

★★

NUNCA COMPRARAS MI AMOR
The americanation of Emily

Nacionalidad: EE.UU., 1964 (110 m.)
Director: Arthur Hiller.
Interpretes: James Garner, Julie Andrews, Melvyn Douglas.

Un soldado americano destinado al frente europeo conoce a una mujer miembro del ejército británico de la que pronto se enamora, poco antes de que él tenga que desembarcar en Normandía.

Un filme que bebe de varias fuentes genéricas, aunque apuesta más por la comedia romántica que por el bélico, y por una pareja que siempre forjó buenas películas en común hablando en exceso.

MATERIALES AUTÉNTICOS

Este anuncio apareció en el suplemento de TV y Vídeo del *Guía del Ocio* (Entertainment Guide) publicado en Madrid, España. ¿Conoce Ud. esta película?

1. ¿Cómo se llama la película?
2. ¿De qué país es la película?
3. ¿Es una película nueva o vieja? ¿Cómo sabe Ud. esto?
4. ¿Quiénes son los actores? ¿Los conocen? ¿Cuál de los tres actores prefiere Ud.? ¿Por qué?
5. ¿Cuánto tiempo dura la película?
6. En la película, ¿adónde va el soldado americano? ¿a quién conoce? ¿de qué es ella un miembro? ¿qué pasa pronto entre los dos? ¿qué tiene que hacer el soldado?
7. ¿Qué les parece la película a los críticos?
8. ¿Quiere Ud. ver esta película? ¿Por qué?
9. Describa Ud. una película buena que Ud. ha visto este año sin revelar *(reveal)* el nombre. Sus compañeros de clase tienen que adivinar *(guess)* el nombre de la película cuando Ud. ha terminado su descripción.

El hombre y la mujer en la sociedad hispánica

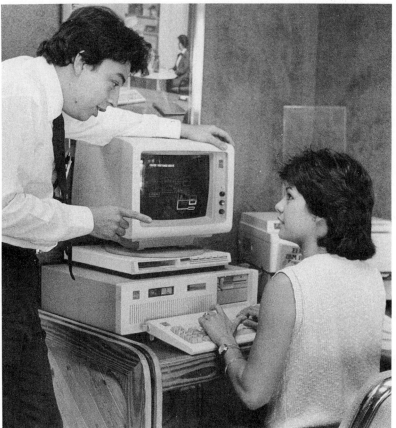

Estas personas trabajan en una oficina en San Juan, Puerto Rico. En su opinión, ¿cuál es la relación entre ellos?

*(Carlos, Concha y tío Paco llegan al cine, compran
los boletos y entran.)*

TÍO PACO	¿Qué hora es? Ojalá que lleguemos a tiempo para ver el dibujo animado del «Pájaro Loco».[1]	dibujo animado *cartoon*
5 CARLOS	No se preocupe, tío. ¿Quieren que les traiga algo? Voy a comprar una Coca-Cola.	
CONCHA	Un chocolate, por favor.	
TÍO PACO	Gracias, para mí nada.	
CARLOS	*(Después de volver.)* Bueno, pues, entremos.	
10 TÍO PACO	Sentémonos muy cerca. No veo nada.	
CONCHA	Tío, Carlos y yo no queremos estar tan cerca de la pantalla. Nos vamos a sentar atrás. Lo veremos a Ud. después.	
TÍO PACO	Bueno, bueno, váyanse. *(Se sienta en la segunda fila.)*	
15		
CARLOS	¿Nos sentamos en aquellas butacas allí, las que están en medio?	
CONCHA	Donde sea, pero date prisa. Estamos perdiendo las primeras escenas.	Donde sea *Wherever*
20 CARLOS	Bueno, sígueme. Permiso, con permiso señora, muy amable con permiso, muchas gracias. ¡Uf! ¡Perdone! ¿Ves bien?	
CONCHA	Sí, muy bien, Cállate.	

(Voces de la pantalla.)

25 MUJER	¡Qué contenta me siento en tus brazos, mi amor!	
HOMBRE	Sí, yo también, pero se está haciendo tarde. Tu marido se estará preguntando dónde estás. Tenemos que separarnos una vez más.	se estará preguntando *he'll be wondering*
MUJER	Apenas son las diez de la noche. Sabes que él nunca deja a tu esposa antes de las doce.	
30		
HOMBRE	Sí, pero tal vez llegue Jorge antes de la hora convenida. Debemos evitar escenas desagradables.	convenida *agreed upon*

(Voces del auditorio.)

CARLOS	¿Qué demonios pasa? ¿Quién es Jorge?
35 CONCHA	No sé. Perdimos eso al principio.

(Pasan dos horas. Termina la función.)

CONCHA	¡Qué película fenomenal!
CARLOS	Sí, me gustó. Pero, ¿dónde está tío Paco? Busquémoslo.
40 CONCHA	Ahí está. Tío, ¿le gustó la película?
TÍO PACO	Pues, la verdad, sobrina, tenían esos dos tantos eposos y amantes que me dio un sueño terrible y me eché una siestecita. ¿Cómo terminó?

CARLOS	Pues… este… bueno, tío, es demasiado complicado,
45	Vámonos.
TÍO PACO	Francamente, me gustan más las telenovelas como
	«Simplemente María».[2] ¡Ésa sí que vale la pena!

▣ NOTAS CULTURALES

[1] **el dibujo animado del Pájaro Loco:** La gran mayoría de los dibujos animados, o «caricaturas», son de origen norteamericano. Entre los más populares están «el Pájaro Loco» *(Woody Woodpecker)*, «El Pato Donald» *(Donald Duck)* y «El Correcaminos y el Coyote» *(Roadrunner)*.

[2] **«Simplemente María»:** La telenovela es un tipo de programa muy popular en el mundo hispánico. A diferencia de *(unlike)* las *«soap operas»* en los Estados Unidos, las telenovelas son episodios cortos que terminan en un año, o más. Generalmente estos programas se transmiten sólo una vez por semana, pero duran una o dos horas. «Simplemente María» ha sido una de las más populares del mundo hispánico.

▣ VOCABULARIO ACTIVO

Estudie estas palabras.

Verbos

evitar   to avoid
perder (ie)   to miss, lose

Sustantivos

el, la amante   lover
la butaca   theater seat
la fila   row
la función   show
la telenovela   television serial (soap opera)

Adjetivos

fenomenal   great, terrific

Otras expresiones

a tiempo   on time, in time
darse prisa   to hurry
echarse una siestecita   to take a little nap
ojalá (que)   I hope that
¿Qué demonios pasa?   What the devil is going on?
tal vez   perhaps

Comprensión

1. ¿Adónde van Carlos, Concha y el tío Paco?   2. ¿Qué compran antes de entrar?   3. ¿Qué es el «Pájaro Loco»?   4. ¿Qué compra Carlos? 5. ¿Dónde se sienta el tío Paco?   6. ¿Por qué no saben quién es Jorge? 7. Según Concha, ¿cómo fue la película?   8. ¿A Carlos le gustó la película? 9. ¿Qué hizo el tío Paco durante la película?   10. Al tío Paco, ¿qué le gusta más que las películas?

Opiniones

1. ¿Va Ud. a menudo al cine? ¿Cuántas veces por mes?   2.   ¿Dónde se sienta Ud. en el cine?   3.   ¿Le gustan a Ud. las películas italianas? ¿Por qué? 4.   ¿Qué clase de refrescos toma Ud. en el cine?   5.   ¿Le gustan más a Ud. las películas o prefiere las telenovelas?   6.   ¿Cómo se llama su película favorita?   7.   ¿Qué programa de televisión le gusta más a Ud.?   8.   ¿Le gustaría a Ud. ser actor (actriz) de televisión? ¿del cine? ¿Por qué?   9.   ¿Quiénes son sus actores (actrices) favoritos(as)? ¿Por qué?

▣ ESTRUCTURA

The Subjunctive Mood

In general, the indicative mood is used to relate or describe something that is definite, certain, or factual. In contrast, the subjunctive mood is used after certain verbs or expressions that indicate desire, doubt, emotion, necessity, or uncertainty. In this unit the formation of the present subjunctive and the use of the subjunctive after the expressions **tal vez, acaso, quizás,** and **ojalá** will be presented.

Forms of the Present Subjunctive

A. *The present subjunctive of regular verbs*

The present subjunctive of most verbs is formed by dropping the **-o** of the first person singular of the present indicative and adding the endings **-e, -es, -e, -emos, -éis, -en** to **-ar** verbs and **-a, -as, -a, -amos, -áis, -an** to **-er** and **-ir** verbs.

hablar		comer		vivir	
hable	hablemos	coma	comamos	viva	vivamos
hables	habléis	comas	comáis	vivas	viváis
hable	hablen	coma	coman	viva	vivan

B. *Irregular verbs*

1. Most verbs that are irregular in the present indicative form their subjunctive regularly. Three examples are:

venir		traer		hacer	
venga	vengamos	traiga	traigamos	haga	hagamos
vengas	vengáis	traigas	traigáis	hagas	hagáis
venga	vengan	traiga	traigan	haga	hagan

2. The following six common verbs, which do not end in **-o** in the first person singular of the present indicative, are irregular in the present subjunctive.

dar		**estar**		**haber**	
dé	demos	esté	estemos	haya	hayamos
des	deis	estés	estéis	hayas	hayáis
dé	den	esté	estén	haya	hayan

ir		**saber**		**ser**	
vaya	vayamos	sepa	sepamos	sea	seamos
vayas	vayáis	sepas	sepáis	seas	seáis
vaya	vayan	sepa	sepan	sea	sean

C. Stem-changing verbs

1. The **-ar** and **-er** verbs that change **e** to **ie** or **o** to **ue** in the present indicative make the same stem changes in the present subjunctive. (Notice that again there are no stem changes in the first and second persons plural.)

entender		**encontrar**	
entienda	entendamos	encuentre	encontremos
entiendas	entendáis	encuentres	encontréis
entienda	entiendan	encuentre	encuentren

2. The **-ir** verbs that change **e** to **ie** or **o** to **ue** in the present indicative make the same stem changes in the present subjunctive; in addition, they change **e** to **i** or **o** to **u** in the first and second persons plural.

sentir		**dormir**	
sienta	sintamos	duerma	durmamos
sientas	sintáis	duermas	durmáis
sienta	sientan	duerma	duerman

3. The **-ir** verbs that change **e** to **i** in the present indicative make the same stem change in the present subjunctive; in addition they change **e** to **i** in the first and second persons plural.

servir		**repetir**	
sirva	sirvamos	repita	repitamos
sirvas	sirváis	repitas	repitáis
sirva	sirvan	repita	repitan

D. Spelling-change verbs

Verbs ending in **-car, -gar, -zar,** and **-guar** have spelling changes throughout the present subjunctive in order to preserve the pronunciation of the final consonant of the stem.

buscar: **c** to **qu**		llegar: **g** to **gu**	
busque	busquemos	llegue	lleguemos
busques	busquéis	llegues	lleguéis
busque	busquen	llegue	lleguen

abrazar: **z** to **c**		averiguar: **gu** to **gü**	
abrace	abracemos	averigüe	averigüemos
abraces	abracéis	averigües	averigüéis
abrace	abracen	averigüe	averigüen

PRÁCTICA

A. Give the first person singular and plural of the present subjunctive.

1.	comer	6.	beber	11.	decir
2.	aprender	7.	traer	12.	necesitar
3.	tener	8.	vivir	13.	evitar
4.	conocer	9.	salir	14.	comprar
5.	hacer	10.	venir	15.	bailar

B. Give the third person singular and plural of the present subjunctive.

1.	ganar	6.	pagar	11.	irse
2.	hablar	7.	buscar	12.	saber
3.	ver	8.	explicar	13.	ser
4.	levantarse	9.	estar	14.	dar
5.	entrar	10.	ir	15.	conocer

C. Give the first person singular and plural of the present subjunctive.

1.	servir	5.	volver	9.	querer
2.	pedir	6.	poder	10.	sentarse
3.	encontrar	7.	divertirse	11.	jugar
4.	acostarse	8.	perder	12.	comenzar

Some Uses of the Subjunctive

A. *The subjunctive after* **tal vez, acaso,** *and* **quizás**

1. The subjunctive is used after the expressions **tal vez, acaso,** and **quizás** (all meaning *perhaps, maybe*) when the idea expressed or described is indefinite or doubtful.

Tal vez llegue a tiempo, pero lo dudo.
Perhaps he will arrive on time, but I doubt it.

Quizás Juan conozca a Gloria, pero no es probable.
Perhaps Juan knows Gloria, but it's not likely.

Acaso Manuel sepa la respuesta, pero no lo creo.
Maybe Manuel knows the answer, but I don't think so.

2. However, when the idea expressed is definite or very probable, the indicative is used.

Tal vez salen temprano hoy como siempre.
Perhaps they're leaving early today as always.

Teresa está en el banco. Acaso está cobrando un cheque.
Teresa is in the bank. Maybe she's cashing a check.

Quizás podemos hacerlo; parece fácil.
Maybe we can do it; it looks easy.

B. The subjunctive after ojalá (que)

The subjunctive is always used after **ojalá** (derived from the Arabic *May Allah grant that*). The **que** is optional after **ojalá**.

Ojalá (que) se den prisa.
I hope (that) they hurry.

Ojalá (que) él no vaya con nosotros.
I hope (that) he doesn't go with us.

Ojalá (que) no lleguemos tarde.
I hope (that) we don't arrive late.

PRÁCTICA

A. You are alone in your room thinking about your friends and family and what they may be doing. Express your ideas following the model.

Modelo mi amigo / ir / al cine
Tal vez mi amigo vaya al cine.

1. mi familia / comer / ahora
2. mis abuelos / llegar / al teatro
3. mi hermano / buscar / trabajo
4. mi hermana / estar / en casa
5. Paco / aprender / conducir
6. mi madre / servir / la cena
7. mis amigos / mirar / una telenovela
8. mis tíos / comprar / las entradas
9. José / echarse / una siestecita
10. mi prima / hacer / las lecciones

B. The following individuals want to do certain things. Indicate what, in your opinion, they may do. Follow the model.

Modelo   Pablo quiere ganar el partido.
            Quizá gane el partido.

1. María quiere levantarse temprano.
2. Ellos desean hablar alemán.
3. Mi hermano desea echarse una siestecita.
4. Su amante quiere ir con ellos al cine.
5. Su madre quiere ver una película fenomenal.
6. Enrique quiere pagar la cuenta.
7. José desea buscar una butaca en esa fila.
8. Los niños quieren salir.
9. Ese idiota quiere darle todo su dinero.
10. Aquellos jóvenes desean sentarse cerca de la pantalla.

C. You want certain things to happen. Express those wishes, using the expression **ojalá**. Follow the model.

Modelo   Nos sirven un buen vino.
            ¡Ojalá (que) nos sirvan un buen vino!

1. No nos piden más dinero.
2. Les gusta a ustedes la película.
3. Se acuestan temprano.
4. Podemos ir con ellos al teatro.
5. Nos divertimos bastante esta noche.
6. No perderás más tiempo.
7. Se sentarán cerca de nuestras butacas.
8. La función empieza pronto.
9. Quieren ir esta noche con nosotros.
10. No vuelve tarde del cine.

Now mention several other things that you want to happen.

D. Answer the following questions using **Ojalá que** in your response. Follow the model.

Modelo   ¿Tenemos examen hoy?
            ¡Ojalá que no tengamos examen hoy!

1. ¿Hace buen tiempo hoy?
2. ¿Vienen sus amigos a la fiesta esta noche?
3. ¿Quieres ver una telenovela en vez de ir al cíne?
4. ¿El hombre nos dice la verdad?
5. ¿Está su amante en casa?
6. ¿Necesita su amigo más dinero para comprar las entradas?
7. ¿Dan una película surrealista en el Cine Colorado?
8. ¿Son felices sus amigos?

E. Miguel and María Luz are waiting to meet some friends at the movies. Express their conversation in Spanish.

MIGUEL   I hope Laura and Emilio find a seat near the screen.
MARÍA LUZ   Perhaps they can, but I doubt it. There are a lot of people here.
MIGUEL   There are two seats here. Maybe they'll sit next to us.
MARÍA LUZ   I hope they hurry or they'll lose these seats.
MIGUEL   Perhaps they'll have to leave if they can't find good seats.

Commands

There are several different command forms in Spanish:

the formal direct commands (**Ud.** and **Uds.**)
the familiar direct commands (**tú** and **vosotros***)
the *let's* command (**nosotros**)
the indirect commands

All of these commands use present subjunctive verb forms except for the affirmative **tú** and **vosotros** commands.†

A. *Formal commands*

1. The **Ud.** and **Uds.** commands, negative and affirmative, are the same as the third person forms of the present subjunctive.

Mire (Ud.).   No mire (Ud.).
Look.   *Don't look.*

Salgan (Uds.).   No salgan (Uds.).
Leave.   *Don't leave.*

Note: The word **Ud.** is sometimes included for courtesy, but it is generally omitted.

2. Object pronouns (reflexive, indirect and direct) follow and are attached to affirmative direct commands, but they precede negative direct commands. Notice that the affirmative command adds an accent to maintain the original stressed syllable.

Váyase (Ud.).   No se vaya (Ud.).
Váyanse (Uds.).   No se vayan (Uds.).
Go away.   *Don't go away.*

---

*The **vosotros** commands are not generally used in Latin America. They have been replaced by the **Uds.** commands.

†For the use of the infinitive to express commands, see Unit 11.

B. Familiar commands—affirmative

1. The affirmative **tú** command for regular verbs is the same as the third person singular of the present indicative. The subject pronoun is generally not used. Note again that object pronouns are attached to affirmative commands.

Habla, por favor.	Sígueme.
Speak, please.	*Follow me.*
Vuelve a casa temprano.	Cállate.
Return home early.	*Be quiet.*

2. The following affirmative **tú** commands are irregular:

decir:	**di**	poner:	**pon**	tener:	**ten**
hacer:	**haz**	salir:	**sal**	venir:	**ven**
ir:	**ve**	ser:	**sé**		

3. The affirmative **vosotros** command is formed by dropping the **-r** from the infinitive and adding **-d**.

escuchar:	Escuchad.	decir:	Decidnos.
	Listen.		*Tell us.*

4. For the **vosotros** command of reflexive verbs, the final **-d** is dropped before adding the pronoun **os**. One exception to this is **idos** (from **irse**). If the verb is an **-ir** verb, an accent is required on the final **i**.

Levantaos.	Divertíos.
Get up.	*Have a good time.*

C. Familiar commands—negative

The negative familiar commands for both **tú** and **vosotros** are the same as the second person forms of the present subjunctive. Object pronouns precede negative commands.

No llegues (tú) tarde.	No lo esperéis.
Don't arrive late.	*Don't wait for him.*

D. The "let's" command

1. The **nosotros** or *let's* command is the same as the first person plural of the present subjunctive. Note the position of the object pronouns in the second example below.

Comamos.	No comamos.
Let's eat.	*Let's not eat.*
Cerrémosla	No la cerremos.
Let's close it.	*Let's not close it.*

2. When either the reflexive pronoun **nos** or the pronoun **se** is attached to an affirmative *let's* command, the final **-s** of the verb is dropped. A written accent is added to maintain the original stress of the verb.

Sentémonos.	No nos sentemos.
Let's sit down.	*Let's not sit down.*
Pidámoselo.	No se lo pidamos.
Let's ask him (her) for it.	*Let's not ask him (her) for it.*

3. The verb **ir (irse)** is irregular in the affirmative **nosotros** command.

Vamos.*	BUT: No vayamos.
Let's go.	*Let's not go.*
Vámonos.	BUT: No nos vayamos.
Let's leave.	*Let's not leave.*

4. An alternate way of expressing the affirmative *let's* command is to use **ir a** plus the infinitive. This form is not used for negative commands.

Vamos a hablar con ellos.	BUT: No hablemos con ellos.
Let's talk with them.	*Let's not talk with them.*

5. Note that **a ver** (without **vamos**) is generally used to express **let's see**.

A ver. Creo que todo está listo.
Let's see. I think everything is ready.

E. Indirect commands

Indirect commands are the same as the third person (singular or plural) of the present subjunctive. They are always introduced by **que**.

Que le vaya bien.
May all go well with you.

Los niños quieren salir. Pues, que salgan ellos.
The children want to go out. Well, let them go out.

Note that object pronouns always precede both negative and affirmative indirect commands, and the subject, if expressed, generally follows the verb.

PRÁCTICA

A. Change the statements to formal commands, following the model.

Modelo   La señorita entra.   *Señorita, entre, por favor.*
             El señor no dice nada.   *Señor, no diga nada, por favor.*

---

*Both **vamos** and **vayamos** can be used for the affirmative command, but **vamos** is more common.

1. El tío espera un momento.
2. La señora no habla tanto.
3. Los jóvenes van al cine.
4. El señor se sienta cerca de la pantalla.
5. La señora no come mucho.

B. Change the statements to familiar commands, following the model.

Modelo   Aurelio dice algo.   *Aurelio, di algo.*
              Mi amigo no le da dinero.   *Amigo, no le des dinero.*

1. Laura va conmigo a la fiesta.
2. Roberto no sale temprano.
3. María hace un pastel.
4. Felipe no es tonto.
5. Elena no entra en la sala.

C. Laura's parents are visiting Madrid, and she advises them about what they should do during their stay. What does she say to them? Follow the model.

Modelo   ir a un buen restaurante
              Vayan a un buen restaurante.

1. probar algunos platos españoles típicos
2. no comer ni beber demasiado
3. después de comer, volver al hotel para echarse una siesta
4. comprarme unos libros de arte
5. después, ir al teatro
6. conseguir entradas para la función
7. llegar al teatro temprano
8. regresar al hotel en taxi
9. acostarse en seguida
10. divertirse durante el viaje

D. Tell a friend to do or not to do the following things. Follow the model.

Modelo   devolver estos libros a la biblioteca
              Devuelve estos libros a la biblioteca.
              no perder el tiempo
              No pierdas el tiempo.

1. no irse sin hablar con ellos
2. empezar ahora a estudiar
3. servir vino con la comida
4. no ser ridículo
5. no pagar demasiado por las entradas
6. regresar antes de las cinco
7. llegar al cine a tiempo
8. no tomar demasiada cerveza
9. no preocuparse
10. pedirles a ellos más dinero

E. Tell a friend whether or not you want to do the things that he/she suggests. Follow the model.

Modelo   ¿Vamos a sentarnos aquí?
              Sí, sentémonos aquí. (No, no nos sentemos aquí.)

1. ¿Vamos a salir esta noche?
2. ¿Vamos a levantarnos temprano?

3. ¿Vamos a empezar a estudiar ahora?
4. ¿Vamos a pedir una taza de café?
5. ¿Vamos a comprar entradas?
6. ¿Vamos a ver una telenovela?
7. ¿Vamos a salir de la casa temprano?
8. ¿Vamos a hacerlo en seguida?
9. ¿Vamos a divertirnos un rato?
10. ¿Vamos a preguntarles si quieren ir?

F. Even friends don't always agree. With a classmate express these differences of opinion. Follow the model.

Modelo decirle la verdad ROBERTO: *Dile la verdad.*
                                 TERESA: *No, que se la diga Carlos.*

1. decírselo
2. levantarse temprano
3. explicar la lección
4. ir a la biblioteca
5. sentarse cerca de ellos
6. pedírselo
7. darles las entradas
8. buscar unas butacas buenas

G. Indicate your opinion as to whether or not the following persons ought to do what they want to do. Follow the model.

Modelo Pablo quiere tomar el desayuno.
           ¡Que lo tome!

1. Susana quiere aprender francés.
2. María desea comprar un libro.
3. Pedro quiere decirle la verdad.
4. Mis padres quieren conocer a mis amigos.
5. Mi tío desea hacer su trabajo.
6. Mis amigos desean traer refrescos.
7. Elena quiere bailar el tango.
8. Los jóvenes quieren ver esa película.
9. Eva quiere ir al concierto.
10. Ellos quieren esperar a sus amigos.

H. Tell a classmate to do five things. Your classmate is to indicate whether or not he/she wants to do them. Use your imagination, within the limits of good taste, naturally.

I. Now ask a classmate whether you should or should not do the following things. Your classmate is to answer with a negative or affirmative familiar command, changing all direct object nouns to pronouns.

Modelo ¿Hago el trabajo?
           Sí, hazlo. (No, no lo hagas.)

1. ¿Pongo mis libros en tu mesa?
2. ¿Te digo la verdad?
3. ¿Traigo mi coche a la universidad mañana?
4. ¿Te explico la lección?
5. ¿Empiezo a cantar una canción?
6. ¿Te abrazo?

Relative Pronouns

A. Uses of que*

1. The most commonly used relative pronoun is **que** *(that, which, who)*. It can refer to persons, places, or things, and is never omitted in Spanish.

   Manuel es el muchacho que trabaja en esa tienda.
   Manuel is the boy who works in that store.

   La película que vieron anoche es francesa.
   The movie (that) they saw last night is French.

   Cuernavaca es una ciudad que está cerca de la capital.
   Cuernavaca is a city (that is) near the capital.

2. After most prepositions of one syllable such as **a, con, de** and **en,** the relative pronoun **que** is only used to refer to things.

   Las películas de que hablan son de España.
   The movies they are talking about are from Spain.

   El dinero con que compró el coche era de su madre.
   The money he bought the car with was his mother's.

B. Uses of quien(es)

1. **Quien(es)** *(who, whom)* refers only to people. It is most commonly used after prepositions of one syllable **(a, con, de)** or to introduce a clause that is set off by commas.

   La señora con quien están hablando es traductora.
   The woman they are talking to is a translator.

   Aquel hombre, quien vino a mi casa ayer, es el presidente.
   That man, who came to my house yesterday, is the president.

---

*In English, an infinitive can directly follow and modify a noun or pronoun: *I have a letter to write.* In Spanish, this construction is expressed by **que** + infinitive.

Tenemos una composición que escribir.
We have a composition to write.

Hay mucho que leer.
There is a lot to read.

2. **Quien(es)** is also used to mean *he who, those who, the ones who,* and so forth.

Quien estudia, aprende.
He who studies, learns.

Quienes comen mucho, engordan.
Those who eat a lot get fat.

3. **Que** is preferred to **quien** as a direct object. It does not require the personal **a**.

El hombre que (a quien) vi es su tío.
The man (whom) I saw is his uncle.

C. *Uses of* el cual *and* el que

El que (la que, los que, las que) and **el cual (la cual, los cuales, las cuales)** are used instead of **que** or **quien** in the following situations:

1. For clarification and emphasis when there is more than one person or thing mentioned in the antecedent.

La amiga de Carlos, la cual (la que) vive en Nueva York, va a México.
Carlos's friend, who lives in New York, is going to Mexico.

El tío de María, el cual (el que) es muy viejo, va al cine con ella.
María's uncle, who is very old, is going to the movies with her.

2. After the prepositions **por** and **sin** and after prepositions of two or more syllables.

Se me olvidó la llave, sin la cual (la que) no pude entrar.
I forgot the key, without which I couldn't get in.

Vieron a sus amigas, detrás de las cuales (las que) había dos butacas juntas.
They saw their friends, behind whom there were two seats together.

3. In addition, **el que (la que, los que, las que)** is used to translate *the one who, he who, those who, the ones who.* (**El cual** is not used in this construction.)

El que estudia, tendrá éxito.
He who studies will be successful.

Esos actores y los que están en esta telenovela son muy populares.
Those actors and the ones who are in this soap opera are very popular.

D. *Uses of* lo cual *and* lo que

1. **Lo cual** and **lo que** are neuter forms; both are used to express *which* when the antecedent referred to is not a specific noun but rather a statement, a situation, or an idea.

Felipe dijo que no vendría, lo cual nos sorprendió.
Felipe said he wouldn't come, which surprised us.

Vi una sombra en la pared, lo que me asustó.
I saw a shadow on the wall, which frightened me.

2. In addition, **lo que** (but not **lo cual**) means *what* when the antecedent is not stated.

Lo que dijo Juan no les parecía posible.
What Juan said didn't seem possible to them.

No sé lo que quieres.
I don't know what you want.

E. *Use of* cuyo (-a, -os, -as)

Cuyo *(whose,* of whom, of which)* is used before a noun and agrees with it in gender and number.

La chica cuya madre es profesora se llama Esmeralda.
The girl whose mother is a professor is named Esmeralda.

Ese árbol, cuyas hojas son pequeñas, es un roble.
That tree, the leaves of which are small, is an oak.

PRÁCTICA

A. Make the necessary changes indicated by the cues.

1. Es la *esposa* de quien hablo. (tío / mujeres / esposos / profesores)
2. Esa es la *película* cuyo nombre no recuerdo. (telenovelas / dibujos animados / noticiero / cine)
3. Esos *señores,* con quienes hablamos, son de la Argentina. (señorita / profesora / muchachas / hombres)

B. Complete the sentences with the correct relative pronoun.

1. La película _____ dan en el Cine Colorado es muy buena.
2. _____ hablan mucho, poco aprenden.
3. Allí está el restaurante detrás de _____ vive Carmen.
4. La mujer con _____ hablan es abogada.
5. El cine en _____ entran está muy oscuro.
6. Ese hombre, _____ está hablando ahora con Paco, es el tío de Mirabel.
7. Jacinto siempre hace _____ ella quiere.

---

*In a question, *whose* is **¿de quién(es)?: ¿De quién es este boleto?**

8. El chico _____ novia quiere ir al partido de jai alai se llama Francisco.
9. La telenovela _____ a ella le gusta se llama «Simplemente María».
10. El hombre a _____ conocí anoche es el primo de Fernando.

C. Complete with **que, quien(es), el que, lo que,** or **lo cual**.

1. «Simplemente María» es la telenovela _____ me gusta más.
2. El tío de Carlos, _____ vive en su casa, irá a México.
3. Ésas son las amigas de _____ te hablé.
4. Él estudió toda la noche, _____ me sorprendió.
5. Quiero que sepas _____ está ocurriendo.

D. Express in Spanish the following short narrative about an evening at the movies.

1. Concha and Carlos are the young people who are going to the movies tonight.
2. Her cousin said that he and his girlfriend wanted to go too, which seemed strange to them.
3. The girl that he is going out with is the daughter of the woman whose family lives in Cuernavaca.
4. His girlfriend lives in a large house in front of which is a beautiful park.
5. She talks a lot, but what she says is interesting.
6. Concha's cousin is nice, but what bothers Carlos is that he never has any money.
7. Carlos's brother, who is very intelligent, wanted to go to the show too.
8. That girl, whose eyes are large and green, is his girlfriend.
9. They decided not to go with them because she had a lot of homework to do.
10. Perhaps Carlos's uncle, (the one) who just arrived from Columbia, will go with them.
11. The motion picture theater that they are talking about isn't far from here.
12. After seeing the movie, they said that they liked it, which was a lie.

REPASO

I. Relive your childhood by role-playing the following situation with a classmate. A child is asking his/her parents if he/she can do certain things. They answer with either a negative or affirmative response. You decide what the response should be based upon your past experience with your own family. (Use object pronouns in your responses when appropriate.)

Modelo   —¿Puedo comer este helado?
             —*No, no lo comas.*
             —*Sí, cómelo.*

1. ¿Puedo mirar la televisión?
2. ¿Puedo ir al cine esta noche?
3. ¿Puedo salir con mis amigos?
4. ¿Puedo leer el periódico?
5. ¿Puedo probar los dulces?
6. ¿Puedo preparar la cena?
7. ¿Puedo hacer una fiesta?
8. ¿Puedo vender mis discos?
9. ¿Puedo invitar a mi amigo a jugar conmigo?
10. ¿Puedo llamar a los abuelos?

II. You are giving advice to a friend about how to conduct himself/herself in certain situations. Complete each of the following sentences with a familiar command.

Modelo   Si quieres tener más dinero,...
Si quieres tener más dinero, busca un buen trabajo.

   OR

Si quieres tener más dinero, no gastes tanto.

1. Si quieres conocer a una persona rica,...
2. Si quieres sacar una nota buena en esta clase,...
3. Si quieres ver esa película,...
4. Si quieres hacer la tarea,...
5. Si quieres una buena comida mexicana,...
6. Si quieres comprar un coche nuevo,...

III. Make a list of six commands that your professor regularly says in class. Read them to the class.

IV. Select the correct relative pronoun from the forms given in parentheses.

1. Ellos salieron de casa temprano, (quien, lo cual) le molestó a la madre.
2. La señorita de (quien, que) hablan es su hermana.
3. (Lo que, El que) ellos hacen no me importa.
4. La telenovela, (quienes, cuyo) argumento es bastante sencillo, es su programa favorito.
5. Ella vive en aquella casa detrás de (que, la cual) hay un parque pequeño.
6. El padre de Victoria, (que, el cual) vive en España, está aquí de visita.
7. Les gustó la película (que, la que) vieron anoche.
8. Estas chicas y (quienes, las que) están allí son sus compañeras de clase.
9. La casa en (la cual, que) vive ella es muy grande.

V. Join the following sentences, omitting any unnecessary repetitions. Place a preposition in front of the relative pronouns whenever necessary.

Modelo   Ése es el actor español. Ellos hablan mucho de él.
Ése es el actor español de quien ellos hablan mucho.

1. Ésta es mi amiga chilena. Escribí una carta a mi amiga chilena.
2. Vamos a la casa de mis primos. El Teatro Colorado está cerca de la casa de mis primos.
3. Vimos una película sobre unos amantes. La película nos gustó mucho.
4. Su tío empezó a gritar. Esto les asustó mucho.
5. Concha tiene una chaqueta. La chaqueta está en la sala.

VI. Give a complete sentence using the words in the order given. Make any necessary changes or additions.

1. Tal vez / ellos / venir / también / pero / yo / dudar
2. Ojalá / él /salir / pronto
3. Quizás / estudiante / poder / terminar / lección / ahora
4. Venir / usted / pronto / por favor
5. Acaso / ella / saber / respuesta / pero / no / ser / probable

VII. Using familiar commands, instruct a classmate to carry out the following activities. (Your classmate is not to react unless the command is given correctly.)

1. open his or her notebook
2. take out a piece of paper
3. write a complete sentence beginning with **tal vez**
4. read the sentence aloud to you
5. put the paper in his or her book
6. close his or her book

VIII. Tell a classmate five things that you and your friend may do this weekend. Then your classmate should tell what he/she may do.

Modelo   UD.   *Quizás mi amigo(a) y yo vayamos al cine.*
           SU COMPAÑERO(A)   *Tal vez yo vaya a la biblioteca para estudiar.*

▣ INTERCAMBIOS

EL ARTE DE CONVERSAR

Once you have initiated a conversation it is essential that you learn some techniques that will enable you to keep the conversation going. As you participate in conversations, do not let concern for grammatical accuracy or correct pronunciation keep you from speaking. Say what you want to say the best way you know how.

Some techniques for maintaining a conversation:

1. **Cognates:** Use as many cognates as you can to express yourself. (**Me gusta la clase** de *historia*. **Quiero ser** *profesor*). Beware of false cognates, however, as they can cause misunderstanding and even embarrassment. For example, the Spanish word **éxito** may look like the English word *exit,* but it means *success.* Likewise, the Spanish word **colegio** resembles the English word *college,* but it means *high school.*

2. **Paraphrase:** If you do not know the exact word, express the idea in another way. For example, if you forget the word for *shoes* (**zapatos**), you can say, **las cosas que se llevan en los pies**.

3. **Synonyms:** If the listener has difficulty understanding what you are saying, clarify your meaning by using another word (synonym) that has the same or

similar meaning to the first word that you used. If you want to buy a ballpoint pen **(bolígrafo)**, but the person doesn't understand that word, then you could say, **Quiero comprar una pluma**.

4. **Repetition:** If you don't understand the person who is speaking, ask him/her to repeat what was said more slowly.

5. **Gestures:** When all else fails you may be able to express some of your ideas by using gestures. If you want to say **Ramón toca el violín,** but cannot remember the words for *play* and *violin,* then you can act out someone playing a violin.

CONVERSACIÓN CONTROLADA

¿Conoces a alguien...? Una persona ha decidido utilizar los servicios de una agencia «Citas por computadora». Con un(a) compañero(a) de clase, prepare Ud. un diálogo según las siguientes indicaciones.

El (la) cliente	El (la) empleado(a)
Says that he/she needs the help of the computer in order to find a girl(boy) friend. Then he/she asks how the service functions *(funcionar)*.	Tells the person to sit down, and then explains that their computer looks for people who have a lot in common *(en común)*. Then he/she says that they offer the list of names to the client, but that the client has the responsibility of making contact. Proceed to ask what his/her favorite activities are.
Says that his/her favorite activities are (include your favorite activities).	Asks how the client would describe his/her personality.
Says that he/she is a happy person and usually optimistic.	Asks if he/she has a good sense of humor *(sentido del humor)*.
Answers that he/she thinks so.	Asks what kind of person he/she likes to date.
Answers that he/she likes a person who is (include characteristics).	Says that perhaps they can help him/her. Says they will put the information in the computer to see what names they can find.

SITUACIONES

Con un(a) compañero(a) de clase, prepare Ud. un diálogo que corresponda a una de las siguientes situaciones.

Una cita para el cine. Dos novios discuten la posibilidad de ir al cine. El novio quiere ver la película *Atracción fatal,* pero la novia no quiere verla. La novia tiene que explicar las razones por las cuales no quiere ver esa película.

El movimiento feminista: Unos novios discuten los cambios provocados por el movimiento feminista. El novio menciona varios cambios que le parecen malos. La novia dice que él no tiene razón y le presenta con una lista de otros cambios que las mujeres quieren realizar para tener igualdad entre los sexos.

▣ A CONVERSAR

A. Diálogo

Lea Ud. el diálogo y conteste las preguntas que siguen.

JULIA	Abuelita, Pablo quiere casarse conmigo. No sé qué hacer.
ABUELA	Pero Julia, Pablo me parece un muchacho excelente. Es guapo, fuerte y tiene un buen futuro.
JULIA	No es eso. Es que no estoy segura si quiero casarme ahora.
ABUELA	Bueno, tienes veinte años. Yo a esa edad ya tenía dos hijos.
JULIA	Esas costumbres ya pasaron de moda, abuelita. Ahora las mujeres no se casan tan pronto.
ABUELA	Eso no está bien. Ésas son mujeres frívolas, hasta inmorales.
JULIA	¡Abuelita! ¡Tenemos derecho a vivir un poco antes de casarnos!
ABUELA	No estoy de acuerdo. El deber de la mujer es casarse y criar a los hijos. Lo demás sólo trae problemas.
JULIA	Además, ¿qué de mis estudios? Quisiera tener una carrera.
ABUELA	¡Tonterías! Las que trabajan fuera de casa no sirven para madres. La familia es lo que cuenta. La familia y nada más.

Preguntas

1. ¿Quién quiere casarse con Julia? 2. Según la abuela, ¿cómo es Pablo? 3. ¿De qué no está segura Julia? 4. ¿Qué piensa la abuela de las mujeres que no se casan temprano? 5. ¿Qué quiere hacer Julia antes de casarse? 6. ¿Qué opina Ud. de las ideas de la abuela de Julia? ¿Por qué?

B. Discusión: los hombres y las mujeres

Indique Ud. sus preferencias entre las posibilidades indicadas. Después, compare sus opiniones con las de sus compañeros de clase.

1. ¿Qué es lo peor que su hijo(a) podría hacer?

    a. casarse con alguien de otra raza o religión

    b. casarse a los 17 años

    c. quedarse soltero(a)

2.   Su esposa(o) tiene un buen amigo(a) a quien ha conocido desde la juventud. ¿Qué prefiere que haga él o ella?

  a. que nunca vea a esa persona
  b. que vea a esa persona sólo cuando Ud. esté presente
  c. que vea a esa persona cuándo y dónde quiera

3.   ¿Qué clase de esposo(a) le gustaría?

  a. el (la) que siempre quiere mandar
  b. el (la) que se dedica totalmente a una cosa—o a la familia o al trabajo fuera de casa
  c. el (la) que se deja dominar

4.   ¿Qué es lo que le importa a Ud. más en un hombre o en una mujer?

  a. su apariencia física
  b. su capacidad de llevarse bien con la gente
  c. su inteligencia

5.   ¿Qué deben hacer los ancianos en nuestra sociedad?

  a. vivir con sus hijos hasta morirse
  b. vivir en pueblos construidos especialmente para ellos
  c. vivir solos en su propia casa e ir a un sanatorio para ancianos si se enferman

6.   ¿Cuál es el mejor modo de asegurar los derechos de la mujer en nuestra sociedad?

  a. la ley
  b. la educación
  c. esperar a que se acepte a la mujer como igual al hombre

7.   ¿Qué opina Ud. de la posición actual de la mujer en las profesiones?

  a. Todavía no es igual al hombre.
  b. Ya es escencialmente igual al hombre.
  c. Nunca ha habido y no hay grandes diferencias entre los hombres y las mujeres al nivel profesional.

8.   ¿Cuál debe ser la actitud del gobierno en cuanto al uso de los medios artificiales para controlar la natalidad?

  a. Debe fomentar su uso por medio de la educación.
  b. No debe hacer nada.
  c. Debe requerir su uso.

C. *Temas de conversación o de composición*

1.   ¿Qué opina Ud. del movimiento feminista? ¿Cree Ud. que debe haber un movimiento de liberación para los hombres?
2.   Si una mujer fuera candidato para la presidencia, ¿votaría Ud. por ella? Si tuviera que operarse, ¿le importaría que el cirujano fuera mujer?
3.   ¿Qué opina Ud. del matrimonio? ¿Qué importancia tiene en la sociedad actual? ¿Será importante en la sociedad futura?

D. Descripción y expansión

Cuando se hace un viaje o se busca un lugar específico, es importante saber pedir y entender direcciones. Se presenta aquí una lista de expresiones útiles para pedir direcciones, y otra lista de expresiones para darlas. Estudie Ud. las dos listas antes de empezar las actividades.

Para pedir direcciones:

Buenos días, señor (señora, señorita)…

¿Hay un hospital (una universidad, un banco, etcétera) cerca de aquí?
¿Dónde está el ayuntamiento (la Estación del Norte, etcétera)?
¿Podría decirme, por favor, cómo llegar a…?

Busco el Almacén Torres…

¿Por dónde se va para llegar allí?
¿Cuál es la dirección de…?
¿Sabe Ud. dónde queda…?

Para dar direcciones:

Siga (por la calle…, adelante, derecho hasta llegar a…)
Camine (dos cuadras hasta llegar a…)
Doble (a la izquierda, a la derecha) en la calle (en la avenida)…
Cruce la calle y…

Ahora Ud. está (en el centro, enfrente de la catedral, al lado de la plaza, etcétera).

I. Refiriéndose al mapa, su profesor(a) les dará a Uds. unas direcciones. Trate Ud. de seguirlas.

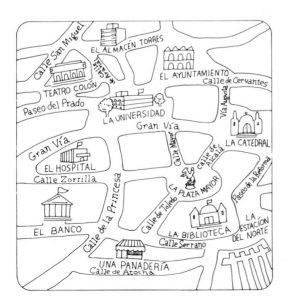

II. Con otro(a) estudiante haga Ud. la siguiente actividad. Ud. acaba de llegar por tren a una ciudad hispana y quiere saber cómo llegar a los siguientes lugares. Pida Ud. direcciones usando un expresión diferente cada vez. El(la) otro(a) estudiante hace el papel de residente de la ciudad y le da la información necesaria. Use Ud. el mapa. Ud. está en la Estación del Norte.

1. la catedral	4. la Plaza Mayor	7. el Teatro Colón
2. el banco	5. la biblioteca	8. el ayuntamiento
3. la universidad	6. el hospital	9. una panadería

III. Después de recibir las direcciones, explíquele al(a la) otro(a) estudiante la razón por la cual Ud. necesita encontrar ese lugar.

Modelo   *Tengo que ir al banco para cobrar* (cash) *un cheque.*

MATERIALES AUTÉNTICOS

El cine. El cine es un pasatiempo muy popular entre los hispanos. Las películas americanas gozan una popularidad especial. Estudie el anuncio de una película americana que apareció en el diario *ABC* de Madrid y conteste las preguntas.

1. ¿Cómo se llama el teatro que muestra esta película?
2. ¿Es la película un éxito? ¿Cómo sabemos esto?
3. ¿Cómo se llama la película? ¿Tiene el mismo nombre en inglés?
4. ¿Qué ganó la película? ¿Por qué ganó este premio?
5. La película fue nominada para otro premio. ¿Qué es?
6. ¿Para quién es esta película?
7. ¿De cuantás personas es la historia?
8. ¿Cuáles fueron las tres cosas que estas personas hicieron?
9. Normalmente, ¿es la orden en que suceden estas cosas entre dos personas? Arregle los sucesos en la orden más tradicional.
10. ¿A Ud. le gustan las películas? ¿Por qué?

UNIDAD

6

Costumbres y creencias

¿Qué revela este cementerio en
Tepoztlán, México, de la actitud
hispánica ante la muerte?

✝

El Lic. D. MARIO CABRERA MONTALVO[1]

Descansó en la Paz del Señor

Su esposa Elena Ramos de Cabrera, sus hijos Marta, Begoña, Sonia, Abel, Rosalinda, Blanca, Rodolfo, Cristina y Timoteo Cabrera Ramos agradecerán a sus amigos la asistencia a las exequias que se verificarán el día 6 de junio a las trece horas en la Iglesia de Nuestra Señora de Guadalupe.

Velación:[2] En casa de la viuda, Avenida Bolívar, 135.

CÉSAR	Señora, deseo que Ud. acepte la expresión de mi más profundo pésame. Lamento sinceramente su pérdida.
ELENA	Muchas gracias, César; es un consuelo tremendo tener amigos como usted en estas horas de aflicción.
5 MANUEL	Señora, la acompaño en sus sentimientos. Don Mario fue un amigo de verdad. Lamento mucho que hayamos perdido un hombre tan ilustre. Pero ya sabe usted: «La muerte a nadie perdona».[3]
ELENA 10	Muchas gracias, Manuel. El pobre Mario, que en paz descanse,[4] siempre le consideró a usted un joven muy prometedor.
CÉSAR	*(Alejándose de la señora viuda.)* Oye, Manuel, ¿quieres que tomemos una copa?
MANUEL 15	¡Bien que la necesito! ¿Dónde está el pobre de don Mario?
CÉSAR	Creo que lo tienen en la sala. Será la primera vez que se siente a gusto en esa sala—doña Elena nunca lo dejaba entrar… ¡En mi vida he visto tanta comida! Sírvete de estos taquitos—están sabrosísimos.
20 MANUEL	Don Mario siempre ofrecía buena comida. Pero se estará quejando del gasto como siempre. ¿Te lleno el vaso?

Glosas al margen:

se verificarán *will take place*

pésame *(m) condolence*

prometedor *promising*

¡Bien que la necesito! *I really need it!*

taquitos *snacks*

CÉSAR Sí, gracias. Mario era medio tacaño, ¿verdad?

MANUEL ¡Sí que lo era! Ahorraba los centavitos como si fueran de oro. Apenas el viernes pasado se resistía a prestarme diez pesos alegando no tenerlos. ¡Y luego pidió que firmara un pagaré!

CÉSAR Viejo bribón. Para lo que le haya valido. Dejarlo todo para la viuda y para los hijos haranganes.

MANUEL Ahí está Mario para decirte lo corta que es esta vida.

CÉSAR De acuerdo. Oye, pasemos a ver al difunto.

MANUEL ¡Mira! ¿Es posible que Mario vista su traje nuevo? ¡Nunca lo usaba en vida!

CÉSAR Decía que esperaba una ocasión «trascendental». Bueno, ya hemos cumplido con la viuda. Vamos a despedirnos.

MANUEL *(A la señora.)* Le repito, señora, mis profundos sentimientos. Voy a rezar por el eterno descanso del alma de don Mario.

ELENA Muchas gracias, Manuel. Es usted un buen amigo.

MANUEL Será un consuelo, señora, saber que deja a tantos amigos. Me hubiera gustado despedirme de él en vida pero el Señor no quiso permitirlo.

ELENA Se hizo la voluntad de Dios. Con saber eso me consuelo. Agradezco mucho que Uds. hayan podido venir. Buenas noches.

alegando *claiming*
pagaré *promissory note*
bribón *(m)* *rascal* / Para... valido. *A lot of good it did him.*
haraganes *lazy, good-for-nothing*

NOTAS CULTURALES

1 **El Lic. D. Mario Cabrera Montalvo:** Este es un ejemplo de las «esquelas de difunto» que aparecen en los periódicos hispánicos. La familia las paga y su tamaño refleja la posición económica del difunto. **Lic. D.** es la abreviatura de **Licenciado don**.

2 **velación:** La costumbre de velar al difunto es casi universal en la sociedad hispánica. El velorio tiene sus rasgos de fiesta: se sirven comidas y bebidas y no se considera una falta de respeto divertirse.

3 **«La muerte a nadie perdona»:** Es un refrán popular en español. Los refranes se usan más en la cultura hispánica que en la anglosajona, especialmente en las ocasiones solemnes.

4 **(que) en paz descanse:** Es muy común incluir esta frase u otra semejante cuando uno menciona el nombre de un difunto.

▣ VOCABULARIO ACTIVO

Estudie estas palabras.

Verbos

agradecer to be grateful
ahorrar to save (money)
firmar to sign
rezar to pray
velar to hold a wake over

Sustantivos

la aflicción grief
el alma* soul, spirit
el, la difunto, -a deceased person
las exequias funeral rites
el gasto expense
el rasgo characteristic
el refrán saying, proverb
la velación vigil, watch, wake

el velorio wake
el, la viudo, -a widower, widow
la voluntad will

Adjetivos

sabrosísimo, -a really delicious

Otras expresiones

a gusto at ease
cumplir con to fulfill one's obligation to
de verdad true, real
en mi vida never in my life
(que) en paz descanse (may he) rest in peace
esquela de difunto obituary notice
lo corto, -a how short
medio tacaño somewhat stingy or miserly
tomar una copa to have a drink

Comprensión

1. ¿Por qué vienen Manuel y César a casa de doña Elena?   2.   ¿Qué significa «la muerte a nadie perdona»?   3. ¿Dónde está el cuerpo de don Mario?   4.   ¿Qué toman César y Manuel?   5. ¿Gastaba mucho dinero don Mario?   6. ¿Cómo son los hijos de don Mario?   7. ¿Qué viste el difunto? ¿Por qué se sorprende Manuel?   8.   ¿Qué hacen César y Manuel después de ver al difunto?   9. ¿César y Manuel en realidad eran buenos amigos de Mario? ¿Por qué?

Opiniones

1. ¿Ha asistido Ud. alguna vez a un velorio? Descríbalo.   2.   ¿Cree Ud. que un velorio debe ser solemne? Explique.   3. ¿Cree Ud. que es una buena o mala costumbre tener al difunto en casa durante el velorio? ¿Por qué?   4. En su opinión, ¿debe asistir a las exequias solamente la familia del difunto? ¿Por qué?   5. ¿Piensa Ud. que la muerte es un aspecto de la vida mejor aceptado en el mundo hispánico? ¿Cómo es en los Estados Unidos?   6. ¿Cree Ud. que hay otra vida después de la muerte? Explique.   7. ¿Qué piensa Ud. de las exequias lujosas y costosas?   8. ¿Piensa Ud. que a veces las exequias en los Estados Unidos son más paganas que religiosas? ¿Por qué?

---

*Alma is feminine, but it takes the definite article **el** when used in the singular.

▣ ESTRUCTURA

The Imperfect Subjunctive

1. The imperfect (past) subjunctive is formed by dropping the **-ron** of the third person plural preterite indicative and adding one of the following sets of endings: **-ra, -ras, -ra, ´ramos, -rais, -ran** or **-se, -ses, -se, ´semos, -seis, -sen**. The same endings are used for all three conjugations.

Preterite	Imperfect Subjunctive
hablaron	**hablara—hablase**
comieron	**comiera—comiese**
vivieron	**viviera—viviese**

2. The two sets of endings are interchangeable in most cases; however, the **-ra** endings are more common in Latin America and will be used in this text.

    hablar

hablara, hablase	habláramos, hablásemos
hablaras, hablases	hablarais, hablaseis
hablara, hablase	hablaran, hablasen

    comer

comiera, comiese	comiéramos, comiésemos
comieras, comieses	comierais, comieseis
comiera, comiese	comieran, comiesen

    vivir

viviera, viviese	viviéramos, viviésemos
vivieras, vivieses	vivierais, vivieseis
viviera, viviese	vivieran, viviesen

Note: All verbs—regular, irregular, stem-changing, and spelling-changing—follow the same pattern of conjugation in the imperfect subjunctive.

Infinitive	Third Person Plural Preterite	Imperfect Subjunctive
decir	dijeron	**dijera (-se)**
ser	fueron	**fuera (-se)**
hacer	hicieron	**hiciera (-se)**
poner	pusieron	**pusiera (-se)**
poder	pudieron	**pudiera (-se)**
haber	hubieron	**hubiera (-se)**
leer	leyeron	**leyera (-se)**
construir	construyeron	**construyera (-se)**
dormir	durmieron	**durmiera (-se)**
pedir	pidieron	**pidiera (-se)**
creer	creyeron	**creyera (-se)**

The Present Perfect and Past Perfect Subjunctive

A. *The present perfect subjunctive*

The present perfect subjunctive is formed with the present subjunctive of the auxiliary verb **haber** and a past participle.

haya	
hayas	hablado
haya	
hayamos	comido
hayáis	
hayan	vivido

B. *The past perfect subjunctive*

The past perfect subjunctive is formed with the imperfect subjunctive of **haber** and a past participle.

hubiera (-se)	
hubieras (-ses)	pagado
hubiera (-se)	
hubiéramos (-semos)	bebido
hubierais (-seis)	
hubieran (-sen)	salido

Note: ¡Ojalá! + present or present perfect subjunctive = I hope.
¡Ojalá! + imperfect or past perfect subjunctive = I wish.

PRÁCTICA

A. The Gómez family is planning a New Year's Eve party. Mrs. Gómez is nervously exclaiming about things she hopes or wishes will go well. After reading about her concerns, retell the same situation inserting the new names listed.

1. ¡Ojalá que tu padre me ayudara con los planes! (María, Uds., tú)
2. ¡Ojalá que todos hayan recibido las invitaciones! (Pepe, tú, Luisa y yo)
3. ¡Ojalá que todos pudieran venir! (Juan y él, tú, nosotros)
4. ¡Ojalá que hubiéramos planeado la fiesta más temprano! (Julia, mis parientes, yo)
5. ¡Ojalá que Rosa haya comprado las uvas para la celebración de las Doce uvas de la felicidad!* (Carlos y Alicia, Ester, tú)

---

*Nota cultural: En la Nochevieja en España se celebra el Año Nuevo por comer las «Doce uvas de la felicidad». Cuando el reloj empieza a dar las doce de la medianoche se come una uva hasta que se hayan comido todas las doce uvas. Los que pueden comer todas las uvas antes de que el reloj haya terminado dando las doce van a tener doce meses de buena suerte durante el Año Nuevo.

B. Translation and substitution.

1. Tal vez ellos me dieran el dinero.
   Perhaps they would write me a letter.
   Perhaps they would tell me their names.

2. ¡Ojalá que vinieras con nosotros!
   I wish that you would walk with us.
   I wish that you would go with us.
   I wish that you could be with us.

3. Quizás ella haya llegado tarde.
   Perhaps she has slept late.
   Perhaps she has started late.
   Perhaps she has left late.

4. ¡Ojalá que nosotros lo hubiéramos leído allí!
   I wish that we had put it there.
   I wish that we had seen it there.
   I wish that we had brought it there.

The Subjunctive in Noun Clauses

A. *Verbs requiring the subjunctive*

1. The subjunctive is frequently used in dependent noun clauses in Spanish. A dependent noun clause is one that functions as the subject or object of a verb. Such clauses in Spanish are always introduced by **que,** but in English, *that* is often omitted or an infinitive is used in place of the noun clause.

   Es dudoso que él sea rico.
   It is doubtful that he is rich. («**Que él sea rico**» is a noun clause that functions as the subject of the verb «**es**».)

   Esperamos que ellos vengan.
   We hope (that) they will come. («**Que ellos vengan**» is a noun clause that functions as the object of the verb «**esperamos**».)

2. The subjunctive is generally used in a dependent noun clause when the verb in the main clause of the sentence expresses such things as advising, wishing, desiring, commanding, requesting, doubt, denial, disbelief, emotion, and the like, and when there is a *change of subject* in the dependent clause. If there is no change of subject, the infinitive follows these verbs.

   Su mamá quiere que él estudie más.
   His mother wants him to study more. (change of subject from ''his mother'' in the main clause to ''he'' in the dependent clause)

   Él quiere estudiar más.
   He wants to study more. (no change of subject)

3. Other examples of verbs requiring the subjunctive:

ADVICE: Le aconsejo que asista al velorio.
I advise him to attend the wake.

COMMAND: Me mandó que viniera con él.
He ordered me to come with him.

DESIRE: Quieren que recemos por él.
They want us to pray for him.

WISH: Deseaba que Ud. aceptara le expresión de mi más profundo pésame.
I wanted you to accept the expression of my deepest sympathy.

HOPE: Esperaba que Ud. no vacilara en decírmelo.
I hoped that you would not hesitate to tell me.

INSISTENCE: Insisten en que tomemos una copa.
They insist we have a drink.

EMOTION: Lamento mucho que hayamos perdido un hombre tan ilustre.
I very much regret that we have lost such an illustrious man.
Me alegro de que Uds. hayan venido.
I am glad that you have come.

PREFERENCE: La familia prefiere que sus amigos vengan a las cuatro.
The family prefers that their friends come at four.

REQUEST: Ella le pidió que firmara el cheque.
She asked him to sign the check.

DOUBT: Dudo que Paco haya ahorrado su dinero.
I doubt that Paco has saved his money.

DENIAL: Manuel negó que don Mario fuera un hombre generoso.
Manuel denied that Don Mario was a generous man.

DISBELIEF: No creía que ella se hubiera atrevido a venir.
I didn't believe that she would have dared to come.

4. Verbs of communication (**decir, escribir,** etc.) require the subjunctive when the communication takes the form of an indirect command. When the verb of communication merely gives information, the indicative is used.

Te digo que ganes más dinero.
I'm telling you to earn more money. (command)

Te digo que Juan gana más dinero.
I'm telling you that Juan earns more money. (information)

Nos escribe que vengamos al velorio de don Mario.
He writes us to come to Don Mario's wake. (command)

Nos escribe que fue al velorio de don Mario.
He writes us that he went to Don Mario's wake. (information)

B. Infinitive instead of dependent noun clause

1. After certain verbs of ordering, forcing, permitting, and preventing, the infinitive is more common than a dependent noun clause. In this construction, an indirect object pronoun is used. Verbs that can take an infinitive include **mandar, ordenar, obligar a, prohibir, impedir, permitir, hacer, dejar, aconsejar**. (The infinitive is especially frequent after **dejar, hacer, mandar,** and **permitir**.)

Note the following examples.

Le aconsejo asistir al velorio de don Mario.
I advise him to attend Don Mario's wake.

Me mandó aprender los refranes.
He ordered me to learn the proverbs.

Nos permiten entrar en la casa.
They permit us to enter the house.

2. If the subject of the dependent verb is a noun, then the subjunctive is often used.

Ella no permite que don Mario entre en la sala.
She doesn't permit Don Mario to enter the living room.

C. *Subjunctive or indicative with certain verbs*

1. The verbs **creer** and **pensar** are normally followed by the indicative in affirmative sentences.

Creo que él vendrá.
I believe that he will come.

Él piensa que lo tienen en la biblioteca.
He thinks that they have it in the library.

2. When **creer** and **pensar** are used in interrogative or negative sentences expressing doubt, they require the subjunctive. If doubt is not implied, then the indicative may be used.

No creo que él le haya dejado nada.
I don't believe that he has left her anything.

¿Piensas que tu primo venga?
Do you think that your cousin may come?

Sequence of Tenses

As you saw in the preceding examples, the use of either the present or the imperfect subjunctive in the dependent clause is usually determined by the tense of the verb in the main clause.

1. If the verb in the main clause is in the present, present perfect, or future tense, or is a command, the present or present perfect subjunctive is regularly used in the dependent clause.*

Main Clause—Indicative	Dependent Clause—Subjunctive
present	
present progressive	
present perfect	present subjunctive
future	
future perfect	present perfect subjunctive
command	

2. If one of the past tenses or the conditional is used in the main clause, either the imperfect or the past perfect subjunctive regularly follows in the dependent clause.

Main Clause—Indicative	Dependent Clause—Subjunctive
imperfect	
preterite	
past progressive	imperfect subjunctive
pluperfect	
conditional	past perfect subjunctive
conditional perfect	

PRÁCTICA

A. *El Día del Santo† de José:* Read the following brief narrative about Saint Joseph's Day. Then retell it following the model.

Modelo   Quiere tener una fiesta. (que ellos)
Quiere que ellos tengan una fiesta.

1. José quería celebrar su día especial. (que nosotros)
2. Se alegraban de arreglar una fiesta. (que su novia)
3. Querían traerle muchos regalos. (que los invitados)

---

*In situations where the sense of the sentence requires it, the imperfect subjunctive may be used in a dependent clause even though the present indicative appears in the main clause: **Espero que ellos llegaran anoche**. *(I hope that they arrived last night.)*

†**Nota cultural:** La mayor parte de la gente del mundo hispánico es católica y sigue las costumbres y las creencias de la iglesia. Cada día del calendario de la iglesia católica lleva el nombre de un santo. Una persona que nace en uno de estos días muchas veces recibe el nombre del santo que comparte el mismo día. Por ejemplo, un chico que nace el día de San José se llama José, y una chica que nace el día de Santa Teresa se llama Teresa. Naturalmente, un chico que nace el día de Santa Teresa no es llamado Teresa por sus padres. La familia escoge otro día que lleva el nombre de un santo masculino. Como consecuencia de esta costumbre, el chico puede celebrar sus cumpleaños dos veces al año, una vez en la fecha de su nacimiento y otra vez en el día de su santo.

4. Ella esperaba asistir a la fiesta. (que yo)
5. Laura insistía en ir también. (que tú)
6. Ahora temo tener una fiesta para mi día del santo. (que mis amigos)
7. No quiero invitar a tanta gente a mis casa. (que Ud.)
8. Prefiero quedarme en casa. (que todos)

B. Conjugate the verbs in parentheses in either the indicative or the subjunctive, depending upon the requirements of each sentence.

1. Espero que ellos (llegar) _____ a tiempo.
2. Sentíamos que Uds. no (haber) _____ recibido el dinero.
3. Creen que Pedro (ser) _____ medio tacaño.
4. Temía que su esposa no (querer) _____ velarlo.
5. Ellos niegan que Aurelio (haber) _____ salido.
6. No creo que Marta (tener) _____ alma.
7. ¿Piensas que tus amigos de verdad (ir) _____ a venderla?
8. Dudamos que los estudiantes (saber) _____ la respuesta.
9. Doña Elena quería que los invitados (tomar) _____ una copa.
10. El cura le aconseja a Julia que (volver) _____ a Texas.
11. Alicia prefería que Carlos no (decir) _____ más tonterías.
12. Los jóvenes me dijeron que Juan no (ir) _____ al partido con ellos.
13. El consejero insistó en que Tomás (conseguir) _____ una buena colocación.
14. César quiere que ellos (expresar) _____ sus sentimientos.
15. Las chicas esperaban (hacer) _____ un viaje a Segovia.

C. Translation and substitution.

1. Queremos que Ud. lea.
   We want you to study.
   We want you to go.
   We want you to stay.
   We want you to sell it.
2. Le pedí que lo hiciera.
   I asked him to bring it.
   I asked him to write it.
   I asked him to look for it.
   I asked him to read it.
3. Ella espera que hayan salido.
   She hopes that they have studied.
   She hopes that they have written the exercises.
   She hopes that they have come.
   She hopes that they have seen it.
4. Ellos sentían que yo hubiera ido.
   They were sorry that I had come.
   They were sorry that I had made the trip.
   They were sorry that I had not seen the film.
   They were sorry that I had not danced.

D. People are always seeking your advice. Give advice to the following individuals. Use your imagination.

> **Modelo** Carlos quiere ver una película buena.
> *Le aconsejo a Carlos que vea una película española.*

1. Manuel quiere mandar algo a la viuda.
2. Susana quiere probar la comida mexicana.
3. Roberto quiere mirar una buena telenovela.
4. Mis padres quieren visitar un país hispánico.
5. Ustedes quieren leer una novela interesante.
6. Tú quieres hacer algo divertido esta noche.
7. Mis amigos quieren estudiar una lengua extranjera.
8. Rosario quiere salir temprano para llegar a las nueve.

E. Your parents have certain ideas and feelings concerning your family and life in general. Express these ideas following the model.

> **Modelo** nos alegramos de / nuestros hijos viven aquí
> *Nos alegramos de que nuestros hijos vivan aquí.*

A	B
nos alegramos de	no hay otra guerra mundial
esperamos	nuestros hijos asisten a una universidad
mandamos	no podemos ayudar más a nuestros hijos
queremos	nuestros hijos no se casan antes de graduarse
sentimos	nuestra hija es médico
preferimos	nuestros hijos no fuman
	nuestra familia está de buena salud

The Subjunctive after Impersonal Expressions

1. The subjunctive is regularly used after the following impersonal expressions when the dependent verb has an expressed subject. When there is no expressed subject, the infinitive is used instead.

Es necesario que (ellos) estudien.
It is necessary for them to study.

> BUT

Es necesario estudiar.
It is necessary to study.

es posible *it is possible*	es (una) lástima *it is a pity*
es necesario *it is necessary*	más vale *it is better*
es preciso *it is necessary*	es preferible *it is preferable*
es importante *it is important*	es urgente *it is urgent*
es bueno *it is good*	es sorprendente *it is surprising*
es justo *it is just (right)*	conviene *it is advisable*
es natural *it is natural*	importa *it matters, it is important*
es triste *it is sad*	es raro *it is odd*

es fácil*	*it is likely*	es extraño	*it is strange*
es difícil	*it is unlikely*	es dudoso	*it is doubtful*
es probable	*it is probable*	es mejor	*it is better*
es lamentable	*it is lamentable*	es de esperar	*it is to be hoped*
es imposible	*it is impossible*	es ridículo	*it is ridiculous*

2. The following impersonal expressions do not require the subjunctive unless they are used in a negative or interrogative sentence with doubt implied.

es cierto   *it is true*
es evidente   *it is evident*
es claro   *it is clear*
es verdad   *it is true*
es seguro   *it is certain*

¿Es cierto que ellos sean ricos?
Is it true that they are rich? (doubt implied)

No es cierto que ellos sean ricos.
It is not true that they are rich.

¿Es evidente que él sea muy fuerte?
Is it evident that he is very strong? (doubt implied)

Es evidente que él es muy fuerte.
It's evident that he is very strong.

PRÁCTICA

A. Some friends of Mario Cabrera Montalvo are discussing his death. Read what each person has to say and then restate their comments following the model.

Modelo   Es necesario tener un velorio. (que la familia)
Es necesario que la familia tenga un velorio.

1. Es importante asistir a las exequias. (que nosotros)
2. Es preciso rezar por el alma del difunto. (que ellos)
3. Es una lástima tener tanta angustia. (que su esposa)
4. Es bueno firmar esta tarjeta de simpatía. (que tú)
5. Es difícil cumplir con la viuda. (que yo)

B. Complete the sentences with the correct form of the verb in parentheses.

1. Es necesario que ellos (comprar) _____ la casa de campo.
2. Es evidente que los jóvenes (estar) _____ enamorados.
3. No es cierto que César (haber) _____ salido todavía.

---

*Note that **Es fácil (difícil) que lo haga** means *It is likely (unlikely) that he will do it. It is easy (difficult) for him to do it* is usually translated **Le es fácil (difícil) hacerlo**.

4. Es una lástima que él (haber) _____ muerto.
5. Es probable que la familia (mudarse) _____ a la capital.
6. Fue importante que Carlos (conseguir) _____ los boletos.
7. Era verdad que el abogado (salir) _____ con sus clientes.
8. Más valía que su padrino (venir) _____ con los familiares.
9. Importaba que su tío (quedarse) _____ en casa.
10. Fue cierto que los hijos (romper) _____ el vaso.

C. Answer the following questions in the negative.

1. ¿Es necesario que yo lea el anuncio?
2. ¿Es cierto que los taquitos estaban sabrosísimos?
3. ¿Es preciso que Ud. venga con nosotros?
4. ¿Es verdad que ellos han puesto la maleta ahí?
5. ¿Es difícil que encontremos trabajo?
6. ¿Es evidente que él ha pagado todo?

D. Express the following in Spanish.

1. It was necessary for Julia to leave on time.
2. It is true that the wake began at 7:00.
3. It was a pity they had to go to the wake too.
4. It is important that he do it because it was evident that Mario was his friend.
5. It was evident that he was suffering great anguish.
6. It was not certain that the guests would arrive on time.
7. It is possible that the family members will have more opportunities to visit her.
8. It was necessary for her to prepare a lot of food for the wake.

E. Several people plan to do the following things. In order for them to realize their plans, indicate whether or not it will be necessary to carry out the activities listed in parentheses.

Modelo　María quiere visitar Madrid. (ir a España)
　　　　　Es necesario que María vaya a España.

1. César quiere asistir a la velación de don Mario. (ir a la casa de doña Elena / darle su profundo pésame / probar la comida / ver al difunto)
2. Juan quiere trabajar para una compañía internacional. (aprender lenguas extranjeras / seguir un curso de negocios / viajar a muchos países / entender varias culturas)
3. Quiero hacer un viaje a la América del Sur. (ir a una agencia de viajes / conseguir un pasaporte / comprar cheques de viajero / hacer mis maletas / viajar por avión)

Affirmative and Negative Expressions

A. *Forms*

Negative Expressions		Affirmative Counterparts	
nada	*nothing, not anybody*	algo	*something, anything*
nadie	*no one, nobody, not anybody*	alguien	*someone, somebody, anyone, anybody*
ninguno	*no, no one, none, not any (anyone)*	alguno	*some(one), any, (pl.) some*
		siempre	*always*
nunca	*never, not ever*	algún día	*someday*
jamás		alguna vez	*sometime, ever*
tampoco	*neither, not either*	también	*also*
ni... ni	*neither . . . nor*	o... o	*either . . . or*

B. *Uses*

1. Simple negation is achieved in Spanish by placing the word **no** directly before the verb or verb phrase.

No voy a la biblioteca esta tarde.
Pedro **no** ha empezado la tarea.

2. If one of the negative words listed above follows a verb, then **no** (or another negative word) must precede the verb; the result in Spanish is a double negative. However, if the negative word precedes the verb, the **no** is omitted.

No tengo nada.   BUT   Nada tengo.
I have nothing. (I don't have anything.)

No voy nunca a la iglesia.   BUT   Nunca voy a la iglesia.
I never go to church. (I don't ever go to church.)

Nunca dice nada.
He never says anything.

3. The personal **a** is required with **alguien, nadie, alguno,** and **ninguno** when these forms are used as objects of a verb.

¿Conoces a alguien en Nueva York? No, no conozco a nadie.
Do you know anyone in New York? No, I don't know anyone.

¿Viste a alguno de tus amigos? No, no vi a ninguno.
Did you see any of your friends? No, I didn't see any(one).

4. **Ninguno** and **alguno** drop their final **-o** before masculine singular nouns to become **ningún** and **algún,** respectively.

Algún día voy a comprar una casa de campo.
Someday I am going to buy a country house.

5. **Alguno(-a)** may be used in the singular or the plural, but **ninguno(-a)** is almost always used in the singular.

    ¿Conoces a algunos de los músicos en la orquesta?
    Do you know some of the musicians in the orchestra?

    No hay ningún libro en esa mesa.
    There are no books on that table.

6. **Nunca** and **jamás** both mean *never*. In a question, however, **jamás** means *ever* and anticipates a negative answer. To express *ever* when either an affirmative or a negative answer is possible, **alguna vez** is used.

    Jamás voy al cine.
    I never go to the movies.

    ¿Has oído jamás tal mentira?
    Have you ever heard such a lie?

    ¿Has estado alguna vez en Europa?
    Have you ever been in Europe?

7. **Algo** and **nada** may also be used as adverbs.

    Esta máquina de escribir fue algo cara.
    This typewriter was somewhat expensive.

    Este coche no es nada barato.
    This car is not at all cheap.

PRÁCTICA

A. Make the following sentences negative, following the model.

> **Modelo**   Tengo algo en el bolsillo.
> *No tengo nada en el bolsillo.*

1. Hay alguien aquí.
2. Algunos de los invitados tomaron una copa.
3. Siempre vamos al cine con nuestros padres.
4. Elena va al velorio también.
5. Vamos a la iglesia o a su casa.
6. Van a comprarle algo a la viuda.
7. Hay algunos vecinos en la sala.
8. ¿Conoces a alguien en esa clase?
9. Algún día aprenderé los verbos irregulares.
10. ¿Hicieron algo esos haraganes?

B. Express the following sentences two ways in Spanish.

1. No one knows him.
2. I never study here.

3. He doesn't work either.
4. Nothing interests me.
5. None (of them) is here.

C. Your roommate plans to go downtown shopping. Ask him/her if he/she is going to do the following things. Your roommate answers all of your questions in the negative. Follow the model.

Modelo   ir con alguien
        UD.:   *¿Vas con alguien?*
        SU COMPAÑERO(A):   *No, no voy con nadie.*

1. siempre comer en el centro
2. ir al cine o a la librería
3. comprar algo en el supermercado
4. visitar a alguien esta noche
5. buscar algunas revistas en la librería
6. pasar por la biblioteca también para estudiar

REPASO

I. Form new sentences using the words in parentheses and making all necessary changes.

Modelo   Espero salir temprano. (que ellos)
            Espero que ellos salgan temprano.

1. Él insiste en ir a la iglesia. (que ellos)
2. Ella prefería hacer el viaje en avión. (que nosotros)
3. Queríamos ir a misa esta semana. (que tú)
4. Desean probar los taquitos. (que Tomás)
5. Esperamos llegar a una decisión pronto. (que el jefe)
6. Temo tener mala suerte. (que él)
7. Nos alegramos de poder asistir a la fiesta. (que tú)
8. Yo sentía mucho salir tan temprano. (que ellos)

II. Answer the following questions in the affirmative.

Modelo   ¿Temes que él no tenga el dinero?
            Sí, temo que no tenga el dinero.

1. ¿Crees que Pepe sea muy inteligente?
2. ¿Prefieren sus padres que vayamos con Uds.?
3. ¿Esperas que asistamos al concierto?
4. ¿Quiere Ud. que yo compre los boletos?
5. ¿Desean Uds. que ella haga el viaje?
6. ¿Dudan Uds. que yo pueda hablar con el consejero?

III. Express the following in Spanish.

1. They are sorry that Don Mario has died.
2. She hopes they will come to the wake.
3. We doubted that she would arrive at eight.
4. Doña Elena wanted them to have a drink.
5. They think he has told the truth.
6. I'm telling you to leave right away.
7. They didn't believe that Don Mario had a lot of money.
8. She was glad that they went to the wake.
9. We want to see Mario's widow.
10. The parents hope that their children can attend the funeral.

IV. Express your opinions about the following statements by inserting an impersonal expression at the beginning of each statement. Try to use as many impersonal expressions as possible.

Modelo   Nosotros somos muy inteligentes.
Es evidente que nosotros somos muy inteligentes.

1. Hay un examen hoy.
2. El profesor de esta clase es muy simpático.
3. Todos nosotros somos ricos.
4. Las vacaciones no empiezan hoy.
5. Todos los estudiantes reciben buenas notas.
6. Voy a graduarme mañana.

V. Ask a classmate the following questions. He or she will respond in the negative.

1. ¿Tienes algo para mí?
2. ¿Hablas con alguien por teléfono cada noche?
3. ¿Siempre vistes algún traje nuevo?
4. ¿Asistes siempre a misa?
5. ¿Vas a ir algún día a Cuba?
6. ¿Quieres ir a la biblioteca o al velorio?
7. ¿Vas a las exequias de don Mario?

VI. With a classmate, act out the following scene between a teenager and her mother. The girl wants to do several things, but the mother always disagrees.

Modelo   comprar mucha ropa nueva
HIJA: *Quiero comprar mucha ropa nueva.*
MADRE: *No permito que compres mucha ropa nueva.*

OR

No quiero que compres mucha ropa nueva.

OR

Prohibo que compres mucha ropa nueva.

1. trabajar en un bar
2. salir todas las noches
3. ser política
4. tener su propio apartamento
5. comprar un coche nuevo
6. prestar dinero a sus amigos
7. viajar alrededor del mundo
8. mudarse a México

VII. Express your hopes and concerns about the future by completing the following statements. Use your imagination.

1. Espero que las potencias mundiales *(world powers)* _____.
2. Espero que los científicos _____.
3. Quiero que mi familia _____.
4. Deseo que mis amigos _____.
5. Es importante que las escuelas _____.
6. Dudo que _____.
7. Es probable que _____.
8. Es necesario que la gente _____.

▣ INTERCAMBIOS

EL ARTE DE CONVERSAR

To keep a conversation moving, it is necessary to react to what is being said. You may indicate that you are following the conversation by using exclamations, asking for clarification of certain points, agreeing or disagreeing with certain points, or by reacting with certain expressions that show that you are simply paying attention.

Paying Attention:

Oh, sí.	*Oh, yes.*
¿Ah?	*Oh?*
¿De veras?	*Really?*
Comprendo bien, pero…	*I understand well, but . . .*
No sabía eso.	*I didn't know that.*
Y luego, ¿qué pasó?	*And then what happened?*
Y, ¿qué más?	*And, what else?*
Tiene(s) razón, pero…	*You're right, but . . .*

Asking for Clarification:

Repita(e), por favor.	*Repeat that, please.*
¿Quiere(s) decir que…?	*Do you mean that . . .?*
No sé si comprendo bien.	*I don't know if I understand well.*
¿Qué dijo Ud. (dijiste)?	*What did you say?*
¿Está(s) diciendo que…?	*Are you saying that . . .?*
¿Qué quiere(s) decir?	*What do you mean?*

Exclamations:

¡No me diga(s)!	*You don't say!*
¡Qué cosa!	*The idea!*
¡Qué interesante!	*How interesting!*
¡Qué ridículo!	*How ridiculous!*

Expressing Agreement and Disagreement:

Sí, tiene(s) razón.	*Yes, you're right.*
Estoy de acuerdo.	*I agree.*

Sí, es verdad.	*Yes, it's true.*
No, no tiene(s) razón.	*No, you're wrong.*
No estoy de acuerdo.	*I disagree.*
No, no es verdad.	*No, it's not true.*

CONVERSACIÓN CONTROLADA

Con un(a) compañero(a) de clase, prepare Ud. un diálogo según las siguientes indicaciones.

El Día de los Reyes Magos. Ud. está pasando el año escolar estudiando en Madrid. Vive con una familia madrileña. Es el seis de enero y Ud. y los miembros de la familia van a asistir a una fiesta en la casa de unos tíos. Ud. no entiende la importancia de este día y le pide a la madre que ella le explique a Ud. el significado del Día de los Reyes Magos.

La madre	Ud.
Are you ready to go to our uncle and aunt's house?	Yes, but why is everyone in a hurry? What is so special about today?
Today is the day of the Wise Men, and it is our custom to give gifts to our friends and family on this day.	You don't give gifts at Christmas?
No, because Christmas is primarily a day for religious activities. I hope my aunt makes a *Rosca de Reyes* (Torte of the Kings) today.	What is a *Rosca de Reyes*?
It is a special cake *(torta)* that is made on the Day of the Kings. The person that makes it puts a porcelain doll *(muñeca de porcelana)* in the cake. The doll represents the Christ child. *(niño Jesús)*	Why do they do that? In our country we prefer that no one puts anything like that in our food.
It's an old custom that we have. The one who finds the doll in their piece *(pedazo)* of cake has to give a party for everyone during the next month.	I like this custom. Let's go. It's important that we arrive early. I want to eat a piece of that cake.
Perhaps you'll find the doll. Then we can have a party at our house.	Great! I am happy that Spain has customs like this because I like parties!

SITUACIONES

Con un(a) compañero(a) de clase, prepare Ud. un diálogo que corresponda a una de las siguientes situaciones.

El Día de los Difuntos.* Dos jóvenes van a una pastelería para comprar dulces y panes en forma de calaveras y esqueletos para sus amigos. Tienen que decidir la cantidad que tienen que comprar y los nombres de sus amigos los cuales quieren que el pastelero *(pastry chef)* ponga en cada calavera y esqueleto. El precio es importante también porque Uds. no tienen mucho dinero.

Las Posadas.† Es la Navidad y su familia quiere que Ud. participe en las posadas. Ud. no quiere participar. Su padre trata de convencerlo(la) que es importante que Ud. sea una parte de la procesión. Ud. trata de explicarle las razones por qué no quiere ir.

▣ A CONVERSAR

A. *Diálogo*

Lea Ud. el diálogo. Después conteste las preguntas.

PILAR   Hoy hablé con Silvia en el hospital.

LUPE   ¿Sí? ¿Cómo está? Pobrecita, eso de esperar la muerte tiene que ser espantoso.

PILAR   Sí, es horrible. Ella se ha resignado un poco ahora.

LUPE   ¡Pero qué tragedia! Me acuerdo de cómo no lo aceptaba al principio.

PILAR   Dicen que así pasa. Uno primero resiste y luego se resigna. ¿Tú tienes miedo a la muerte?

LUPE   Bueno, ahora no. No pienso mucho en eso.

PILAR   Creo que preferiría que me dejaran morir si fuera Silvia.

LUPE   ¿Te podrías suicidar en ese caso?

PILAR   No. Sería un pecado. Pero no quiero que me mantengan viva con máquinas.

LUPE   Es una diferencia sutil, ¿verdad?

PILAR   Sí, pero importante, ¿no crees?

***Nota cultural:** Se celebra este día el dos de noviembre en algunos países latinoamericanos. En México se llama el «Día de los Muertos». Durante ese día se recuerda a los muertos o a la muerte como fenómeno. En algunos sitios, como en México, se hacen dulces y panes en forma de calaveras y esqueletos, y en los pequeños pueblos hispánicos la gente pasa el día en el cementerio, donde limpian alrededor de los sepulcros y ponen flores frescas en la tumba de los familiares.

†**Nota cultural:** La celebración de «Las Posadas» empieza el diez y seis de diciembre y termina en la Noche Buena. Se llaman posadas porque conmemoran el viaje de María y José a Belén y su búsqueda para un sitio donde ellos pueden pasar la noche. Casi todas la personas de un barrio participan en esta celebración.

Preguntas

1. ¿Quién está en el hospital?   2. ¿Cómo está Silvia?   3. ¿De que se ha resignado Silvia?   4. ¿Tiene Lupe miedo a la muerte? ¿Por qué?   5. Según Pilar, ¿que preferiría que le dejaran hacer si ella tuviera una enfermedad terminal?   6. ¿Por qué no podría suicidarse Pilar?   7. ¿Quiere Pilar que la mantengan viva con máquinas?   8. ¿Si Ud. tuviera una enfermedad grave, ¿preferiría que los médicos lo (la) dejaran morir o que ellos lo (la) mantuvieran vivo(a) con máquinas? ¿Por qué?

B. *Temas de conversación o de composición*

1. ¿Cuál es su actitud hacia la muerte? ¿Tiene Ud. miedo de morirse? ¿Le gusta asistir a los velorios? ¿Deben ser costosos los entierros?
2. En muchas culturas, incluyendo la hispánica, la muerte es un hecho que se acepta de una manera bastante realista. En la nuestra tratamos de esconder o de no confrontar el hecho de la muerte. ¿Cómo evitamos la realidad de la muerte?
3. Los sicólogos dicen que el que sabe que va a morirse dentro de poco tiempo pasa por un proceso que empieza con la ira y la negación y termina con la aceptación de la muerte. ¿Cómo reaccionaría Ud. ante tales noticias? ¿Qué cosas quisiera hacer antes de morirse?
4. Actualmente es posible mantener viva a una persona mediante procesos artificiales, incluyendo el uso de máquinas. Si una persona ha sufrido un daño cerebral y se ve reducida permanentemente al nivel de un vegetal, ¿se debe mantenerla viva artificialmente? ¿Cuándo deja de vivir una persona?

C. *Discusión: La muerte*

1. **El epitafio.** Aunque en nuestra cultura preferimos no pensar en la muerte, la contemplación de la muerte puede darnos una nueva actitud hacia la vida. Nuestros antepasados lo entendieron así e hicieron grabar en sus losas unos epitafios que resumieron sus vidas. Algunos ejemplos:

   > Aquí yace Harry Miller entre sus esposas Elinore y Sarah.
   > Pidió que lo inclinaran un poco hacia Sarah.

   > Eric Langley: Él sí se lo llevó todo consigo.

   > William Barnes: Padre generoso y leal.

   > Nancy Smith: A veces amaba, a veces lloraba.

   a. ¿Qué quiere Ud. que le graben en su losa?
   b. ¿Podría Ud. escribir un epitafio que resumiera toda su vida en pocas palabras?

2. **El obituario.** Los obituarios también pueden ayudarnos a ver más claramente nuestras vidas. Completando las frases siguientes, escriba su obituario. Después, léalo a la clase.

Falleció ayer _____ a la edad de _____.
La causa de su muerte fue _____.
Le sobrevive _____.
Antes de morirse estudiaba para ser_____.
Sus amigos se acordarán de él (ella) por _____.
Su muerte inesperada no le permitió _____.
Su familia indica que en vez de mandar flores se puede _____.

D. Descripción y expansión

1. Indique Ud. el número del dibujo que corresponde a cada una de las creencias siguientes.

_____ romper un espejo
_____ mirar a una luna llena
     sobre el hombro izquierdo
_____ un gato negro
_____ derramar sal
_____ una herradura *(horseshoe)*
_____ una pata de conejo

_____ caminar debajo de una escalera
_____ el número trece
_____ encontrar un trébol de cuatro hojas
_____ el número siete
_____ trece personas sentadas alrededor
     de una mesa

 1

 2

 3

 4

 5

6

7

8 9

10 11

2. Conteste las preguntas siguientes.

a. ¿Cuáles de estas creencias traen mala suerte?

b. ¿Cuáles de estas creencias traen buena suerte?

c. ¿Cree Ud. en algunas de estas supersticiones? ¿Cuáles? ¿Por qué?

d. ¿Conoce Ud. a personas que crean en algunas de estas supersticiones? ¿Quiénes son? ¿En cuáles de estas supersticiones creen?

e. ¿Conoce Ud. otras supersticiones que no estén en la lista? Explique una.

3. Indique Ud. su actitud hacia cada una de las supersticiones indicadas por los dibujos completando las frases siguientes.

Modelo   Es dudoso *que un gato negro traiga mala suerte.*

Es mejor…   No creo…

Es importante…   No quiero…

Más vale una persona…   Es probable…

4. Opiniones

a. ¿Por qué creen las personas en supersticiones? ¿Cuál es el origen de muchas supersticiones?

b. ¿Hay mucha superstición en la religión? Explíquese.

MATERIALES AUTÉNTICOS

La Rosca de Reyes. Como parte de la celebración del «Día de los Reyes Magos» en los países hispánicos, las pastelerías hacen una torta especial. Lea este anuncio que apareció en el diario *EXCELSIOR,* de la ciudad de México, y conteste las preguntas.

1. ¿Cómo se llama la pastelería? En su opinión, ¿por qué tiene este nombre?

2. ¿Qué se vende en este pastelería?

3. Según el anuncio, ¿cómo son las roscas que se hacen allí?

4. ¿Qué se vende con la rosca? ¿Es necesario comprarla?

5. ¿Dónde está la pastelería?

6. ¿Es posible estacionarse cerca de la pastelería? ¿Por qué?

7. ¿Qué le parece a Ud. la costumbre del «Día de los Reyes Magos» y la «Rosca de Reyes»? Explique.

EXQUISITAS
ROSCA DE REYES
CON O SIN CREMA BATIDA
PASTELERIA SUIZA
PARQUE ESPAÑA Nº 7, ENTRE OAXACA Y COZUMEL
TELS. 211-09-51 Y 211-09-04
CON ESTACIONAMIENTO PROPIO 107 TOT

Aspectos económicos de Hispanoamérica

Este obrero trabaja en los campos de Costa Rica. En su opinión, ¿cómo es su vida?

*(Una choza campesina. Pedro llega cansado
después de un día de trabajo en su parcela de
tierra.)*

PEDRO
5

Hola, Teresa, ¿qué hay de comer? Vengo muerto de hambre.

TERESA

¡Ay! Has llegado temprano—déjame calentar los frijoles. Primero voy a acostar a Panchito. Duérmete, mi niño. Que sueñes con los angelitos. Así es.

PEDRO
10

Se me partió el machete hoy. ¡Qué diablos! No hay un día que no traiga mala suerte. No sé cómo he de ganarme el pan trabajando esta tierra seca.

se me partió *broke, split*

TERESA

Pedro, tengo una noticia. Fui a ver a la Mamá Teófila[1] y me dice que estoy embarazada.

PEDRO
15

¡Qué bueno! ¡Qué feliz me haces! Pero... otra boca, ¿qué hacemos?

TERESA

Dios dirá, Pedro. Quizás pueda coser ajeno. La señora Cruz busca a alguien que le haga unos vestidos para el verano.

coser ajeno *to take in sewing*

PEDRO
20

Prohibo que trabajes, mujer. Estaba pensando una cosa, ¿sabes? ¿Por qué no nos mudamos a la capital?[2] Allí puedo buscar un trabajo que pague bien.

TERESA

Pero, Pedro, ¿qué hacemos con la casa? ¿Y si no encuentras algo? Me siento más segura aquí; al menos tenemos techo—pobre tal vez, pero seguro.

25 PEDRO

¿No quieres que tus hijos tengan más oportunidades que nosotros? Aquí no hay nada que valga la pena... Y será mejor para ti también. No tendrás que depender más de la Mamá Teófila. Debes tener un médico que sepa lo que hace, un hospital que tenga facilidades modernas. Además, podríamos divertirnos un poco. Dicen que hay cines en la ciudad que dan películas todas las noches en vez de una película por semana como el de aquí.

30

TERESA
35

¿Y es cierto que hay lugares donde se pueda bailar todas las noches? ¿Y que hay parques bellos y camiones que te lleven dondequiera?

PEDRO

Sí, Teresa, todo eso y mucho más. Podremos comprarnos un televisor. No tendremos que ir a verlo a la cantina como aquí.

40 TERESA

Pero, ¿dónde viviremos?

PEDRO

Hay un barrio llamado San Blas. Allí viven los Otero y los Palma que fueron a la capital el año pasado. Hay escuelas buenas para Panchito y para el niño que esperamos. Quiero que asistan a buenas escuelas que les den mejores posibilidades.

45

TERESA

Yo también, yo también, Pedro. Y tú, ¿qué harás? No quiero que sufras por falta de trabajo.

PEDRO	Con todos los automóviles que hay en la ciudad, siempre habrá necesidad de alguien que sepa de mecánica. Habrá un taller que necesite otro trabajador.	mecánica *mechanics*
TERESA	Pero, Pedro, ¿qué hacemos si...	
PEDRO	No te preocupes, mi amor, todo saldrá bien. Quiero que mi familia tenga de todo, ¿entiendes? De todo lo bueno de la vida.	

50

🔲 NOTAS CULTURALES

1 **la Mamá Teófila:** En las regiones rurales de Hispanoamérica, todavía es común utilizar los servicios de una partera *(midwife)*. Esto se debe a la tradición y, por otra parte, al hecho de que no hay médicos en cada pueblo.

2 **¿Por qué no nos mudamos a la capital?:** Las ideas que expresa Pedro sobre las ventajas de la vida urbana son bastante generalizadas en las zonas rurales y han causado una migración constante hacia las grandes ciudades. Desgraciadamente, uno de los resultados más frecuentes ha sido la creación de barrios de miseria alrededor de las mismas ciudades. Otro es la desilusión y amargura *(bitterness)* de la gente en esta situación.

🔲 VOCABULARIO ACTIVO

Estudie estas palabras.

Verbos

calentar to heat
mudarse to move (residence)
soñar (con) to dream (about)

Sustantivos

el barrio neighborhood, district
el camión bus *(slang)**
el, la campesino, -a peasant, rural
la cantina bar
la choza hut, shack
el frijol bean

el taller shop, workshop
el techo roof
el televisor television set
la ventaja advantage
el vestido dress

Adjetivos

ajeno, -a belonging to another
embarazada pregnant
seco, -a dry

Otras expresiones

dondequiera anywhere
ganarse el pan to earn a living
haber de to be supposed to
que sueñes con los angelitos sweet dreams

---

*Esta palabra quiere decir *bus* en México, aunque quiere decir *truck* en España. En España se dice «autobús».

Comprensión

1. ¿Por qué llega Pedro a casa temprano? 2. ¿Qué es lo que tienen para comer? 3. ¿Cuál es la noticia que Teresa le da a Pedro? 4. ¿Qué piensa hacer ella? 5. ¿Cuál es la idea de Pedro? 6. ¿Por qué se siente Teresa más segura en el campo? 7. Según Pedro, ¿qué diversiones hay en las ciudades? ¿y según Teresa? 8. ¿Qué trabajo va a buscar Pedro? 9. En cuanto a su familia, ¿qué quiere Pedro? 10. En las circunstancias de Pedro y Teresa, ¿iría Ud. a la ciudad?

Opiniones

1. ¿Cuáles son las ventajas de vivir en la ciudad? ¿las desventajas? 2. ¿Cuáles son las ventajas de vivir en el campo? ¿las desventajas? 3. ¿Dónde prefiere Ud. vivir, en la ciudad o en el campo? ¿Por qué? 4. En su opinión, ¿qué causa la pobreza en la sociedad? 5. ¿Piensa Ud. que es posible eliminar la pobreza? Explique. 6. ¿Cree Ud. que es la responsabilidad del gobierno ayudar a los pobres? ¿Por qué? 7. Según Ud., ¿es posible que un pobre sea feliz? Explique. 8. ¿Prefiere Ud. ser una persona pobre y contenta o rica y descontenta? ¿Por qué?

▣ ESTRUCTURA

The Subjunctive in Adjective Clauses

1. An adjective clause modifies a noun or pronoun (referred to as the antecedent) in the main clause of the sentence. Adjective clauses are always introduced by **que**.

   Vive en una casa **grande**. (simple adjective modifying *casa*)
   Vive en una casa **de ladrillo**. (adjective phrase modifying *casa*)
   Quiere vivir en una casa **que tenga muchos cuartos**. (adjective clause
      modifying *casa*)

2. If the adjective clause modifies an indefinite or negative antecedent, the subjunctive is used in the adjective clause. If the antecedent being described is something or someone certain or definite, the indicative is used.

   Aquí no hay nada que valga la pena. (negative antecedent)
   There is nothing here that is worthwhile.

   Debes tener un médico que sepa lo que hace. (indefinite antecedent)
   You ought to have a doctor who knows what he is doing.

   Buscaba un hospital que tuviera facilidades modernas. (indefinite antecedent)
   He was looking for a hospital that had modern facilities.

   Haré lo que diga el jefe. (indefinite antecedent)
   I'll do what(ever) the boss says.

No hay nadie que sepa la respuesta. (negative antecedent)
There is no one who knows the answer.

BUT

Aquí hay algo que vale la pena. (definite antecedent)
There is something here that is worthwhile.

Tiene un médico que sabe lo que hace. (definite antecedent)
He has a doctor who knows what he is doing.

Ha encontrado un trabajo que tiene muchas ventajas. (definite antecedent)
He has found a job that has many advantages.

3. The personal **a** is not used when the object of the verb in the main clause does not refer to a specific person or persons; however, it is used before **nadie, alguien,** and forms of **ninguno** and **alguno** when they refer to a person who is the direct object of the verb.

Busca un médico que sepa lo que hace.
He is looking for a doctor who knows what he is doing.

No he visto a nadie que pueda hacerlo.
I have not seen anyone who can do it.

¿Conoce Ud. a algún hombre que quiera comprar la finca?
Do you know a(any) man who wants to buy the farm?

PRÁCTICA

A. Answer the questions in the affirmative.

1. ¿Conoces a alguien que sepa coser?
2. ¿Buscas una casa que tenga patio?
3. ¿Hay alguien que te entienda?
4. ¿Has encontrado un médico que sepa lo que hace? *He encontrado un medico que sabe*
5. ¿Hay una familia que quiera vivir en este barrio?

B. Change the following sentences to the negative.

1. Hay alguien que cree eso.
2. Hay algunos hombres que tienen mucho éxito.
3. Había algo que yo podía hacer.
4. Había una mujer que conocía a Gonzalo.
5. Conozco a alguien que vive en esa choza.

C. Complete the sentences with either the indicative or the subjunctive of the verbs in parentheses.

1. Busco un trabajo que me (gustar) _____.
2. Necesita un hombre que (poder) _____ servir de guardia.
3. Su esposo quería mudarse a una ciudad que no (conocer) _____.

4. Tengo un puesto que (pagar) _____ más que ése.
5. Han encontrado un artículo que les (dar) _____ más información.
6. No había ninguna persona que (creer) _____ eso.
7. Conoce a un mecánico que (arreglar) _____ máquinas de escribir.
8. Necesitan un apartamento que no (costar) _____ mucho.
9. Siempre tienen ayudantes que (hablar) _____ inglés.
10. Preferían un abogado que (saber) _____ lo que hacía.
11. Hay alguien que (poder) _____ explicártelo.
12. ¿Conoces a alguien que (hacer) _____ vestidos?

D. Express the following in Spanish.

1. I want to live in a house that is near the beach.
   I live in a house that is near the beach.
2. I needed a newspaper that was from Mexico.
   I had a newspaper that was from Mexico.
3. They were looking for a man who wanted to buy their house.
   They found a man who wanted to buy their house.
4. They need to find someone who repairs roofs.
   They know someone who repairs roofs.
5. There is no one who can help us.
   There is someone who can help us.

E. Express your personal opinions about the following items by completing the following sentences.

1. Prefiero vivir en una casa que _____.
2. Quiero encontrar un trabajo que _____.
3. Sueño con casarme con una persona que _____.
4. Deseo conocer a gente que _____.
5. Me gustaría mudarme a una ciudad que_____.
6. Quiero seguir una carrera que _____.
7. Prefiero comprar un vestido que _____.
8. Quiero vivir en un país que _____.

Subjunctive versus Indicative after Indefinite Expressions

A. *The subjunctive after indefinite expressions*

The subjunctive is used after the following expressions when they refer to an indefinite or uncertain time, condition, person, place, or thing.

1. Relative pronouns, adjectives, or adverbs attached to **-quiera:**

adondequiera	*(to) wherever*	quienquiera	*whoever*
dondequiera	*wherever*	cualquier(a)	*whatever, whichever*
cuandoquiera	*whenever*	comoquiera	*however*

Examples:

Adondequiera que tú vayas, encontrarás campesinos oprimidos.
Wherever you (may) go, you will find oppressed peasants.

Dondequiera que esté, lo encontraré.
Wherever it is, I'll find it.

Cuandoquiera que lleguen, comeremos.
We will eat whenever they arrive.

Quienquiera* que encuentre la pintura, recibirá mucho dinero.
Whoever finds the painting will receive a lot of money.

Cualquier disculpa que ofrezca, tendrá que pagar la multa.
Whatever excuse he may offer, he will have to pay the fine.

Comoquiera que lo hagan, no podrán solucionar el problema.
However they may do it, they will not be able to solve the problem.

Note that the plurals of **quienquiera** and **cualquiera** are **quienesquiera** and **cualesquiera,** respectively. **Cualquiera** drops the final **a** before any singular noun.

Cualquier cosa que diga, será la verdad.
Whatever he says will be the truth.

2. **Por** + adjective or adverb + **que** *(however, no matter how):*

Por difícil que sea, lo haré.
No matter how difficult it may be, I will do it.

Por mucho que digas, no la convencerás.
No matter how much you say, you will not convince her.

B. The indicative after indefinite expressions

When the expressions presented in Section A refer to a definite time, place, condition, person, or thing, or to a present or past action that is considered to be habitual, then the indicative is used.

Adondequiera que fuimos, encontramos campesinos oprimidos.
Wherever we went, we found oppressed peasants.

Cuandoquiera que nos veían, nos saludaban.
Whenever they saw us, they would greet us.

Por más que juego al tenis, siempre pierdo.
No matter how much I play tennis, I always lose.

---

*__Quien__ plus the subjunctive is more common in conversation: **Quien encuentre la pintura, recibirá mucho dinero.**

PRÁCTICA

A. Complete the following sentences with either the subjunctive or indicative of the verb in parentheses.

1. Adondequiera que ellos (mudarse) _____, no encontrarán empleo.
2. Dondequiera que él (estar) _____, siempre podía divertirse.
3. Cuandoquiera que nosotros lo (ver) _____, le daremos el dinero.
4. Por pobres que (ser) _____, ellos nunca se quejan de nada.
5. Quienquiera que (querer) _____ una vida mejor, tendrá que conseguir una educación buena.
6. Cualquier cosa que yo (decir) _____, ellos no lo creían.

B. Express the following in Spanish.

1. We will start to study whenever they leave.
2. No matter how tired she may be, she always wants to watch television.
3. We will find it wherever it is.
4. Whenever they received a letter from their friends, they would allow me to read it.
5. Whoever said that did not understand the lesson.
6. Whatever reason you give, we will believe (it).
7. Whichever book you select, you will find (it) interesting.
8. They say that they will go wherever he goes.

Prepositions

A. Simple prepositions

a *to, at*	excepto *except*
ante *in front of, before;* *with respect to*	hacia *toward*
	hasta *until, up to, as far as*
bajo *under*	mediante *by means of*
con *with*	para *for; in order to*
contra *against*	por *for; through; along; by*
de *of, from*	según *according to*
desde *from, since*	sin *without*
durante *during*	sobre *on, over; about*
en *in; on, upon*	tras *after*
entre *between, among*	

El testigo tenía que aparecer ante el juez.
The witness had to appear before the judge.

Escribió novelas bajo un nombre de pluma.
He wrote novels under an assumed name.

Miró hacia el río.
He looked toward the river.

Esperaremos hasta las nueve.
We will wait until nine.

Va a dar una conferencia sobre la política latinoamericana.
He is going to give a lecture on (about) Latin American politics.

Día tras día él me decía la misma cosa.
Day after day he would tell me the same thing.

B. *Uses of* a

In addition to its use to express English *to* or *at,* and its special use before direct object nouns referring to people (see Unit 1), the preposition **a** is used:

1. to indicate the point (of time or place) toward which something is directed or at which it arrives.

Volvieron a la choza.
They returned to the hut.

Fue de Nueva York a México.
He went from New York to Mexico.

Está a la puerta.
She is at the door.

2. after verbs of motion (**ir, venir**) when they are followed by an infinitive or by a noun indicating destination.

Voy a la playa.	Vino a verme.
I'm going to the beach.	*He came to see me.*

3. after verbs of beginning, learning, and teaching, when these are followed by an infinitive.

Comenzó a trabajar.	Aprendieron a hablar francés.
She began to work.	*They learned to speak French.*
Empecé a buscarlos.	Me enseñó a conducir.
I began to look for them.	*He taught me to drive.*

4. after verbs of depriving or taking away.

Le robaron el dinero al banco.
They stole the money from the bank.

Les quité los dulces a los niños.
I took the sweets from the children.

5. after the verb **jugar** when the name of a game or sport is mentioned.*

Juegan al tenis.   Jugó a las damas chinas.
They play tennis.   *He played Chinese checkers.*

6. in combination with the definite article **el** before an infinitive to express English *on* or *upon* + present participle.

Al salir del aula, empezaron a correr.
Upon leaving the classroom, they began to run.

7. in the construction **a** + definite article + period of time + **de** + infinitive, meaning *after*.

A las dos semanas de estudiarlos, sabían todos los usos del subjuntivo.
After two weeks of studying them, they knew all the uses of the subjunctive.

8. to indicate manner or means (how something is made or done).

Las hacen a mano.
They make them by hand.

Llegaron a pie.
They arrived on foot.

cocinar a fuego lento
to cook by a slow fire

9. to express price or rate.

¿A cuánto se vende? A un dólar el metro.
How much does it sell for? For a dollar a meter.

a todo vapor
at full steam

10. as an equivalent of English *on* or *in*.

a bordo del buque   a tiempo
on board the boat   *in (on) time*

a su llegada   a vista de tierra
on her arrival   *in sight of land*

al contario   llegar a México
on the contrary   *to arrive in Mexico*

_____

*It is becoming more common not to use the **a** in speech.

11. to express *by* or *to* in certain fixed expressions.

poco a poco
little by little

dos a dos
two to two

mano a mano
hand to hand

cara a cara
face to face

C. *Uses of* con

1. **Con** is used before certain nouns to form adverbial expressions of manner.

Guía con cuidado.
He drives carefully.

Comimos con frecuencia en ese café.
We ate at that café frequently.

2. **Con** expresses accompaniment.

Pedro quiere ir a la ciudad con Teresa.
Pedro wants to go to the city with Teresa.

3. It is also used to express *notwithstanding*.

Con todos sus defectos, es un tipo simpático.
Notwithstanding all his faults, he's a nice fellow.

D. *Uses of* de

De is usually translated as *of* or *from*. In addition it is used as follows:

1. to show possession (English *'s*).

La finca es de Aurelio.
The farm is Aurelio's.

2. to show the material from which something is made.

El traje es de casimir.
The suit is (made of) cashmere.

3. to express cause or reason (equivalent to English *of, with, on account of*).

Murió de cáncer.
He died of cancer.

Está loca de alegría.
She's wild with joy.

Estoy muriéndome de hambre.
I'm dying of hunger.

4. to express *in the morning,* etc., when a specific time is given.

Empezó a las seis de la mañana (de la noche).
He began at six in the morning (at night).

5. to indicate profession or occupation.

Trabajaba de obrero.
He was working as a laborer.

6. to express the function or use of an object.

Es una máquina de escribir (de coser).
It is a typewriter (sewing machine).

7. to specify condition or appearance before a noun (English *with* or *in*).

Las montañas están cubiertas de nieve.
The mountains are covered with snow.

Estaba de luto.
She was in mourning.

8. to indicate a distinctive characteristic.

la chica de los ojos grandes
the girl with the big eyes

el hombre de la barba
the man with the beard

9. to translate *in* after a superlative.

Es el barrio más pintoresco de la ciudad.
It's the most picturesque neighborhood in the city.

E. *Uses of* en

1. **En** is used to indicate mode of transportation.

Fuimos en avión (tren).
We went by plane (train).

2. **En** is used to denote location (the equivalent of English *at* or *in*).

Estoy en casa (en clase, en Madrid).
I am at home (in class, in Madrid).

Pasaron las vacaciones en la playa (en México).
They spent their vacation at the beach (in Mexico).

F. Compound prepositions

Some common compound prepositions are:

a causa de	*because of*	dentro de	*inside of*
a pesar de	*in spite of*	después de	*after (time, order)*
acerca de	*about, concerning*	detrás de	*behind, after (place)*
además de	*besides, in addition to*	encima de	*on top of*
al lado de	*beside, alongside of*	en frente de	*in front of*
alrededor de	*around*	en vez de	*instead of*
antes de	*before (time)*	frente a	*opposite*
cerca de	*near*	fuera de	*outside of, away from*
debajo de	*under*	junto a	*next to*
delante de	*in front of, before*	lejos de	*far from*
	(place)	respecto a	*with respect to*

PRÁCTICA

A. Complete the following with the appropriate simple preposition.

1. Los hijos hablaron *(until)* _____ las once.
2. Los campesinos caminaban *(toward)* _____ la casa.
3. Hay muchas diferencias *(between)* _____ tú y yo.
4. Los padres están *(in)* _____ la cocina.
5. *(During)* _____ la conversación, él me lo explicó.
6. Sus primos son *(from)* _____ el campo.
7. Quieren luchar *(against)* _____ la pobreza.
8. Manuel va a venir *(with)* _____ los boletos.
9. El pueblo vivía *(under)* _____ una dictadura.
10. El jefe está *(before)* _____ sus partidarios.
11. Tenemos que estar *(at)* _____ su casa *(at)* _____ las ocho.
12. *(According to)* _____ el periódico, muchos campesinos se mudan a la ciudad.
13. No puedo vivir *(without)* _____ mi mujer.
14. Había muchos papeles *(on)* _____ la mesa.
15. Tratamos de encontrarlo semana *(after)* _____ semana.
16. Viven en este barrio *(since)* _____ febrero.

B. Complete with the appropriate compound preposition.

1. *(On top of)* _____ la mesa había un televisor.
2. Los obreros se sentaron *(under)* _____ un árbol.
3. *(Opposite)* _____ la casa había una iglesia.
4. Hay muchos árboles *(around)* _____ mi casa.
5. *(Outside of)* _____ la ciudad viven los ricos.
6. *(Before)* _____ salir, ellos querían escuchar los discos nuevos.
7. *(Near)* _____ la choza había un pozo seco.

8. Queríamos estar *(inside of)* _____ la casa.
9. Tenía que quedarse *(behind)* _____ la puerta.
10. Querrían una casa de campo *(next to)* _____ la playa o *(alongside of)* _____ un río.
11. *(Because of)* _____ su pobreza no pueden comprar un vestido nuevo.
12. *(In spite of)* _____ sus dificultades, tenían esperanza.

C. Express the following in Spanish.

1. The workers make the plates by hand.
2. They play football almost every day.
3. Upon entering the house, they put their packages on the table.
4. The professor tried to explain the solution little by little.
5. It's Mary's car, not mine.
6. They were dying of laughter because of the incident.
7. The people left for the bar at nine in the evening.
8. He used to work as a cook.
9. The students went to the beach by bus.
10. They arrived in Chicago before ten o'clock.

D. Complete the following sentences with your own ideas.

1. Voy a divertirme en vez de _____.
2. Yo siempre _____ antes de comer.
3. Voy al cine después de _____.
4. Además de _____, quiero mirar la televisión.
5. Voy a hacer un viaje a España a pesar de _____.

Uses of *Por* and *Para*

The prepositions **por** and **para** are not interchangeable, although both are often translated as *for* in English. Each has its own specific uses in Spanish.*

A. *Uses of* por

1. To translate *through, by, along,* or *around* after verbs of motion.

Pedro entró por la puerta de su choza.
Pedro entered through the door of his hut.

Andaba por la senda junto al río.
He was walking along the path by the river.

Le gusta a ella pasearse por la ciudad.
She likes to walk around the city.

---

*Note that certain verbs such as **pedir, esperar,** and **buscar** include the meaning *for* in the verb itself and therefore never require **por** or **para**.

2. To express the motive or reason for a situation or an action *(because, for the sake of, on account of)*.

No quiero que sufras por falta de trabajo.
I don't want you to suffer because of lack of work.

Lo hace por amor a sus hijos.
He does it because of (out of) love of his children.

3. To indicate lapse or duration of time *(for)*.

Trabajó la tierra seca por tres años.
He worked the dry land for three years.

Irán a la ciudad por seis meses.
They will go to the city for six months.

4. To indicate *in exchange for*.

Compró el machete por veinte pesos.
He bought the machete for twenty pesos.

5. To mean *for* in the sense of *in search of* after **ir, venir, llamar, mandar,** etc.

Fue por la partera.
He went for the midwife.

Fueron a la librería por un libro.
They went to the bookstore for a book.

Vinieron por una vida mejor.
They came for a better life. (looking for)

6. To indicate *frequency, number, rate,* or *velocity*.

Va al pueblo tres veces por semana.
He goes to town three times a week.

¿Cuánto ganas por hora?
How much do you earn per hour?

El límite de velocidad es ochenta kilómetros por hora.
The speed limit is eighty kilometers an hour.

7. To express the manner or means by which something is done *(with, by)*.

Lo vi por mis propios ojos.
I saw it with my own eyes.

Me lo quitó por la fuerza.
He took it from me by force.

Lo mandaron por correo.
They sent it by mail.

8. To express *on behalf of, in favor of, in place of.*

Ayer trabajé por mi hermano.
Yesterday I worked for my brother. (in place of)

El abogado habló por su cliente.
The lawyer spoke for his client. (on behalf of)

Votará por el Sr. Sánchez.
He will vote for Mr. Sanchez. (in favor of)

9. In the passive voice construction to introduce the agent of the verb.

Los frijoles fueron calentados por el vendedor.
The beans were heated by the vendor.

10. To express the idea of something yet to be furnished or accomplished.

Me quedan tres páginas por leer.
I have three pages left to read.

La casa está por construir.
The house is yet to be built.

11. To translate the phrases *in the morning* (*in the afternoon,* etc.) when no specific time is given.

Siempre doy un paseo por la tarde.
I always take a walk in the afternoon.

12. In cases of mistaken identity.

Me tomó por su primo.
He mistook me for his cousin.

B. *Uses of* para

1. To indicate a purpose or goal *(in order to, to, to be).*

Es necesario estudiar para aprender.
It is necessary to study (in order) to learn.

Paco debe salir temprano para llegar a tiempo.
Paco should leave early in order to arrive on time.

Trabajará como mecánico para ganar más dinero.
He will work as a mechanic in order to earn more money.

María estudia para médico.
María is studying to be a doctor.

2. To express destination *(for).*

Salen mañana para la capital.
They leave tomorrow for the capital.

El regalo es para mi novia.
The gift is for my fiancée.

3. To denote what something is used for or intended for *(for)*.

Compré una taza para café.
I bought a cup for coffee (coffee cup).

Es un estante para libros.
It's a bookcase.

Ha de haber escuelas buenas para Panchito.
There must be good schools for Panchito.

4. To express *by* or *for* a certain time.

Comprará unos vestidos para el verano.
She will buy some dresses for summer.

Hará la tarea para el día jueves.
She will do the homework by Thursday.

Esta lección es para mañana.
This lesson is for tomorrow.

5. To indicate a comparison of inequality.

Para una chica de seis años, toca bien el piano.
For a girl of six, she plays the piano well.

6. With the verb **estar** to express something that is about to happen.*

La clase está para empezar.
The class is about to begin.

PRÁCTICA

A. Complete with **por** or **para** as required.

1. Ana estudia _____ maestra.
2. Hemos estado en este barrio _____ dos días.
3. _____ llegar al taller es necesario pasar _____ el parque.
4. La casa fue construida _____ su abuelo.
5. Hay que terminar la tarea _____ las nueve de la noche.
6. Ya es tarde y los obreros están _____ salir de la fábrica.
7. Fueron a la cantina _____ comer.
8. Tengo un cuaderno _____ mis apuntes.

---

*This usage is not universal. In a number of Spanish-speaking countries you would say «está *por* empezar».

9. _____ un chico que habla tanto, no dice mucho de importancia.
10. Nuestros amigos quieren ir al teatro. Nosotros estamos _____ ir también.
11. Estas uvas son _____ ti.
12. Se cayeron _____ no tener cuidado.
13. Debe dejar el coche en el garaje _____ una semana.
14. Recibí las noticias _____ telegrama.
15. No hay suficiente tiempo _____ terminar el trabajo.
16. Lo hice _____ el jefe porque él no podía venir.
17. La choza todavía está _____ construir.
18. No puedo encontrar nada _____ aquí.
19. Nos tomaron _____ españoles pero somos de Italia.
20. Salieron de casa _____ la noche.

B. Retell the story of Manuel in Spanish.

1. Manuel has decided to leave for the capital in order to look for work.
2. For a poor person without a job, he is still an optimist *(optimista* m/f*)*.
3. He is about to leave because he has to be there by Saturday.
4. He will travel by bus along the coast and through the mountains before arriving at the capital.
5. Yesterday he bought a bus ticket *(billete)* for 20 pesos.
6. His wife went to the market for food in order to prepare him a special meal before his departure *(salida)*.
7. He will stay in the capital for two months.
8. He is in favor of working in a shop or a factory if there is a job for him.
9. He believes that there will be more opportunities for his family in the city.
10. The final pages *(páginas)* of the story of Manuel are yet to be written.

Prepositional Pronouns

A. *Nonreflexive prepositional pronouns*

1. The nonreflexive prepositional pronouns are used as objects of a preposition. They have the same forms as the subject pronouns with the exception of **mí, ti**.

mí	*me*	**nosotros, -as**	*us*
ti	*you*	**vosotros, -as**	*you*
Ud.	*you*	**Uds.**	*you*
él	*him, it*	**ellos**	*them*
ella	*her, it*	**ellas**	*them*

2. Some common prepositions followed by the prepositional pronouns:

a	*to*	**en**	*in, on*	**por**	*for, instead of*
ante	*in front of*	**hacia**	*toward*	**sin**	*without*
contra	*against*	**hasta**	*until*	**sobre**	*on, over*
de	*of, from*	**para**	*for*	**tras**	*behind, after*
desde	*since*				

A mí no me gusta ver la televisión.
I don't like to watch television.

Habrá diversiones para ti.
There will be entertainment for you.

No puede vivir sin ella.
He cannot live without her.

3. The third person singular and plural forms may refer to things as well as to people.

No puedo estudiar sin ellos. (libros)
I can't study without them.

4. When **mí** and **ti** follow the preposition **con,** they have the special forms **conmigo** and **contigo**.

¿Vas conmigo o con ellos?
Are you going with me or with them?

Quieren mudarse contigo a la ciudad.
They want to move with you to the city.

5. After the words **como, entre, excepto, incluso, menos, salvo,** and **según,** subject pronouns rather than prepositional pronouns are required in Spanish.

Hay mucho cariño entre tú y yo.
There is a great deal of affection between you and me.

Quiero hacerlo como tú.
I want to do it like you.

6. The neuter prepositional pronoun **ello** is used to refer to a previously mentioned idea or situation.

Estoy harto de ello.
I am fed up with it.

No veo nada malo en ello.
I don't see anything bad about it.

B. *Reflexive prepositional pronouns*

mí	**(mismo, -a)**	**nosotros, -as**	**(mismos, -as)**
ti	**(mismo, -a)**	**vosotros, -as**	**(mismos, -as)**
sí	**(mismo, -a)**	**sí**	**(mismos, -as)**

1. When the subject of the sentence and the prepositional pronoun refer to the same person, the reflexive forms are used. These forms are the same as the regular prepositional pronouns with the exception of **sí**, which is used for all third person forms (singular and plural). When used with **con** the reflexive prepositional pronoun **sí** becomes **consigo**.

El campesino nunca habló de ella.
The peasant never spoke of her.

El campesino nunca habló de sí (mismo).
The peasant never spoke of himself.

Ellas estaban contentas con él.
They were happy with him.

Ellas estaban contentas consigo (mismas).
They were happy with themselves.

2. The adjective **mismo** may be added after any of the reflexive prepositional pronouns in order to intensify a reflexive meaning. In these constructions **mismo** agrees in gender and number with the subject.

Ellas quieren hacerlo para sí mismas.
They want to do it for themselves.

Estamos descontentos con nosotros mismos.
We are unhappy with ourselves.

PRÁCTICA

A. Answer the following questions according to the cues, using the nonreflexive forms of the prepositional pronouns.

1. ¿Para quién(es) son los regalos? *(me / you fam. sing. / him / them / us / her / you pl.)*
2. ¿Con quién(es) han discutido el problema? *(you fam. sing. / me / her / them / you pl. / him)*
3. ¿Contra quién(es) están todos? *(them / you / me / you pl. / him / us / her)*

B. Answer the following questions using the reflexive forms of the prepositional pronouns in place of the object nouns.

Modelo   ¿Traen Uds. los refrescos para los invitados?
No, traemos los refrescos para nosotros mismos.

1. ¿Compras un coche nuevo para tu hermana?
2. ¿Hace tu amiga los ejercicios para el profesor?
3. ¿Está tu amigo descontento con su novia?
4. ¿Va tu primo a construir la casa para su familia?

C. Relate in Spanish the plans that Raúl and Juana are making for a trip to the city with friends.

1. My friends want to go with you *(fam.)* and me to the city.
2. We can't leave without them.
3. They want to talk with you about our plans for the day.
4. According to them, they don't have much money to spend.

5. I don't know why, but your friends always are talking about us and always want to be with us.
6. Between you and me, I don't believe that they want to talk with me about anything.
7. They want to talk about themselves more than they want to talk with us.
8. Smile. They are coming towards us now.
9. Your sister also wants to go with us.
10. I have a bus ticket for her.
11. She knows she can't go without it.
12. She wanted to buy it for herself, but she didn't have any money.

REPASO

I. Express the following statements following the models.

1. Quería una casa que estuviera en la playa.
   I was looking for a house that was on the beach.
   I bought a house that was on the beach.
   I needed a house that was on the beach.
   I found a house that was on the beach.
   I lived in a house that was on the beach.
2. Quiero un ayudante que sea inteligente.
   I have an assistant who is intelligent.
   I am looking for an assistant who is intelligent.
   I need an assistant who is intelligent.
   I prefer an assistant who is intelligent.
   I insist on having an assistant who is intelligent.
3. No hay nada que él pueda hacer.
   There is something that he can do.
   There is no one who can do it.
   There is someone who can do it.
   There is no man who can do it.
   There is a person who can do it.

II. Express your opinions about the following situations by completing the following sentences in a logical manner.

1. Voy a graduarme de esta escuela por _____.
2. Encontraré un trabajo adondequiera que yo _____.
3. Más tarde iré con mi familia a Europa cuandoquiera que ellos _____.
4. Compraré recuerdos *(souvenirs)* para mis amigos por _____.
5. Al volver a casa mostraré todas mis fotos a quienesquiera que _____.
6. Después de tres años voy a casarme con cualquier persona que _____.
7. Durante mi vida no habrá nada que _____.
8. No habrá ninguna novela que _____ tan _____ como mi vida.

III. You are planning to spend a year studying and traveling in Spain. Use **por** or **para** to complete the following paragraph describing your plans.

Ahora estoy listo(a) _____ mudarme a España. Mañana _____ la tarde salgo _____ Madrid. Prefiero viajar _____ barco, pero tengo que estar en la capital _____ el jueves. _____ eso es necesario ir _____ avión. Voy a España _____ estudiar la lengua y literatura españolas. Voy a quedarme allí _____ un año. En la universidad estudio _____ maestro(a) de español. _____ perfeccionar la lengua española, pienso que es importante pasar tiempo en un país donde se habla español.

Hay mucho que hacer antes de salir. Compré dos maletas _____ la ropa, pero todavía están _____ hacer. Mi madre me dijo que las haría _____ mí, si yo no tuviera tiempo _____ hacerlas.

_____ una persona que no ha viajado mucho, no tengo miedo. Espero que los españoles no me tomen _____ turista. Quiero ser aceptado(a) _____ la gente como estudiante, nada más.

IV. With a classmate, discuss your preferences. Be prepared to explain why you prefer certain things. Follow the model.

Modelo   comprar una casa (ser grande, ser pequeña, estar en la playa)
  ESTUDIANTE 1   *Prefiero comprar una casa que sea grande.*
  ¿Y tú?
  ESTUDIANTE 2   *Prefiero comprar una casa que esté en la playa.*

1. casarme con un hombre (una mujer) (ser inteligente / ganar mucho dinero / querer una familia grande / saber divertirse)
2. encontrar un trabajo (pagar bien / ser interesante / ofrecer la oportunidad de progresar / no ser difícil)
3. vivir en una ciudad (tener muchas diversiones / estar en un país extranjero / ofrecer muchas oportunidades)
4. comer en un restaurante (servir platos extranjeros / tener vinos buenos / costar poco)
5. conocer a una persona (saber bailar bien / a quien le gustar los deportes / querer asistir al teatro / ser divertida)

▣ INTERCAMBIOS

EL ARTE DE CONVERSAR

Learning to involve your partner in conversations is an important technique for keeping the conversation going. You can do this by utilizing expressions that ask for confirmation of preceding comments or that request an opinion or information.

Confirmation of Preceding Comments:

Viven en México, ¿no?	*They live in Mexico, right?*
No le (te) gusta bailar, ¿verdad?	*You don't like to dance, right?*

Requesting an Opinion or Information:

Y ¿qué le (te) parece esta idea?	*And how does this idea seem to you?*
Y ¿qué piensa Ud. (piensas)?	*And what do you think?*
¿Qué opina Ud. (opinas) ante este problema?	*What is your opinion of this problem?*
¿Qué sabe Ud. (sabes) de eso?	*What do you know about that?*

Situaciones

Con un(a) compañero(a) de clase, prepare Ud. un diálogo que corresponda a las siguientes situaciones.

1. You have just moved to the city from the country. You are looking for an apartment. You call a realtor and describe the type of apartment you would like.

   a. two bedrooms
   b. preferably two bathrooms
   c. a combination living room, dining room and kitchen
   d. location should be on the ninth floor of an apartment building with a view of the city
   e. a garage for your car
   f. rent of no more than $500.00 per month
   g. tell the agent that you want to live in a quiet neighborhood

2. You have an important appointment with an employment agency. You are late. You get into a taxi and tell the driver:

   a. to drive you to the corner of 16th Street and 8th Avenue fast
   b. ask him how far it is
   c. tell him that your appointment is at 3:00
   d. ask him how much it will cost
   e. ask him if he can make it on time
   f. after arriving, thank him for driving so fast and tell him to keep the change

3. **Buscando empleo.** Ud. tiene una entrevista con el (la) director(a) de personal de una compañía. Ud. le dice a él (a ella) la clase de trabajo que Ud. quiere. El (La) director(a) le describe a Ud. los trabajos que son disponibles con la compañía. Luego le dice a Ud. completar un formulario y dejarlo con el (la) secretario(a), y que él (ella) le llamará a Ud. el viernes.

4. **Una elección política.** Un(a) candidato(a) conservador(a) y un(a) candidato(a) liberal debaten sobre lo que su partido político puede hacer para ayudar a los pobres.

▣ A CONVERSAR

A. Diálogo

Lea Ud. el diálogo. Después conteste las preguntas.

LUISA   ¿Por quién vas a votar en las elecciones?

MARIO   No estoy seguro. Cada candidato tiene sus atractivos. ¿Y tú?

LUISA   Para mí el joven liberal tiene mejores ideas.

MARIO   ¿Qué ideas, por ejemplo?

LUISA   Bueno, quiere ayudar a los pobres. Propone una reforma económica.

MARIO   Esas reformas son peligrosas. Necesitamos reformas que no destruyan la economía del país.

LUISA   Cualquiera que pueda sugerir tendrá algunas desventajas para los ricos.

MARIO   ¿Crees, entonces, que los pobres tienen derecho a vivir del trabajo de los demás?

LUISA   Todos tienen derecho a vivir. Si no pueden trabajar, no los podemos condenar a morirse de hambre.

MARIO   Pero así se les quita la iniciativa.

LUISA   Al contrario, es la falta de esperanza lo que les quita la iniciativa, ¿no crees?

Preguntas

1. ¿De qué hablan Luisa y Mario? 2. ¿Por quién va a votar Luisa? ¿Por qué? 3. ¿Cuál es una de las ideas del candidato joven? 4. A Mario, ¿qué le parecen las reformas? 5. ¿Para quiénes van a tener desventajas las reformas económicas? 6. Según Mario, ¿qué les quita a los pobres la iniciativa de trabajar? 7. Según Luisa, ¿qué les quita la iniciativa? 8. En su opinión, ¿quién tiene razón en cuanto a la iniciativa de trabajar, Luisa o Mario? Explique.

B. Discusión: los problemas contemporáneos

Conteste Ud. las siguientes preguntas y explique sus respuestas.

1. ¿Cuál es el problema más grave con que nos enfrentamos en los Estados Unidos?

    a. el crimen

    b. la inflación

    c. el desempleo

2. ¿Cuál de los siguientes es el problema más grave con que vamos a enfrentarnos en el futuro?

    a. el exceso de población

    b. la contaminación del agua y del aire

    c. la pobreza

3. Si Ud. fuera presidente, ¿a cuál de los siguientes daría Ud. prioridad?

   a. la defensa del país
   b. los programas contra la pobreza
   c. la ayuda económica para las ciudades

4. ¿En cuál de los siguientes programas debe gastar más dinero el gobierno?

   a. una cura para el cáncer
   b. la eliminación de los barrios pobres
   c. empleos para los desocupados

5. ¿Quién es más responsable por el bienestar económico?

   a. el gobierno
   b. los industriales
   c. el individuo

6. Si fuera necesario que el gobierno federal gastara menos, ¿qué gastos podría eliminar?

   a. el apoyo económico para los países extranjeros
   b. los fondos para la educación
   c. los gastos para la defensa nacional

7. ¿Cuál es la causa principal del crimen?

   a. la falta de oportunidades económicas
   b. la disolución de la familia
   c. los prejuicios raciales

C. Temas de conversación o de composición

Con dos compañeros de clase, prepare Ud. un diálogo sobre el tema del crimen y de la violencia. Uno de Uds. es candidato(a) a la presidencia; los otros dos son periodistas que van a hacerle preguntas sobre los siguientes temas.

1. Su actitud hacia los prejuicios raciales, religiosos y sexuales, y la posible relación entre tales actitudes y el crimen y la violencia.
2. El papel de la pobreza como causa del crimen y de la violencia.
3. Otros factores que pueden conducir al crimen y a la violencia.
4. Lo que puede hacer el gobierno para reducir el número de crímenes.
5. Lo que deben hacer la industria y el individuo para reducir el número de crímenes.

D. Descripción y expansión

1. Describa en detalle la escena de la ciudad.

2. Describa en detalle la escena del campo.

3. Opiniones

   a. ¿Le gustaría a Ud. vivir en la ciudad dibujada aquí? Explique.
   b. ¿Le gustaría a Ud. vivir en la parte del campo dibujada aquí? ¿Por qué?
   c. ¿En qué ciudades o regiones rurales ha vivido Ud.? Cuéntele a la clase algo sobre uno de estos lugares.

IMPORTANTE EMPRESA REQUIERE

CONTADOR BILINGÜE (INGLES)

★ Edad 35 a 40 años
★ Sexo masculino
★ Escolaridad Contador Público titulado o L.A.E. con especialidad en Finanzas
★ Cinco años de experiencia en puesto similar
★ Conocimientos de Planeación, Contraloría, Auditoría, Manejo de Presupuestos Administración por objetivos
★ Hombre participativo, analítico y desarrollador de personal

OFRECEMOS:
● Sueldo competitivo
● Paquete de prestaciones que incluye automóvil

INTERESADOS: Favor de enviar Curriculum Vitae. Atención Dirección **CORPORATIVA DE RECURSOS HUMANOS.**AV. AÑO DE JUAREZ 223, colonia Granjas San Antonio, Iztapalapa, D.F., C.P. 09070

MATERIALES AUTÉNTICOS

Se necesita empleo. Ud. acaba de mudarse a la ciudad de México. Busca empleo. Compra el diario, *EXCELSIOR*, y lee los anuncios de empleos. Quiere empleo como contador *(accountant)*. Encuentra este anuncio. Léalo y conteste las preguntas.

1. ¿Qué clase de empresa *(business)* es ésta?
2. ¿A qué clase de persona profesional solicita *(seeks)* esta empresa?
3. ¿Cuántos años debe tener una persona que tenga interés en este puesto *(job, position)*?
4. ¿Es el puesto para hombres o mujeres?
5. ¿Una persona puede ser empleado por la empresa si no tiene Licenciado de Administración Económica? Explique.
6. ¿La empresa busca una persona que tenga cuántos años de experiencia?
7. ¿Cuáles son unos de los conocimientos que una persona necesita?
8. ¿Cómo es el sueldo?
9. ¿Qué incluye el paquete de prestaciones?
10. ¿Qué debe hacer una persona que esté interesado en este puesto?
11. ¿Qué le parece este puesto? ¿Quiere Ud. trabajar en esta empresa? ¿Por qué?

Los movimientos revolucionarios del siglo XX

Estos estudiantes universitarios hacen una manifestación en Caracas, Venezuela. ¿Qué protestan? ¿Hay manifestaciones como ésta en su universidad? Explique.

*(En la mansión de los Hernández Arias. Gonzalo, el
padre, ve entrar a su hijo Emilio.)*

GONZALO Hola, hijo. ¿Viste el periódico? Secuestraron al
señor González[1] y exigen un rescate de dos millones

5 de pesos por su vida.

EMILIO ¡Uy! ¿Quién pagaría eso? El viejo no vale ni la
décima parte.

GONZALO ¡Emilio! No bromees—esto de los secuestros es
muy serio. Mañana voy a contratar un pistolero para

10 que me proteja.

EMILIO ¿Y cómo vas a asegurarte de que no sea espía?
Mientras estén por todas partes esos guerrilleros...

GONZALO ¡Esto es el colmo! La policía tiene que hacer algo
antes de que caiga el gobierno. Estas amenazas al

15 orden legal[2] tienen que ser suprimidas. Mañana en
cuanto llegue a la oficina hablaré con el presidente.

EMILIO Cálmate, viejo, cálmate. No hay nada que puedas
hacer. El orden legal sólo sirve a los poderosos.

GONZALO Pero... ¿y yo? Comencé así, sin nada. Lo que tengo

20 lo gané por mi propio sudor.

EMILIO Y el sudor de los obreros de tus fábricas. Además,
tenías una ventaja grande: una falta de escrúpulos
que te permitía sobrevivir.

GONZALO No permito que me hables así. ¡Es una falta de

25 respeto que no aguanto! Y tú, veo que no desprecias
los automóviles del año, aquellas vacaciones en
Europa el año pasado, los trajes de casimir. Cuando
yo me muera, lo tendrás todo.

EMILIO Sí, tienes razón, papá, pero todo aquello ya pasó.

30 Así me enseñaste, no conocía otra vida. En cuanto
me di cuenta, me sentí terriblemente avergonzado.

GONZALO ¡Pero qué ideas! ¡Yo no te enseñé a ser holgazán!
Bueno, ya que te has arrepentido, debes aprender
algo que te sirva en el futuro.

35 EMILIO Ya lo he hecho, papá. Voy a buscar una vida que me
dé alguna esperanza. En cuanto me despida de ti me
voy a juntar a las fuerzas de liberación[3] en las
montañas.

GONZALO ¿Cómo? Pero, ¿es posible? ¿Dejas todo esto para

40 vivir con ese grupo de bandidos? ¿Estás loco?
¿Quieres matar a tu mamá?

EMILIO Bandidos, no, papá. ¡La ola del futuro! Estamos en
el amanecer de un nuevo orden. Después que
venzamos, habrá justicia, igualdad, solidaridad

45 humana. No habrá resistencia que valga para
impedir este movimiento. ¡Venceremos!

No bromees *Don't
joke, kid*
contratar *to hire /*
pistolero *gunman*
asegurarte *to
assure yourself*
¡Esto es el colmo!
This is the limit!

no desprecias *you
do not scorn*

te has arrepentido
*you have
repented*

GONZALO Pero, hijo. ¿Cómo te atreves? ¡Es una locura! Te arrepentirás.

EMILIO Me voy, papá, me están esperando con el viejo González. Adiós.

GONZALO ¿González? ¡Por Dios! ¡No puede ser! Espera, Emilio. No te vayas. ¡Emilio! ¡No le hagan daño a González! ¡Emilio!

CRIADO Señor, ¡despiértese, despiértese! Habrá sido una pesadilla. ¿Qué pasó? Llamaba a Emilio. Él no ha llegado todavía de la primaria—el chofer fue a recogerlo.

GONZALO ¡Puf! ¡Qué alivio! Soñaba que habían secuestrado al señor González.

CRIADO Pero, señor, aquello pasó anoche. Hoy lo encontraron muerto, el pobre.

EMILIO ¡Hola, papá! ¿Oíste lo del señor González?

NOTAS CULTURALES

1 **Secuestraron al señor González:** El secuestro político es uno de los métodos que usan los guerrilleros hoy día. Por lo general la víctima es alguien de suficiente importancia para que el secuestro cause gran escándalo. El rescate muchas veces consiste en dinero, comida o facilidades médicas para los pobres. Así los guerrilleros ganan cierto apoyo popular. Debido a esta amenaza, muchas personas importantes emplean guardias personales.

2 **Estas amenazas al orden legal:** Muchas veces la falta de orden civil causada por los guerrilleros provoca la caída de los gobiernos débiles o inestables.

3 **me voy a juntar a las fuerzas de liberación:** A veces los hijos de las familias más ricas son los más rebeldes. Es posible que resulte de un sentimiento de enajenación *(alienation)* producido por su vida o de un sentimiento de culpa por lo que tienen, frente a la gran pobreza que los rodea.

VOCABULARIO ACTIVO

Estudie estas palabras.

Verbos

exigir to demand
juntarse a to join
rodear to surround
secuestrar to kidnap
suprimir to suppress
vencer to win

Sustantivos

el alivio relief
el amanecer dawn
la amenaza threat
el apoyo support
el casimir cashmere
el colmo limit

la **culpa**   guilt, blame
el, la **espía**   spy
la **fábrica**   factory
el **guerrillero**   guerrilla fighter
el, la **holgazán, -na**   loafer, idler
la **ola**   wave
la **pesadilla**   nightmare
la **primaria**   elementary school
el **rescate**   ransom
el **secuestro**   kidnapping
el **sudor**   sweat

Adjetivos

avergonzado, -a   ashamed
décimo, -a   tenth
poderoso, -a   powerful

Otras expresiones

en cuanto   as soon as
hacer daño   to harm, hurt

Comprensión

1.   ¿Que le ha pasado al señor González?   2.   ¿Qué rescate exigen?   3.   ¿Para qué quiere un pistolero el señor Hernández?   4.   ¿Con quién va a hablar mañana? 5.   Según Emilio, ¿a quién sirve el orden legal?   6.   ¿Cómo consiguió el señor Hernández su dinero?   7.   ¿Qué tipo de vida ha llevado Emilio?   8.   ¿Por qué se siente avergonzado Emilio?   9.   ¿Qué va a hacer ahora?   10.   ¿Quién despierta al señor Hernández?   11.   ¿Era cierto lo que había soñado él?   12.   ¿Es Emilio joven o viejo?   13.   ¿Cuál fue el resultado verdadero del secuestro?

Opiniones

1.   ¿Cree Ud. que los secuestros ayudan o hacen daño a la causa de los rebeldes? Explique.   2.   En su opinión, ¿cuáles son las injusticias sociales que existen y que provocan revoluciones?   3.   ¿Cree Ud. que es posible resolver los problemas políticos y sociales sin revoluciones violentas? Explique.   4.   Según Ud., ¿cómo se pueden resolver los problemas mundiales?   5.   ¿Tiene Ud. una actitud optimista o pesimista en cuanto al futuro del mundo? ¿Por qué?

▣ ESTRUCTURA

The Subjunctive in Adverbial Clauses (1)

A. Adverbial clauses

An adverbial clause is a dependent clause that modifies the verb of the main clause, and, as an adverb, expresses time, manner, place, purpose, or concession. An adverbial clause is introduced by a conjunction.

Adverbial Clause Denoting Time:

El padre hablará con su hijo tan pronto como llegue de la primaria.
The father will speak with his son as soon as he arrives from school.

Adverbial Clause Denoting Manner:

> Salió sin que nosotros lo viéramos.
> *He left without our seeing him.*

Adverbial Clause Denoting Place:

> Nos encontraremos donde quieras.
> *We will meet wherever you wish.*

Adverbial Clause Denoting Purpose:

> Fueron a la oficina para que ella pudiera hablar con el jefe.
> *They went to the office so that she could speak with the boss.*

Adverbial Clause Denoting Concession:

> Debes ir a la clínica aunque no quieras.
> *You should go to the clinic even though you don't want to.*

In this unit, only adverbial clauses introduced by conjunctions of time will be discussed.

B. *Subjunctive and indicative in adverbial time clauses*

1. The subjunctive is used in adverbial time clauses when the time referred to in the main clause is future or when there is uncertainty or doubt. The following conjunctions usually introduce such adverbial clauses:

antes (de) que*	*before*	hasta que	*until*
cuando	*when*	mientras (que)	*while*
después (de) que	*after*	para cuando	*by the time*
en cuanto	*as soon as*	tan pronto como	*as soon as*

Examples:

> Van a discutirlo antes de que él salga.
> *They are going to discuss it before he leaves.*

> Cuando me muera, lo tendrás todo.
> *When I die you will have everything.*

> Después que venzamos, habrá justicia.
> *After we win there will be justice.*

> Lo haremos en cuanto llegue ella.
> *We'll do it as soon as she arrives.*

---

*__Antes (de) que__ is always followed by the subjunctive because its meaning *(before)* assures that the action in the adverbial clause is in the future.

Los secuestros van a continuar hasta que la policía haga algo.
The kidnappings are going to continue until the police do something.

Hablaré con los periodistas mientras estén en la oficina.
I will speak with the journalists while they are in the office.

Ya habrá regresado para cuando su hija se despierte.
He will have already returned by the time his daughter wakes up.

Dijo que me llamaría cuando él llegara.
He said he would call me when he arrived.

Me avisó que lo haría en cuanto pudiera.
He advised me that he'd do it as soon as he could.

2. If the adverbial time clause refers to a fact or a definite event or to something that has already occurred, is presently occurring, or usually occurs, then the indicative is used. The present indicative or one of the past indicative tenses usually appears in the main clause.

Llegaron después de que la policía rodeó la casa.
They arrived after the police surrounded the house.

Lee una revista mientras toma el desayuno.
He is reading a magazine while he eats breakfast.

Siempre compraba un periódico cuando pasaba por el quiosco.
He always used to buy a newspaper when he passed by the newsstand.

PRÁCTICA

A. Complete with the correct form of the verb in parentheses.

1. Emilio ya estará en casa cuando su papá (despertarse) _____.
2. Emilio ya estaba en casa cuando su papá (despertarse) _____.
3. Van a leer el artículo después de que (comprar) _____ el periódico.
4. Leyeron el artículo después de que (comprar) _____ el periódico.
5. Él mencionará el secuestro mientras (hablar) _____ con su tío.
6. Él mencionó el secuestro mientras (hablar) _____ con su tío.
7. Su papá dormirá hasta que el criado (entrar) _____ en la sala.
8. Su papá durmió hasta que el criado (entrar) _____ en la sala.
9. Ello hablarán con el jefe tan pronto como él (llegar) _____ a la oficina.
10. Ellos hablaron con el jefe tan pronto como él (llegar) _____ a la oficina.
11. Los obreros van a formar un comité en cuanto ellos (encontrar) _____ un líder.

12. Los obreros formaron un comité en cuanto ellos (encontrar) _____ un líder.

B. Substitute the word(s) in parentheses for the italicized verb in the main clause. Restate the sentence making all necessary changes.

1. Emilio no *dice* nada cuando su padre entra. (dirá)
2. En cuanto habla su padre, él no *escucha* más. (escuchará)
3. El criado *se queda* en el cuarto hasta que él se duerme. (se quedará)
4. Ellos *hablan* con su profesor después de que entra en la clase. (hablarán)
5. Ella *trabaja* en la fábrica mientras sus hijos están en la escuela. (trabajará)
6. El periodista *buscó* a los guerrilleros hasta que los encontró. (iba a buscar)
7. Tan pronto como llegó su hijo, *discutieron* los secuestros. (discutirán)
8. Ella *había salido* cuando nosotras llegamos. (habrá salido)

C. Carmen and Ramón have just arrived in Mexico from El Salvador. Rewrite the following letter in Spanish that Carmen has written to her friend Rosa.

Dear Rosa:

We will stay in Mexico until the revolution has ended in Central America. I will tell you about the threats we received before we left El Salvador. Ramón plans to write an article about our experiences as soon as there is time. We will send you a copy after he has written it.

Yesterday the government representatives said that they were going to discuss the problem as soon as we arrived at the embassy *(embajada)*. I don't know why, but they always become angry when we discuss politics with them. We believe that they want to supress the information about the political conditions in Latin America before a newspaper can publish it.

I will call you as soon as we have talked with the embassy officials.

With a hug,

Carmen

D. Express your own views concerning the following topics by completing each sentence.

1. No voy a juntarme a un partido político hasta que _____.
2. Votaré por el presidente cuando _____.
3. Tendremos paz en el mundo tan pronto como _____.
4. Nuestro gobierno apoyará los movimientos revolucionarios cuando _____.
5. La democracia sobrevivirá después de que _____.
6. Habrá pobreza en el mundo hasta que _____.
7. Habrá menos revoluciones cuando _____.
8. Los cambios políticos continuarán hasta que _____.

Demonstrative Adjectives and Pronouns

A. *Demonstrative adjectives*

1. The demonstrative adjectives in Spanish are **este** *(this)*, **ese** *(that)*, and **aquel** *(that)*. **Este** refers to something near the speaker; **ese** refers to something near the person being addressed; and **aquel** refers to something which is distant or remote from both the speaker and the person addressed.

   Voy a comprar este traje de casimir.
   I am going to buy this cashmere suit.

   Tomemos ese taxi.
   Let's take that taxi.

   Prefiero aquel hotel.
   I prefer that hotel over there.

2. Demonstrative adjectives agree in gender and number with the nouns they modify. These are the forms:

este	**esta**	*this*	**estos**	**estas**	*these*
ese	**esa**	*that (near you)*	**esos**	**esas**	*those (near you)*
aquel	**aquella**	*that (over there)*	**aquellos**	**aquellas**	*those (over there)*

3. Although demonstrative adjectives usually precede the noun, they may also follow, in which case a definite article precedes the noun.

   El chico este es muy travieso.
   This boy is very mischievous.

B. *Demonstrative pronouns*

1. The demonstrative pronouns are identical in form to the demonstrative adjectives, except that the pronouns have a written accent: **éste (-a, -os, -as); ése (-a, -os, -as); aquél (-lla, -llos, -llas)**. They agree in gender and number with the noun they replace.

   Este periódico es mejor que ése.
   This newspaper is better than that one (near you).

   Estos hombres son más simpáticos que aquéllos.
   These men are nicer than those (over there).

   Note that demonstrative adjectives and pronouns are frequently used in the same sentence, and that the singular forms of the pronouns usually mean *this one* or *that one*.

2. The **éste** and **aquél** forms are also used to express *the latter* (**éste**) and *the former* (**aquél**).

Raúl y Tomás son ciudadanos de México; éste es de Guadalajara y aquél es de Puebla.

Raúl and Tomás are citizens of México; the latter is from Guadalajara and the former is from Puebla.

Miguel y Carmen son mis mejores amigos; ésta es de Buenos Aires y aquél es de La Paz.

Miguel and Carmen are my best friends; the latter is from Buenos Aires and the former is from La Paz.

C. Neuter demonstratives

The neuter demonstrative pronouns **esto, eso,** and **aquello** are used to refer to abstract ideas, situations, or unidentified objects. These forms have no accents.

No creo eso.
I don't believe that (what you just said).

¿Oíste aquello? ¿Qué será?
Did you hear that? I wonder what it is.

¿Qué es esto?
What is this?

PRÁCTICA

A. Complete with the correct form of the demonstrative adjective or pronoun.

1. *(These)* _____ amenazas tienen que ser suprimidas.
2. *(This)* _____ hombre es más holgazán que *(that one)* _____.
3. *(These)* _____ fábricas son más grandes que *(those over there)* _____.
4. En *(those)* _____ tiempos los obreros no vivían de *(this)* _____ manera.
5. No queremos ver *(this)* _____ película, sino *(that one)* _____.
6. Me gusta *(this)* _____ vida más que la vida de la ciudad.
7. A mí no me gustan *(these)* _____ vestidos; prefiero *(those over there)* _____.
8. ¿Qué es *(that)* _____ que tú tienes en la mano?

B. Restate the following dialogue in Spanish.

VICENTE   They kidnapped don Gonzalo near that factory last night.
TOMÁS   This is a photo of the guerrilla fighters that are asking for a ransom.
VICENTE   These two men, Roberto y Juan García, are brothers; the latter is a lawyer, the former is a teacher.
TOMÁS   That man next to the car is don Gonzalo's son.
RAMÓN   Which man, this one or the one (over there) on the other side of the car?

VICENTE	That one. Can you believe this?
RAMÓN	This is ridiculous. That man can't be his son. Emilio doesn't live in this city now.
TOMÁS	You're right. I hope this nightmare ends soon.

The Reciprocal Construction

1. The reflexive pronouns **nos** and **se** are used to express a reciprocal or mutual action. When used in this manner, they convey the meaning of *each other* or *one another*.

    Nos escribimos todos los días.
    We write one another every day.

    No se entienden.
    They do not understand each other.

2. Occasionally it is necessary to clarify that this construction has a reciprocal rather than a reflexive meaning. This is done by using an appropriate form of **uno... otro (uno a otro, la una a la otra, los unos a los otros,** etc.).*

    Nosotros nos engañamos.
    We deceived ourselves.

    Nosotros nos engañamos el uno al otro.
    We deceived each other.

    Ellos se mataron.
    They killed themselves.

    Ellos se mataron los unos a los otros.
    They killed one another.

3. When *each other* (or *one another*) is the object of a preposition, the reflexive pronoun is not used unless the verb is reflexive to begin with. Instead, the **uno... otro** formula is used with the appropriate preposition.

    Suelen hablar bien el uno del otro.
    They generally speak well of each other.

    Los vi pelear los unos contra los otros.
    I saw them fighting (against) each other.

    BUT

    Se quejaron los unos de los otros.
    They complained about each other.

---

*The use of the definite article is optional with these clarifying phrases: **Ellas se escriben una a otra.** OR **Ellas se escriben la una a la otra.** Note that the masculine forms of these clarifying phrases are always used unless both subjects are feminine.

PRÁCTICA

A. Ask a classmate the following questions.

1. ¿Se ayudan siempre sus amigos?
2. ¿Se conocieron Uds. hace mucho tiempo?
3. ¿Se escriben Uds. con frecuencia?
4. ¿Nos encontraremos en el café esta tarde?
5. ¿Nos vemos los sábados en el centro?

B. Express the following in Spanish, using the **uno a otro** construction only when necessary.

1. They saw each other at the factory.
2. We talked with each other at the wake.
3. María and Carlos write to each other every week.
4. The girls looked at each other with surprise.
5. My friend and I always give each other gifts.
6. They help each other with the lesson.
7. We woke up at eight.
8. We woke each other up at ten.

C. You have a very close friend. Describe your relationship using the reciprocal construction.

Modelo   ayudar / con nuestros estudios
               Nos ayudamos con nuestros estudios.

1. ver / después de clase todos los días
2. encontrar / todas las tardes en la cafetería para tomar refrescos
3. prestar / dinero
4. escribir / durante los veranos
5. hablar por teléfono / con frecuencia
6. dar / regalos

The Reflexive for Unplanned Occurrences

An additional use of the reflexive pronoun **se** is to relate an accidental or unplanned occurrence. In these reflexive constructions an indirect object pronoun is added to refer to the person involved in the occurrence, and the verb agrees in number with the noun that follows it. This construction also removes the element of blame from the person performing the action. Verbs that are frequently used in this construction are **perder, romper, olvidar, acabar, quedar, caer, ocurrir.**

Se me olvidó el dinero.
I forgot the money. (The money got forgotten by me.)

Se nos perdieron los periódicos.
We lost the newspapers. (The newspapers got lost on us.)

A Pedro se le rompió el machete.
Pedro broke the machete. (The machete got broken on Pedro.)

Al chófer se le perdieron las llaves.
The driver lost the keys. (The keys got lost on the driver.)

PRÁCTICA

A. Change the statements to a reflexive **se** construction in order to indicate an unplanned occurrence.

Modelo   Alicia olvidó los libros.
              A Alicia se le olvidaron los libros.

1. Los chicos rompieron los platos.
2. Perdimos el dinero.
3. Olvidaste el periódico.
4. Tengo una idea. (*Use **ocurrir** in the answer.*)
5. El chico rompió el disco.
6. Olvidamos los boletos.

B. It has been a hectic day at the González residence. Relate what happened in Spanish according to the family's son.

1. My father forgot the airline tickets.
2. I broke the mirror in the bathroom.
3. My little sister lost her history book.
4. My brother dropped his glass of milk.
5. My mother broke two plates.
6. She had a good idea. Leave and never return home.

Now state some things that you forgot today.

C. Ask a classmate the following questions.

1. ¿Se le acabó la conferencia anoche antes de llegar el público?
2. ¿Se le olvidaron sus libros hoy?
3. ¿Se le perdió la tarea para hoy?
4. ¿Se le olvidó el mapa para su presentación?
5. ¿Se le olvidaron los apuntes que le presté?
6. ¿Se nos olvidaron nuestras composiciones?

REPASO

1. Read the model sentence. Then express the sentences following it in Spanish.

1. Él me llama cuando viene a la ciudad.
    He will call me when he comes to the city.
    He called me when he came to the city.

He said that he would call me when he came to the city.
2. Ellos lo discuten hasta que lo resuelven.
They will discuss it until they solve it.
They discussed it until they solved it.
They said that they would discuss it until they solved it.
3. Mi padre lo lee antes de que yo llegue.
My father will read it before I arrive.
My father read it before I arrived.
My father said that he would read it before I arrived.

II. Fill in the blanks with the correct demonstrative pronoun or adjective.

1. *(This)* _____ clase es más interesante que *(that one)* _____.
2. *(These)* _____ estudiantes estudian más que *(those)* _____.
3. Quiero comprar unos libros. Me gustan *(this one)* _____ y *(that one)* _____.
4. No puede creer *(that)* _____.
5. ¿Qué es *(this)* _____?
6. *(These)* _____ ruinas son magníficas. *(Those)* _____ son menos impresionantes.
7. *(That)* _____ profesor siempre hace *(these)* _____ mismas preguntas.
8. Emilio vive en *(that)* _____ mansión. Yo vivo en *(this one)* _____.

III. Tell when it will be necessary for you to do the following things.

Modelo   estudiar
            Será necesario estudiar cuando haya un examen.

1. buscar empleo
2. votar
3. hablar con mis padres
4. comprar un regalo para mi novio(a)
5. escribir los ejercicios
6. comer
7. acostarme
8. levantarme al amanecer

Tell two additional things that it will be necessary for you to do.

IV. Ask a classmate the following questions.

1. ¿Me comprarás una taza de café cuando tengas tiempo?
2. ¿Me ayudarás hasta que yo comprenda la lección?
3. ¿Me darás todo tu dinero tan pronto como llegues a clase mañana?
4. ¿Me llevarás al baile después de que comamos en un buen restaurante esta noche?

5. ¿Contestarás todas las preguntas antes de que salgas hoy?
6. ¿Te callarás en cuanto yo te diga las respuestas?
7. ¿Me escribirás una carta cuando estés de vacaciones?
8. ¿Siempre me hablarás en español dondequiera que tú me veas?

Now ask your classmate two of your own questions.

▣ INTERCAMBIOS

EL ARTE DE CONVERSAR

At times it may be necessary to interrupt a conversation if the other person refuses to stop talking. Expressions that can be used to interrupt a conversation are listed here.

Bueno, pero es mi opinión que…	*OK, but it's my opinion that . . .*
Sí, pero creo que…	*Yes, but I believe that . . .*
Sí, pero un momento…	*Yes, but just one moment . . .*
¿Me permite(s) decir algo?	*May I say something?*
Pero, déjeme (déjame) decir…	*But, allow me to say . . .*
Mire(a), yo digo que…	*Look, I say that . . .*
Quisiera decir algo ahora.	*I would like to say something now.*

SITUACIONES

Con un(a) compañero(a) de clase, prepare Ud. un diálogo que corresponda a las siguientes situaciones.

1. You are a newspaper reporter. You have the opportunity to interview a distinguished government official about current issues related to international politics. You ask:
   a. what are the most serious problems facing the world today that must be solved if we are to have peace.
   b. if all nuclear weapons should be destroyed.
   c. if political revolutions will continue to take place and why.
   d. if governments are capable of resolving political, economic, and social problems.

2. You go to a newsstand to buy a magazine for your political science class. In your conversation with the clerk:
   a. you ask if there is a magazine from Latin America that has articles about the politics and economy of the region.
   b. you tell him that you need it for your political science class.
   c. you tell him that you are looking for an article about the political life of Peru.
   d. after choosing a magazine, you ask if he has newspapers from other foreign countries.
   e. you thank him for helping you as you leave.

3. **Un secuestro.** Ud. ha leído un artículo en un diario de México sobre el secuestro de un hombre de negocios de los Estados Unidos. Los terroristas piden un rescate de tres millones de dólares. Con un(a) amigo(a) discute si los secuestros y otros actos de terrorismo pueden resolver los problemas políticos y sociales del mundo o si la situación llega a ser peor.

4. **Un congreso** *(meeting)* **internacional.** Uds. participan en un congreso internacional de estudiantes universitarios. Ud. es pesimista en cuanto a la posibilidad de tener paz mundial y explica por qué. Su compañero(a), siendo optimista, dice que el mundo va a vivir en paz y ofrece sus razones para creer eso.

▣ A CONVERSAR

A. *Diálogo*

Lea Ud. el diálogo. Después, conteste las preguntas.

ANDRÉS	¿Vas para casa, Mauricio? Camino contigo. Necesitamos hablar.
MAURICIO	Sí, claro. ¿Hay alguna novedad?
ANDRÉS	Pues, te quería hablar de la falta de seguridad en nuestro barrio.
MAURICIO	Es un problema grave, ¿no? Uno no puede salir de noche.
ANDRÉS	¿Salir? Anoche les robaron a los García en su propia casa.
MAURICIO	¡No me digas! ¡Esto es el colmo! ¿Qué haremos?
ANDRÉS	Ya hemos hablado con las autoridades. No van a hacer nada hasta que haya una muerte u otra tragedia.
MAURICIO	Tenemos que hacer algo antes de que eso acontezca.
ANDRÉS	¿Qué te parece si formamos una guardia de vecinos aquí en el barrio?
MAURICIO	No sé. Eso es muy serio. Sería peligroso.
ANDRÉS	No vacilarías si atacaran a los tuyos, ¿verdad?

Preguntas

1. ¿De qué quiere hablar Andrés con Mauricio?   2. ¿Cómo es el problema?   3. ¿Qué les pasó a los García anoche?   4. ¿Cuándo van a hacer algo las autoridades?   5. Según Andrés, ¿qué deben hacer para proteger a la gente del barrio?   6. ¿Qué le parece a Mauricio la idea?   7. En unas ciudades de este país se han formado unas guardias de vecinos para proteger los barrios. ¿Qué opina Ud. de eso? Explique.

B. *Temas de conversación o de composición*

Al comentar un problema, cedemos a veces a la tentación de expresarnos en términos absolutos (blanco-negro) en vez de reconocer todas las posiciones posibles frente al problema. Sin embargo, sabemos que es posible tomar una posición conservadora, moderada, liberal, radical o revolucionaria frente a muchos problemas. Veamos un ejemplo:

Problema: el control de la natalidad *(birth control)*
Posición conservadora: El gobierno no debe hacer nada para controlar el número de nacimientos; es una cuestión individual.
Posición moderada: El gobierno puede educar a los ciudadanos, pero no debe tratar de establecer leyes para controlar la natalidad.
Posición liberal: El gobierno debe promulgar ciertas leyes que fomenten el uso de los métodos artificiales para controlar la natalidad.
Posición radical: El gobierno tiene el derecho de esterilizar a toda pareja que tenga más de dos hijos.
Posición revolucionaria: Primero es necesario cambiar completamente el sistema de gobierno; entonces los nuevos gobernantes podrán establecer leyes sobre el asunto como mejor les parezca.

En grupos de cinco, identifiquen Uds. las posiciones conservadoras, moderadas, liberales, radicales y revolucionarias frente a los siguientes problemas:

1. la distribución de la riqueza en los Estados Unidos
2. el uso de las drogas
3. el control de las grandes industrias multinacionales
4. la libertad de prensa

Después, presenten Uds. oralmente o en forma escrita las posiciones. Comparen Uds. sus opiniones con las de los otros grupos.

C. *Descripción y expansión*

1. Describa Ud. en detalle lo que se ve en la escena en la próxima página.

2. Indique Ud. algunas de las condiciones que vemos aquí que causan revoluciones.

3. Compare Ud. las condiciones de esta escena con las condiciones que existen en su ciudad.

4. Opiniones

   a. En su opinión, ¿qué debe o puede hacer los Estados Unidos para eliminar la pobreza y la injusticia social en el mundo?

   b. ¿Cree Ud. que las revoluciones que han ocurrido en varios países hispanoamericanos realmente hayan mejorado la situación del pueblo? ¿Por qué sí o por qué no?

   c. ¿Puede un país salir del subdesarrollo *(underdevelopment)*? Explique.

   d. Muchos hispanoamericanos consideran que los EE.UU. es al menos en parte responsable de los problemas de sus países. Comente.

MATERIALES AUTÉNTICOS

Los movimientos revolucionarios del siglo XX. Hubo y hay movimientos revolucionarios en varias partes del mundo durante este siglo. Dos de estos movimientos tuvieron lugar en El Salvador y en Guatemala. Lea el artículo en la página 210, que se publicó en *EXCELSIOR* que trata este asunto y conteste las preguntas.

1. Según el artículo, ¿quiénes van a volver en 1992? ¿Quién dijo esto?
2. ¿Qué da el Acuerdo *(agreement, treaty)* en El Salvador a Guatemala?
3. ¿Qué tuvo lugar en Latinoamérica durante los sesenta?
4. ¿A qué respondieron estos movimientos?
5. ¿Con quién configuraron los jóvenes este ideal político?
6. ¿En cuál de los movimientos revolucionarios participó este político y guerrillero?
7. Según el artículo, ¿qué está pasando ahora a esos movimientos revolucionarios?
8. Según Alejandro Maldonado Aguirre, ¿qué va a dar nuevas perspectivas a la solución del conflicto guatemalteco?
9. Si él tiene razón, ¿qué pasará en 1992 en Guatemala?
10. ¿Qué «abre evidentemente un proceso de realismo en el conflicto guatemalteco»?

EXCELSIOR Martes 7 de Enero de 1992

En 92 Volverán los Refugiados: Maldonado A.

"El Acuerdo en El Salvador da Esperanzas de paz a Guatemala"

MARTA ANAYA

Los movimientos armados de los años sesenta en América Latina, respondieron al ideal político que muchos jóvenes en el continente configuraron con la imagen del Che Guevara en la revolución cubana. Ahora, esos movimientos han comenzado a desaparecer.

Alejandro Maldonado Aguirre, embajador de Guatemala en México, estimó que el Acta de Nueva York y la firma concluyente de la paz en México – el próximo 16 de enero – entre el F.M. L.N. y el gobierno salvadoreño, da nuevas perspectivas a la solución del conflicto guatemalteco.

Señaló además que 1992 será "el año del retorno" de los refugiados guatemaltecos que se encuentran en territorio mexicano. "Se está trabajando intensamente el eso," declaró.

Y sobre la firma de la paz en El Salvador, manifestó que con el ambiente político que se conformará con la presencia de los jefes de Estado en esta ceremonia, "se abre evidentemente un proceso de realismo en el conflicto guatemalteco."

La educación en el mundo hispánico

Estos estudiantes universitarios asisten a la Universidad de Barcelona. ¿De qué estarán hablando ahora?

(Los alumnos del Colegio San Martín[1] esperan la llegada del profesor de historia.)

	PACO	Oye, Beto, ¿has preparado la lección para hoy?
	BETO	Muy poco. Iba a estudiar pero llegaron unos amigos
5		y nos fuimos a «La Gitana» para hojear el nuevo
		número de «Superhombre».
	PACO	¿Y tú, Manolo?
	MANOLO	Sí, leí el capítulo dos veces e hice un esquema de las
		fechas.
10	PACO	Pues, mi padre me mandó a la tienda por tabaco y
		me quedé ahí a charlar con Tonia para ver si quería
		ir al cine el domingo. Al volver no tuve tiempo de
		estudiar. ¿Me puedes hacer un resumen del capítulo
		para que sepa responder si el maestro me hace una
15		pregunta?
	MANOLO	Cuando te haga una pregunta, te paso la respuesta.
		¿Vale?
	PACO	Ah, este Manolo, siempre lo sabe todo. ¿Por qué
		estudias tanto?
20	MANOLO	Lo hago para poder entrar en la Facultad de Medi-
		cina.[2] Papá se muere por verme médico. Si no salgo
		bien en los exámenes este año, temo que me eche de
		casa. ¿No piensas entrar en una universidad?
	PACO	Sí, pero en Comercio, para que pueda trabajar con
25		el viejo en su fábrica. Pero, ¿para qué tanta prisa? Si
		no apruebas este año[3] será el otro. Aquí uno se
		divierte más—allá en la «uni» la cosa se pone seria.
	BETO	Es lo que digo yo. Ya llevo siete años aquí. Hasta el
		portero sabe mi nombre.
30	PROFESOR	*(Entrando)* Buenos días, jóvenes. El tema de esta
		semana es la Primera Guerra Mundial.
	PACO	Pssst, Manolo, ¿ganamos esa guerra?
	MANOLO	Cállate, idiota, fue una guerra europea.
	PROFESOR	Primero vamos a hablar de las causas inmediatas de
35		aquella gran tormenta que sacudió el mundo…
	PACO	Beto, mira a Nacho—ya se durmió.
	PROFESOR	En 1914 la guerra fue declarada por Alemania…
	PACO	¿Para qué quiero yo saber estas cosas? Superhombre
		es más interesante.
40	MANOLO	No seas bruto. No te gradúas sin que lo sepas, a
		menos que te hagan preguntas sobre Superhombre
		en los exámenes.
	PROFESOR	Cuando en 1915 fue atacado el navío Lusitania…
	PACO	Oye, Beto, ¿quieres ver este número? Superhombre
45		se encuentra en una batalla en Verdún. No sé dónde
		queda eso pero…
	PROFESOR	Si no dejas de cuchichear, Paco, serás expulsado de
		la clase. ¿Entiendes?

Marginal glosses:
hojear *to leaf through (book)*
sacudió *shook*
bruto *idiot, dolt*
cuchichear *to whisper* / serás expulsado *you will be expelled*

50	PACO
	PROFESOR
55	PACO

PACO Ah, sí, perdone, Beto y yo estábamos comentando un libro que leí recientemente sobre ese mismo asunto de la guerra. Se lo recomendaba a Beto.

PROFESOR Bueno, después de que terminemos aquí, te quiero ver en mi oficina. Con tal que me des un informe completo sobre ese libro, te perdono.

PACO Pero Profesor, tengo sólo unos quince minutos antes de la próxima clase. Manolo, ¿qué hago ahora? ¡Sí que estoy perdido!

▣ NOTAS CULTURALES

1 **Colegio San Martín:** El colegio más o menos equivale a la escuela secundaria en los Estados Unidos. El alumno termina el «bachillerato» cuando tiene unos 16 o 17 años. Por lo general, es necesario seguir un curso preparatorio antes de entrar en la universidad.

2 **Facultad de Medicina:** En el sistema hispánico, que tiene por modelo el europeo, uno entra directamente en la escuela profesional (por ejemplo, Medicina), donde se recibe toda la instrucción a nivel universitario. La Facultad de Filosofía y Letras, que equivale más o menos a *Liberal Arts,* se dedica a las humanidades y a preparar maestros. «Facultad» significa lo mismo que *college* o *school* en las universidades norteamericanas.

3 **Si no apruebas este año:** El sistema hispánico requiere que el alumno apruebe varias materias (requisitos) por medio de los exámenes finales—por lo general, exámenes orales y escritos. El alumno repite las materias hasta aprobarlas.

▣ VOCABULARIO ACTIVO

Estudie estas palabras.

Verbos

aprobar (ue) to pass (exams)
graduarse to graduate

Sustantivos

el bachillerato course of study leading to a secondary school degree
el colegio secondary school
el comercio business
el esquema outline
la facultad college, school of a university

la materia academic subject
el navío ship
el nivel level
el número issue, copy, number
el portero doorman
la prisa haste, hurry
el resumen summary
la tormenta storm, upheaval

Otras expresiones

a menos que unless
con tal que provided that
morirse por to be dying to
Primera Guerra Mundial World War I
¿vale? O.K.?

Comprensión

1. ¿Por qué no ha estudiado Beto la lección? 2. ¿Quién ha estudiado más? 3. ¿Para qué quiere Paco un resumen del capítulo? 4. ¿Por qué estudia tanto Manolo? 5. ¿En qué facultad va a entrar Paco? 6. ¿Cuánto tiempo lleva Beto en el colegio? 7. ¿Por qué se enoja el profesor? 8. ¿Sobre qué hablaban Paco y Beto? 9. ¿Para qué tiene Paco que ir a la oficina del maestro? 10. ¿Qué le dice Paco al profesor para no tener que ir a su oficina?

Opiniones

1. ¿A Ud. le gusta estudiar la historia europea? ¿Por qué? 2. ¿Para qué estudia Ud.? 3. ¿Cuál es su materia favorita? 4. ¿Piensa Ud. que las escuelas secundarias preparan bien a los jóvenes para sus estudios en la universidad? Explique. 5. ¿Qué clases de la universidad requieren que Ud. apruebe muchos exámenes? 6. ¿En qué facultad de la universidad está Ud.? 7. ¿Cuándo va Ud. a graduarse? 8. ¿Qué va a hacer Ud. después de graduarse?

▣ ESTRUCTURA

The Subjunctive in Adverbial Clauses (2)

A. *The subjunctive after certain adverbial conjunctions*

The subjunctive is always used in adverbial clauses introduced by the following conjunctions denoting purpose, proviso, supposition, exception, or negative result.

a fin (de) que	*so that, in order that*	en caso (de) que	*in case*
a menos que	*unless*	para que	*so that, in order that*
a no ser que	*unless*	siempre que	*provided that*
con tal (de) que	*provided that*	sin que	*without*

Examples:

Te perdono con tal de que me des un informe sobre ese libro. ¿Vale?
I'll excuse you provided you give me a report on that book. O.K.?

En caso de que el maestro te haga una pregunta, te paso la respuesta.
In case the teacher asks you a question, I'll pass you the answer.

Paco no puede salir bien en el examen a menos que sus amigos lo ayuden.
Paco cannot do well on the exam unless his friends help him.

Entramos sin que ellos nos vieran.
We entered without their seeing us.

Lo hago para que él pueda entrar en la universidad.
I'm doing it so that he can enter the university.

B. Subjunctive versus indicative

1. The conjunctions **de manera que** and **de modo que** *(so that, in order that)* may express either result or purpose. When they introduce a clause expressing purpose, the subjunctive follows. When they introduce a clause expressing result, the indicative follows.

Lo pongo aquí de modo que nadie lo encuentre.
I'm putting it here so that no one will find it. (purpose)

Escribe de manera que nadie lo pueda leer.
He writes so that no one can read it. (purpose)

    BUT

Escribió con cuidado de manera que todos lo podían leer.
He wrote carefully so that everybody was able to read it. (result)

2. The subjunctive is used in an adverbial clause introduced by **aunque** *(although, even though, even if)* if the clause refers to an indefinite action or to uncertain information. If the clause reports a definite action or an established fact, then the indicative is used.

No lo terminaré hoy aunque trabaje toda la noche.
I won't finish it today even if I work all night.

Lo compraremos aunque él no quiera pagarlo.
We will buy it even though he may not want to pay for it.

    BUT

No lo terminé, aunque trabajé toda la noche.
I didn't finish it even though I worked all night.

Lo compramos aunque él no quería pagarlo.
We bought it even though he didn't want to pay for it.

PRÁCTICA

A. Change the verbs in the following sentences from the present to the past.

1. Le hacen un esquema del capítulo para que él sepa responder a las preguntas del maestro.
2. Se lo repite para que ellos aprendan la historia de la Primera Guerra Mundial.
3. Quieren ir a «La Gitana» con tal de que Beto vaya también.
4. Lo hago con tal de que Uds. me ayuden.
5. Ellos se hablan sin que el profesor los oiga.
6. Mi padre siempre me presta dinero sin que yo se lo pida.
7. No va a graduarse a menos que estudie más.
8. No puede prestar atención en la clase a menos que se acueste temprano.

9. Vamos a prepararnos rápidamente en caso de que tengamos que hacer un resumen oral del capítulo.
10. En caso de que salga mal en el examen, no podrá entrar en la Facultad de Medicina.

B. Complete with the appropriate form of the verb in parentheses.

1. Quiere comprarlo con tal de que no (costar) _____ mucho.
2. No podremos invitarlos a menos que tú (traer) _____ bastante comida para todos.
3. Ellas no pueden salir sin que nosotros las (ver) _____.
4. No puedo contestar a menos que ellos me (ayudar) _____ con esta lección.
5. En caso de que a él no le (gustar) _____, tendremos que devolverlo.
6. Ellos no iban a menos que nosotros los (acompañar) _____.
7. Los chicos se hablaban sin que él lo (saber) _____.
8. Yo traje el dinero en caso de que Uds. lo (necesitar) _____.
9. Querían acompañarnos con tal que (volver) _____ temprano.
10. Él no quiere ir a menos que la tienda (estar) _____ cerca.
11. Ella habló despacio para que ellos la (entender) _____.
12. Les preguntaremos a ellos a fin de que nosotros (saber) _____ las respuestas.
13. Vamos a salir esta noche aunque (llover) _____.
14. Aunque él no (haber) _____ estudiado, va a asistir a la clase.
15. Salí rápidamente de modo que se me (olvidar) _____ el libro.
16. Hablaré despacio de manera que todos me (entender) _____.

C. Relate in Spanish a day in the life of Beto, a student in the Colegio de San Martín.

1. Beto used to be able to go out with his friends provided he had his father's permission.
2. But this time, Beto left without his father knowing it.
3. Even though it was late, he went to meet his friends at the store so that they could look at the new magazines.
4. Later, he wants to go to the library with his friends, provided there is enough time to study.
5. Although it may be late, they have to do their homework.
6. Beto and his friends realize that they won't know the answers unless they read the lesson.
7. They will also do well on the exam provided they have studied enough.
8. If [In case] they arrive late, the library will be closed.
9. If that happens, they will have to return home unless they can find another place to study.

D. You and everyone you know plan to do something during vacation unless something interferes. Tell what everyone is going to do, following the model.

Modelo   Mis padres irán a la Argentina / recibir el pasaporte
Mis padres irán a la Argentina a menos que no reciban el pasaporte.

1. Yo iré a México / tener dinero
2. Los estudiantes irán a la playa / hacer buen tiempo
3. Gloria irá al teatro / poder comprar las entradas
4. Tú irás de compras / estar en el centro
5. Nosotros iremos al estadio / haber un partido de fútbol

E. Describe some of the things you and your friends plan to do provided that certain conditions exist. Follow the model.

Modelo   Yo estudiaré mucho / la biblioteca estar abierta
Yo estudiaré mucho con tal que la biblioteca esté abierta.

1. Tú aprenderás mucho / el profesor enseñar bien
2. Teresa hablará español / alguien poder entenderla
3. Ramón y yo bailaremos / la orquesta tocar un tango
4. Mis amigos estudiarán en España / la universidad les dar crédito
5. Yo asistiré a esta universidad / ofrecerme una beca

Now state four other things you plan to do provided certain conditions exist.

Adverbs

A. *Formation*

1. Most adverbs in Spanish are formed by adding **-mente** to the feminine singular form of an adjective. If an adjective has no feminine form, **-mente** is added to the common form.

rápido, -a	rápidamente	feliz	felizmente
cariñoso, -a	cariñosamente	fácil	fácilmente
perfecto, -a	perfectamente	elegante	elegantemente

Note that if the adjective contains a written accent, the adverb retains it.

2. In spoken language, adjectives are frequently used as adverbs.

a. If the only function of such an adjective is to modify the verb in the sentence, the masculine singular form of the adjective is used.

Ellos hablaron rápido.
They spoke rapidly.

No saben jugar limpio.
They don't know how to play fair(ly).

b. Sometimes, however, such an adjective modifies both the verb and the subject of a sentence to some extent. In this case the adjective agrees in gender and number with the subject.

Los jóvenes vivían felices.
The young people lived happily.

Ellas se acercan contentas.
They are approaching contentedly.

c. Adverbs are also formed by using **con** plus a noun.

claramente	con claridad
fácilmente	con facilidad
rápidamente	con rapidez

B. *Usage*

1. When an adverb modifies a verb, it usually follows it or is placed as close as possible to it.

Paco estudió rápidamente la lección.
Paco studied the lesson rapidly.

2. When an adverb modifies an adjective, it usually precedes it.

Esta lección es perfectamente clara.
This lesson is perfectly clear.

3. When two or more adverbs modifying the same word occur in a series, only the last adverb has the **-mente** ending.

Habló clara, rápida y enfáticamente.
He spoke clearly, rapidly, and emphatically.

4. When more than one word in a sentence is modified by an adverb, the last adverb may be replaced by **con** plus a noun for variety.

Estudia diligentemente el francés y lo habla con claridad.
She studies French diligently and speaks it clearly.

PRÁCTICA

A. Form adverbs from the following adjectives, then use each in a sentence.

1.	completo	5.	natural
2.	sencillo	6.	directo
3.	cortés	7.	gradual
4.	magnífico	8.	alegre

B. Tell how the following people act because of certain personality traits. Follow the model.

Modelo Elena es seria.
Estudia seriamente.

1. Carlos es inteligente. Habla _____.
2. Iturbide es profesional. Toca el piano _____.
3. Alfonso y Carlos son diligentes. Trabajan _____.
4. Tú eres lógico. Contestas mis preguntas _____.
5. Nosotros somos tranquilos. Comemos _____.

C. Ask a classmate the following questions. He or she is to respond using an adverb ending in **-mente**.

1. ¿Escribes las composiciones con claridad?
2. ¿Tu familia te llama con frecuencia?
3. ¿Tu cantante *(singer)* favorito canta con tristeza?
4. ¿Lees el periódico con rapidez todos los días?
5. ¿Haces la tarea con facilidad?

D. Several students are describing one of their professors. Tell what they are saying in Spanish.

1. She writes easily and quickly on the chalkboard.
2. She patiently helps all of her students.
3. The students participate happily and talk cheerfully in her class.
4. She always speaks clearly and writes simply.
5. She looks at her students sadly and affectionately when they do not do well on an examination.

Now describe a characteristic of someone you know using an adverb ending in **-mente**.

Comparison of Adjectives and Adverbs

A. *Comparisons of equality*

The following forms are used in comparisons of equality:

tan + adjective or adverb + **como**   *as . . . as*
tanto (-a, -os, -as) + noun + **como**   *as much (many) . . . as*
tanto como   *as much as*

Examples:

1. with adjectives and adverbs.

Paco es tan divertido como Beto.
Paco is as funny as Beto.

El chico corre tan rápidamente como su hermano.
The boy runs as rapidly as his brother.

2. with nouns.

Hay tantas preguntas en este examen como en el anterior.
There are as many questions on this exam as on the one before.

María tiene tanto dinero como su hermano.
Maria has as much money as her brother.

3. with verbs.

Estudió tanto como de costumbre.
He studied as much as usual.

Las niñas comen tanto como nosotros.
The children eat as much as we do.

B. *Comparisons of inequality*

The following forms are used in comparisons of inequality:

más + adjective, noun, or adverb + **que**   *more . . . than,* suffix *-er*
menos + adjective, noun, or adverb + **que**   *less . . . than,* suffix *-er*
más que   *more than*
menos que   *less than*

Examples:

1. with adjectives.

Esta tormenta fue más fuerte que la anterior.
This storm was stronger than the last one.

Este capítulo es menos largo que ése.
This chapter is shorter (less long) than that one.

2. with nouns.

Él tiene más inteligencia que yo.
He has more intelligence than I.

Ellos tienen menos tiempo que sus amigos.
They have less time than their friends.

3. with adverbs.

Ellos cuchichean más rápidamente que nosotros.
They whisper more rapidly than we do.

Él lo hacía menos frecuentemente que su hermano.
He used to do it less frequently than his brother.

4. with verbs.

Él lee más que Carlos.
He reads more than Carlos.

Viajo menos que mis tíos.
I travel less than my aunt and uncle.

Before a number, **de** is used instead of **que**.*

Tengo menos de cinco pesos.
I have less than five pesos.

C. *The superlative*

1. Spanish forms the superlative of adjectives and nouns (*most*, *least*, suffix *-est*) with the definite article plus **más** or **menos**. **De** is used after a superlative as the equivalent of English *in* or *of*. Occasionally a possessive adjective replaces the definite article.

Ése es el hombre más rico del país.
That is the richest man in the country.

Esta novela es la menos interesante de todas.
This novel is the least interesting (one) of all.

Es mi vestido más elegante.
It's my most elegant dress.

2. The definite article is not used with the superlative of adverbs.

Ese chico escribe más claramente cuando no está nervioso.
That boy writes most clearly when he isn't nervous.

Ése era el libro que ella menos esperaba encontrar.
That was the book she least expected to find.

3. To express the superlative of adverbs more emphatically, the following construction may be used.

lo + $\begin{cases} \textbf{más} \\ \textbf{menos} \end{cases}$ + *adverb* + $\begin{cases} \textbf{que + poder} \\ \textbf{posible} \end{cases}$

Volví lo más pronto posible.
I returned as soon as possible.

Lo puso lo más alto que pudo.
He put it as high as he could.

---

*However, in negative sentences **que** may be used before numerals with the meaning of *only;* **No necesito más que cuatro dólares**. *(I need only four dollars.)*

PRÁCTICA

A. Change the following sentences according to the model, using **tan… como** or **tanto… como** as required.

> **Modelo**   Ricardo tiene dinero. (Raúl)
> *Ricardo tiene tanto dinero como Raúl.*

1. Alicia escribe bien. (Elena)
2. El niño se duerme temprano. (su hermana)
3. El dentista gana dinero. (el plomero)
4. Mi abuela es alegre. (mi tío)
5. Marta aprueba los exámenes. (Rosa)
6. La novia es feliz. (el novio)
7. El periodista habla despacio. (el locutor)
8. Carlos juega frecuentemente al ajedrez. (María)

B. Change the following sentences according to the model.

> **Modelo**   Mi tía es feliz. (mi abuela)
> *Mi tía es más feliz que mi abuela.*

1. El bachillerato es difícil. (la primaria)
2. El periodista escribe fácilmente. (el novelista)
3. Las blusas son elegantes. (los vestidos)
4. Este artículo es interesante. (ése)
5. La corrida de toros es cruel. (el fútbol)

C. Change all of the sentences in B according to the following model.

> **Modelo**   Mi tía es feliz. (mi abuela)
> *Mi tía es menos feliz que mi abuela.*

D. Change the following sentences to the superlative construction, according to the model.

> **Modelo**   Ella es rica.
> *Ella es la más rica de todos.*

1. El campesino es pobre.
2. El juez es viejo.
3. Las chicas son bonitas.
4. El abogado es gordo.
5. Los zapatos son baratos.

E. Express the following in Spanish.

1. This issue of the magazine costs as much as that one.
2. Beto's summary is as long as mine.
3. Those verbs are the most difficult of all.
4. The doorman talks more than the teacher.

5. My parents travel less than we do.
6. We will return to Spain as soon as possible.

F. Express your opinions about the following things, using comparisons. Follow the model.

Modelo   una novela / una telenovela (interesante)
Una novela es más interesante que una telenovela.

        OR

Una novela es menos interesante que una telenovela.

1. los profesores / mis padres (inteligentes)
2. nuestra casa / la Casa Blanca (grande)
3. nuestra universidad / Harvard (famoso)
4. una película surrealista / una película realista (interesante)

G. Has society improved over the past few years? Express your opinion concerning the following topics. Follow the model.

Modelo   los profesores / ¿inteligentes?
Los profesores son más inteligentes que antes.

        OR

Los profesores son menos inteligentes que antes.

1. los crímenes / ¿violentos?
2. las mujeres / ¿femeninas?
3. los estudiantes / ¿diligentes?
4. los políticos / ¿honrados?
5. los viejos / ¿contentos?
6. las ciudades / ¿atractivas?
7. la vida / ¿agradable?
8. la economía / ¿estable?

H. Tell the class what people and things are currently most popular in this country. Follow the model.

Modelo   la revista   La revista más popular actualmente es *Time (People, Newsweek).*

1. la película
2. el programa de televisión
3. la novela
4. el actor
5. el político
6. el disco
7. el conjunto musical
8. el coche

Irregular Comparatives

1. The following adjectives have irregular comparatives:

bueno	*good*	(el) **mejor**	*better, (the) best*
malo	*bad*	(el) **peor**	*worse, (the) worst*
grande	*large, great*	(el) **mayor**	*older, (the) oldest; (larger, largest; greater, greatest)*

pequeño	*small*	(el) **menor**	*younger, (the) youngest; (smaller, smallest)*

The plural is formed by adding **-es**.

Tu hijo es buen alumno, pero el mío es mejor.
Your son is a good student, but mine is better.

Son los peores alumnos de la clase.
They are the worst students in the class.

2. **Grande** and **pequeño** also have regular comparatives (**más grande** and **más pequeño**). These are the preferred forms when referring to physical size.

Alicia es la más pequeña de la familia.
Alicia is the smallest in the family.

   BUT

Alicia es menor que su hermana.
Alicia is younger than her sister.

3. The following adverbs have irregular comparatives:

bien	*well*	**mejor**	*better, best*
mal	*badly*	**peor**	*worse, worst*
mucho	*much*	**más**	*more, most*
poco	*little*	**menos**	*less, least*

Tú tocas bien el piano, pero yo toco mejor.
You play the piano well, but I play better.

Felipe baila mal el tango, pero Pedro lo baila peor.
Felipe dances the tango badly, but Pedro dances it worse.

PRÁCTICA

A. Ask a classmate the following questions according to the model. He/she should use the comparative form of the appropriate adjective or adverb in the answer.

Modelo   ¿Trabaja Ud. mucho?
Sí, trabajo mucho, pero mi vecino trabaja más.

1. ¿Canta Ud. bien?
2. ¿Habla Ud. poco?
3. ¿Es Ud. pequeño?
4. ¿Come Ud. mucho?
5. ¿Es Ud. malo?
6. ¿Es Ud. grande?
7. ¿Es Ud. bueno?
8. ¿Juega Ud. mal (al tenis)?

B. Using comparatives and superlatives, compare the following people and things. Follow the model.

> **Modelo** Mi novia…
> *Mi novia es menor que yo.*
> *Mi novia es más inteligente que Ud.*
> *Mi novia es la menos gorda de todos.*

1. Mi familia…
2. Esta universidad…
3. Mi clase de español…
4. Mis profesores…
5. Mis notas…
6. Mis planes para el futuro…

The Absolute Superlative

1. The absolute superlative expresses a high degree of an adjective or adverb by simply using **muy** with the adjective or adverb.

   Aquel navío es muy grande.
   That ship is very large.

   Ella canta muy bien.
   She sings very well.

2. To express an even higher or more emphatic degree of an adjective or adverb, the absolute superlative is formed by dropping the final vowel of an adjective or adverb and adding the suffix **-ísimo (-a, -os, -as)**.

   Ana es hermosísima.   Me gustó muchísimo.*
   Ana is extremely beautiful.   *I liked it very much.*

   Esos chicos son rarísimos.   El ejercicio es dificilísimo.
   Those boys are really strange.   *The exercise is terribly difficult.*

3. Words ending in **-co** or **-go** drop the **o** and change **c** to **qu** or **g** to **gu** before **-ísimo**.

   rico—riquísimo   largo—larguísimo

4. Words ending in **z** change **z** to **c** before **-ísimo**.

   feliz—felicísimo

---

*Very much is always expressed by **muchísimo**.

5. The same effect may be achieved by using adverbs and adverbial phrases such as **sumamente** *(extremely)*, **terriblemente** *(terribly)*, **notablemente** *(remarkably)*, **en extremo** *(in the extreme)*, and **en alto grado** *(to a high degree)*.

Están sumamente preocupados.   Es notablemente fácil.
They are extremely worried.   *It's remarkably easy.*

PRÁCTICA

A. Describe this school by changing the following sentences to ones having an absolute superlative with the **-ísimo** suffix.

1. El nivel de las clases era muy bajo.
2. Aquellas muchachas son muy inteligentes.
3. El viaje al colegio me parecía muy largo.
4. Los libros son muy baratos.
5. Los maestros son muy crueles.
6. Su esquema era muy mala.
7. La comida en la cafetería estuvo sumamente sabrosa.
8. Estas lecciones son muy fáciles.
9. La facultad es extraordinariamente pequeña.
10. Los estudiantes son muy ricos.

B. Express the following sentences in two ways, by using **muy** before the adjective or adverb and then using another adverb, such as **sumamente,** etc.

1. Our Spanish teacher is terribly thin.
2. The history of Mexico is extraordinarily interesting.
3. Those colonial cities are extremely beautiful.
4. Their culture is terribly old.
5. The homes in the village were remarkably clean.

Exclamations

1. In Spanish, exclamations are most frequently formed with **¡qué!**. **¡Qué!** is the equivalent to *What a . . . !* or *What . . . !* before nouns and to *How . . . !* before adjectives and adverbs.*

¡Qué lástima!   ¡Qué bien habla!
What a pity!   *How well he speaks!*

¡Qué prisa tienen!   ¡Qué guapa es!
What a hurry they're in!   *How attractive she is!*

****Vaya un (una)** is also used to mean *What . . . !, What a . . . !:* **¡Vaya un hombre!** *(What a man!)*

2. If the noun in the exclamation is followed by an adjective, **tan** or **más** precedes the adjective. (This tends to make the exclamation more emphatic.) **Tan** or **más** is omitted when an adjective precedes the noun.

¡Qué hombre tan (más) fuerte!
What a strong man!

¡Qué bebida tan (más) sabrosa!
What a delicious drink!

    BUT

¡Qué buena persona!
What a good person!

3. **¡Cuánto!** *(how, how much, how many)* is also commonly used in exclamations.

¡Cuánto dinero tiene!
How much money he has!

¡Cuánto quería viajar con ellos!
How I wanted to travel with them!

¡Cuántos admiradores tienes!
How many admirers you have!

4. Other interrogative words may also be used in exclamations.

¡Quién haría tal cosa!
Who would do such a thing!

5. When a noun clause follows an exclamation, its verb may be in either the indicative or the subjunctive.

¡Qué lástima que no (ganó) ganara!
What a pity he didn't win!

PRÁCTICA

A. Convert the following statements into an appropriate exclamation. Follow the model.

Modelo   Es un día bonito.
              ¡Qué día tan bonito!

1. Tú tienes mucho dinero.
2. Ella vive muy lejos.
3. Mi amigo sabe todo.
4. Hay más de mil estudiantes aquí.
5. Este libro es muy interesante.
6. El profesor es excelente.

7. Esta universidad es grande.

8. La Facultad de Medicina es buena.

B. Give an appropriate exclamation for each of the following situations. Follow the model.

Modelo al ver a una mujer muy guapa

¡Qué guapa es! ¡Qué mujer tan guapa!

1. al probar una sopa
2. al ver a un hombre que acaba de ganar un millón de dólares
3. al ver un accidente
4. al conocer a una persona que habla español bien
5. al entrar en un palacio
6. al tomar un vaso de vino
7. al visitar Nueva York
8. al asistir a una reunión de todos los profesores de la universidad

REPASO

I. Connect the two clauses in each pair with the adverbial conjunction given in parentheses, making all necessary changes.

1. Manuel saldrá bien en el examen / ha estudiado la lección (con tal que)
2. El profesor no habla / los estudiantes se callan (a menos que)
3. Sus amigos le dieron la respuesta / el profesor lo vio (sin que)
4. Fueron a la biblioteca / Beto podía estudiar (para que)
5. Asisto a la conferencia / el maestro me hace preguntas después (en caso de que)

II. Translation and substitution.

1. No vamos a menos que traigas dinero para los dos.
   We aren't going unless there is enough time.
   We aren't going unless you come too.
   We aren't going unless they accompany us.
   We aren't going unless we can take the train.
2. Hablaremos con ellas con tal que no tengan novios.
   We'll talk with them provided there is enough time.
   We'll talk with them provided we see them.
   We'll talk with them provided they are alone.
   We'll talk with them provided their parents are with them.
3. Salió sin que nosotros lo viéramos.
   He left without their giving him permission.
   He left without my knowing it.
   He left without our telling (it to) him.
   He left without her having called him.

III. Express in Spanish.

My brother Thomas and I attend the same university. He is older than I, but his grades are not as good as mine because he doesn't study as much as I do. He reads his lessons as rapidly as possible, but he doesn't learn them well. Yesterday we had an exam in history class. They gave us only twenty minutes to complete it. I finished earlier than the other students. It was an extremely easy exam, but Thomas was not able to finish it. He is not the worst student in the class, but he is not the best either. In case he doesn't do well on the exam, he will have to study more than the other students. He wants to graduate in June, but first he will have to pass history!

IV. Ask a classmate the following questions. He/she should respond, using the **-mente** form of the adverb. Then reverse roles.

Modelo   ¿Contestas las preguntas de una manera lógica?
Sí, las contesto lógicamente.
No, no las contesto lógicamente.

1.   ¿Escribes de manera clara?
2.   ¿Trabajas de manera diligente?
3.   ¿Hablas de manera seria?
4.   ¿Vas a clase con regularidad?
5.   ¿Lees con frecuencia?
6.   ¿Estudias con rapidez?

V. With a classmate, work out logical endings for the following sentences.

1.   Mañana estudiaré en la biblioteca con tal que _____ .
2.   No volveré a hablarle a mi novio(a) a menos que _____ .
3.   Yo salí de la clase sin que _____ .
4.   Iré al cine con mis amigos para que _____ .
5.   Me quedaré en casa mañana en caso de que _____ .
6.   Traje mis libros a la clase a fin de que _____ .
7.   Venderé mi coche en caso de que _____ .
8.   Estudiaré español e historia europea para que _____ .
9.   Escribí una carta a mi familia de modo que _____ .
10.   Haré un viaje a Chile aunque _____ .

VI. Describe the following items, using comparative or superlative phrases.

1.   mi profesor de español / los maestros de la escuela secundaria
2.   mi hermano(a) / yo
3.   el cine / la televisión
4.   esta universidad / las otras universidades del estado
5.   los Estados Unidos / los países hispánicos

▣ INTERCAMBIOS

EL ARTE DE CONVERSAR

Once you have started to express your ideas, you will want to keep control of the conversation until you have completed your thoughts. Some expressions that can be used to prevent your partner from interrupting and to buy time while you are thinking of what you want to say next are given here.

Hesitation Fillers:

A ver.	*Let's see.*
Y, bien…	*And, well, . . .*
Un momento…	*One moment . . .*
Espere (Espera)…	*Wait . . .*
Déjeme (Déjame) pensar…	*Let me think . . .*
Es decir…	*That is to say . . .*

Expansion and Clarification of a Point:

Y también…	*And also . . .*
Y además…	*And besides . . .*
Debo añadir que…	*I should add that . . .*
Lo que quiero decir es que…	*What I mean to say is that . . .*

SITUACIONES

Con un(a) compañero(a) de clase, prepare Ud. un diálogo que corresponda a las siguientes situaciones.

1. You want to study abroad. You go to the director of International Education and tell him/her:

   a. you want to study in Mexico.
   b. you prefer to go in the spring.
   c. you would like to study in Guadalajara.
   d. you want to live with a family during your stay because you want to speak Spanish all of the time.
   e. you ask if the university has such a program and how much it costs.
   f. you ask what you have to do to enroll.
   g. you thank him/her and leave.

2. You arrive at the airport in Madrid. You call your host family so that they can come get you. You tell them how to identify you.

   a. You tell them that that you are tall, thin, have blond hair and blue eyes.
   b. You tell them that you are wearing a red blouse (or red shirt), blue skirt (or blue pants), and black shoes.
   c. You tell them that you will be carrying two white suitcases.
   d. You tell them that you will be next to the bus stop by the main door.

3. **Una charla entre dos estudiantes de español.** Dos estudiantes están en la cafetería discutiendo las ventajas y desventajas de estudiar en el extranjero.

4. **Una carrera de medicina.** Sus padres quieren que Ud. sea médico. Ud. no quiere estudiar medicina. Ellos le explican por qué creen que es una buena profesión para Ud., y Ud. les dice las razones por qué Ud. prefiere estudiar para maestro(a).

▣ A CONVERSAR

A. *Diálogo*

Después de leer el diálogo, discuta con un(a) compañero(a) de clase cómo (en su opinión) Antonio puede resolver su problema. Luego, conteste las preguntas que siguen.

MARCELO   Acabo de leer unos informes sobre los cursos para extranjeros en Francia.

ANTONIO   ¿Piensas ir? Debe ser muy interesante estudiar en el extranjero.

MARCELO   Creo que sí. Me gustaría perfeccionar mi francés. ¿Y tú? ¿Por qué no vamos juntos? ¡Qué divertido sería!

ANTONIO   Pero cuesta mucho. A menos que me caiga una herencia del cielo...

MARCELO   Pero tú trabajas, ¿no? ¿No podrías ahorrar algo este año?

ANTONIO   Lo que gano del trabajo es sólo para mantenerme. No me sobra nada.

MARCELO   Dicen que hay becas del gobierno que pagan el viaje. ¿Por qué no preguntas en la rectoría?

ANTONIO   ¿Y el alojamiento, la comida, los libros, la matrícula?

MARCELO   Bueno, dicen que todo eso puede salir muy barato. Por ejemplo, puedes alojarte en una pensión.

ANTONIO   No sé. Cierto que me gustaría. Voy a pensarlo.

MARCELO   Vale la pena el sacrificio, creo yo. Lo que se gana en conocimientos de otra cultura vale para toda la vida.

Preguntas

1. ¿Qué acaba de leer Marcelo?   2. A Antonio, ¿qué le parece la idea de estudiar en el extranjero?   3. ¿Qué quiere estudiar Marcelo en el extranjero?   4. ¿Por qué no puede ir Antonio con Marcelo?   5. ¿Qué le sugiere Marcelo a Antonio?   6. Según Marcelo, ¿cómo puede salir muy barato estudiar en el extranjero?   7. ¿Qué va a hacer Antonio?   8. Según Marcelo, ¿por qué vale la pena el sacrificio económico para estudiar en el extranjero?   9. ¿Qué opina Ud., vale la pena estudiar en el extranjero? ¿Por qué?

B. *Temas de conversación o de composición*

Todos pasamos muchos años en la escuela pública y muchos también continúan su educación en la universidad. Ya que Ud. está participando en este proceso, tendrá algunas ideas sobre la educación que ha recibido y las instituciones de enseñanza a las que ha asistido. Indique sus ideas, contestando oralmente o en forma escrita las siguientes preguntas.

1. ¿Le parece que la escuela secundaria lo ha preparado a Ud. de un modo adecuado para la universidad?
2. ¿Cree Ud. que la educación debe tener un fin práctico? ¿Debe limitarse a la preparación del alumno para un oficio?
3. ¿Quiénes deben establecer el plan de estudios en la universidad? ¿los profesores? ¿los estudiantes? ¿el rector y los decanos?
4. ¿Debe haber materias obligatorias (requisitos) en la universidad?
5. ¿Le parece que el sistema actual de evaluación del estudiante es un poco anticuado? ¿Hay otro sistema mejor?
6. ¿Deben participar los estudiantes en la administración de la universidad? ¿en la selección de los profesores?
7. ¿Debe ser gratuita la instrucción en las universidades públicas?
8. ¿Cuáles son los problemas principales con que se enfrenta la universidad hoy día?

C. Actividad

Los estudiantes de la Universidad de Córdoba, Argentina, empezaron la Reforma Universitaria al publicar en 1918 su «Manifiesto de la Juventud Argentina de

Estos amigos se reúnen a hablar en las escaleras. ¿Dónde prefiere Ud. encontrarse con sus amigos universitarios?

Córdoba a los Hombres Libres de Sudamérica». El Manifiesto insistía en la participación de los estudiantes en el gobierno de la universidad, defendía la libertad de enseñanza y asistencia y mantenía que la instrucción debía ser gratuita.

Con unos compañeros de clase, prepare Ud. un manifiesto, indicando cómo debería ser la universidad ideal.

D. *Descripción y expansión*

1. Describa Ud. en detalle lo que se ve en esta escena de una fiesta estudiantil.

   a. ¿Qué clase de refrescos se venden? ¿Qué bebida cuesta menos? De las tres bebidas que se venden, ¿cuál es la más costosa?

   b. ¿Cuántas personas hay en la banda? ¿Hay más de diez hombres? ¿Es el hombre que toca la trompeta más alto que el que toca el violón *(bass viol)*? ¿Es el guitarrista menos o más gordo que el hombre que toca los tambores *(drums)*? ¿Cuál es el instrumento más grande de la banda? ¿Quién toca el instrumento más pequeño?

   c. ¿Cuál de las dos mesas tiene más estudiantes, la de la izquierda o la de la derecha? La mesa a la izquierda, ¿tiene más de quince estudiantes? ¿Cuál de las dos mesas ha tomado más bebidas? (Cuente las botellas.)

2. Haga Ud. una comparación entre esta fiesta y una fiesta típica de su universidad.

3. Opiniones

   a. ¿Son importantes las fiestas? ¿Por qué?

   b. ¿Qué clase de fiestas le gusta más? Explique.

Las carreras del mes:

Derecho:
la Ley obliga a todos
4

Educación Física:
El deporte hecho profesión
14

MATERIALES AUTÉNTICOS

En la revista, *Entre estudiantes,* publicada en Madrid, se presentan en cada número «las carreras del mes». En este número de la revista se da mucha información para los estudiantes que quieren tener una carrera en el Derecho *(law)*. Lea la información y conteste las preguntas.

1. ¿Cuáles son las carreras del mes?
2. El «Perfil *(profile)* del estudiante» que quiere estudiar derecho contiene una lista de características personales que una persona debe tener para tener éxito en sus estudios. Después de leer esta lista, ¿cree que el Derecho es la carrera para Ud.? ¿Por qué sí o por qué no?
3. Se incluye aquí también un «Perfil del profesional» para el licenciado en Derecho. ¿Qué le parece este perfil? ¿Son características personales que Ud. tiene o puede desarrollar? ¿Conoce a alguien que esté licenciado en Derecho? ¿Es esta persona un buen ejemplo de este «Perfil»? ¿Por qué sí o por qué no?
4. En el artículo, «Perspectivas profesionales», ¿cuánto por ciento de los licenciados en Derecho se dedican al ejercicio profesional de la abogacía *(law practice)*? ¿a la empresa privada? ¿a la Administración Pública?
5. ¿Qué es la tendencia del licenciado en Derecho?
6. ¿El número de estudiantes que no favorecen la dedicación a la abogacía está creciendo o diminuyendo? ¿Por qué?
7. Según los varios expertos consultados, ¿dónde serán las más demandas para una persona licenciada en Derecho?
8. ¿Quiere Ud. ser abogado? ¿Por qué?

PERSPECTIVAS PROFESIONALES

Aproximadamente un 40 por ciento de los licenciados en Derecho se dedican al ejercicio profesional de la abogacía, un 30 por ciento trabaja en la Administración Pública y el 30 por ciento restante lo hace en la empresa privada, principalmente dentro del sector Servicios, en el que destacan Comercio, Banca y Cajas de Ahorros. La tendencia del licenciado en Derecho es a emplearse en la empresa privada: asesoría jurídica, fiscal, jurídico-laboral, consultores externos e internos. Normalmente son requeridos para puestos de Administración y Gestión, debido a la versatilidad de los estudios y a una visión global y generalista de la empresa. En este sentido, es muy interesante realizar estudios de postgrado con contenidos económicos.

El creciente número de estudiantes tenderá a no favorecer la dedicación a la abogacía, de manera que se espera que en el futuro se incrementen los licenciados en Derecho que dependan de la empresa privada y de la pública, especialmente de la Administración.

Las especialidades serán cada vez más necesarias en el ámbito de la abogacía, y, aparentemente, según varios expertos consultados, las más demandadas serán Derecho Mercantil, Laboral, Fiscal, Administrativo y Civil, así como Derecho Comunitario, en el que actualmente hay demanda de profesionales. Con menor perspectiva de futuro se encontrarán Derecho Procesal, Internacional y Penal.

PERFIL DEL ESTUDIANTE

- Memoria
- Atención
- Criterio lógico y cerebro analítico
- Sentido común
- Intereses humanísticos, sociales, culturales, jurídicos y políticos
- Análisis crítico
- Capacidad intelectual alta

PERFIL DEL PROFESIONAL

(Es difícil definir un único perfil por la gran amplitud de campos de trabajo en el que el licenciado en Derecho desarrolla su labor profesional. Pero puede servir como orientación:
- Capacidad de relación
- Fluidez y comprensión verbal
- Intuición
- Enfoque rápido de los problemas
- Capacidad de improvisación
- Ecuanimidad
- Espíritu lógico

La ciudad en el mundo hispánico

Se encuentra la Plaza San Martín en Lima, Perú. Compare Lima con la ciudad o el pueblo donde Ud. vive.

*(En la Ciudad de México, Tomás y Carlos se reúnen
casi todos los días en el Café Alfredo, un
restaurante al aire libre.[1])*

TOMÁS	Hola, Carlos. ¿No vino Dieguito?
5 CARLOS	No. Tuvo que visitar a un amigo que está en el hospital.
TOMÁS	¡Hombre! Mira a esas dos muchachas. Qué guapitas las dos ¿eh?
CARLOS	Guapetonas. A la morenita la vi pasar antes solita. Oye, ¿qué vamos a hacer esta noche?
10	
TOMÁS	No sé. ¿Qué quieres hacer tú? Con tal que no cueste nada, porque mis bolsillos están que chillan del hambrote que traen.
CARLOS	A ver si Isabel y Sonia quieren salir a pasear. Te puedo prestar un poquito para que vayamos al cine. O podríamos ir al museo—no cuesta nada.
15	
TOMÁS	¡Uf! Pero es media hora en el camión.[2] Luego tendríamos que esperar hasta que se vistieran y luego otra media hora de vuelta. Ni que fueran Julia Roberts y Kathleen Turner.
20	
CARLOS	En el metro llegaríamos en quince minutos.
TOMÁS	Si tuviéramos un coche sólo nos tomaría diez minutos. Voy a buscarme una novia que viva en el centro. ¡Mira! Esas dos acaban de sentarse allí. Si esa pelirroja fuera mi novia, iría hasta el fin del mundo en camión.
25	
CARLOS	Tal vez esté resuelta la cuestión del programa para esta noche. Ve a hablarles. Ya me enamoré.
TOMÁS	Bueno, pero ¿qué les digo?
30 CARLOS	Invítalas a ir a bailar con nosotros.
TOMÁS	Pero, si aceptan… a menos que traigas dinero para los dos…
CARLOS	Sí, sí, yo te presto. Vamos al «Jacarandá». Tienen un conjunto formidable. Pero date prisa, antes de que se nos vayan.
35	
TOMÁS	Bueno, bueno, ya voy. *(Se acerca a la mesa de Tere y Lola.)* Perdonen, señoritas, ¿saben Uds. dónde queda «El Jacarandá»?
TERE	Sí, allí en la esquina. ¿No ve Ud. el letrero ahí—el de las letras grandotas?
40	
TOMÁS	Ah, ¿cómo no lo había notado? ¿Ud. sabe si es un buen lugar para bailar?
TERE	Pues, así dicen. Yo nunca estuve adentro.
TOMÁS	Entonces, permítanme invitarlas. Si nos acompañaran a mi amigo y a mí, podríamos averiguar si merece la fama que tiene. ¿De acuerdo?
45	

están… traen *are growling with hunger (very empty)*

Ni que fueran *Not even if they were*

LOLA	Sólo si pide permiso a nuestros novios, que se acercan ahí detrás de Ud.
TOMÁS	¿Cómo? ¿Novios? Ah… este… Gracias por la información. Buenas noches, caballeros. Pedía un poquitín de información. Si hubiera sabido, no habría molestado. Bueno, con su permiso… *(Vuelve a su mesa.)* Oye, Carlos, viéndolas de cerca no son tan bonitas.
CARLOS	Sí, veo que las acompañan unos tipos. Bueno, ¿qué quieres hacer esta noche?
TOMÁS	Pues, vamos en el metro a casa de Isabel y Sonia, ¿quieres? Pensándolo bien, no está tan lejos.
CARLOS	Bueno, vámonos.

50

55

poquitín *(m)* *a tiny bit*

◩ NOTAS CULTURALES

1 **un restaurante al aire libre:** La vida social en las ciudades hispánicas se concentra en los cafés—frecuentemente al aire libre—donde se reúne la gente por la tarde, después del trabajo, para conversar, beber y comer entremeses u otros bocaditos. Es una costumbre indispensable para mucha gente.

2 **media hora en el camión:** Se usa mucho el transporte público en las ciudades hispánicas. El medio más popular es el camión (autobús). Los taxis abundan *(abound)* también. En las capitales hay trenes subterráneos (llamados «el metro») que suelen *(are usually, generally)* ser más rápidos y, a veces, más cómodos.

◩ VOCABULARIO ACTIVO

Estudie estas palabras.

Verbos

averiguar   to find out
enamorarse (de)   to fall in love (with)
merecer   to deserve
prestar   to lend
reunirse   to meet, gather

Sustantivos

el bocadito   snack
el bolsillo   pocket
el caballero   gentleman
el conjunto   musical group
los entremeses   hors d'oeuvres
el letrero   sign
el metro   subway
la morenita   pretty brunette

el, la novio, -a   boyfriend, girlfriend, fiancé, fiancée
el, la pelirrojo, -a   redhead
el tipo   guy

Adjetivos

formidable   great, wonderful
grandote, -ta   very large
guapetón, -ona   really cute
guapito, -a   very cute
poquito, -a   a little bit
resuelto, -a   resolved
subterráneo, -a   underground

Otras expresiones

al aire libre   open air, outside;
  café al aire libre   sidewalk café
¿de acuerdo?   agreed? all right?

Comprensión

1. ¿Qué tipo de restaurante es el Café Alfredo? 2. ¿Por qué no viene Dieguito? 3. ¿Qué piensa Tomás de las muchachas? 4. ¿Qué es lo que sugiere Carlos? 5. ¿Cómo pueden llegar a casa de Isabel y Sonia? 6. ¿Qué les pregunta Tomás a las dos muchachas? 7. ¿Qué quiere hacer en realidad? 8. ¿Por qué no se interesan las muchachas? 9. ¿Qué deciden hacer Tomás y Carlos?

Opiniones

1. ¿En qué ciudad grande de los Estados Unidos o de México ha estado Ud.? 2. ¿Le gustan a Ud. las ciudades grandes? ¿Por qué? 3. ¿Le gustan a Ud. los restaurantes al aire libre? ¿Por qué? 4. ¿Dónde y cuándo ha estado Ud. en un restaurante al aire libre? 5. ¿Por qué no hay muchos restaurantes al aire libre en este país? 6. ¿Prefiere Ud. ir a un museo o al cine? ¿Por qué? 7. ¿Cómo se llama su conjunto musical favorito?

▣ ESTRUCTURA

If-Clauses

A. *Subjunctive and indicative in* if-*clauses*

In Spanish as in English, **si-** or *if*-clauses may express conditions that are factual or conditions that are contrary to fact. The verb tense used in a Spanish **si-**clause depends upon the factual or nonfactual nature of the condition.

1. When a **si-**clause expresses a simple condition or a situation that implies the truth or an assumption, the indicative mood is used in both the **si-**clause and the result clause of the sentence.

   Si tengo bastante dinero, iré contigo. ¿De acuerdo?
   If I have enough money, I will go with you. Agreed?

   Si continúas hablando, vas a perder el avión.
   If you continue talking, you are going to miss the plane.

   Si ellos tenían tiempo, hacían la tarea.
   If they had time, they did the assignment.

2. When a **si-**clause states a hypothetical situation or something that is contrary to fact (not true now nor in the past) or unlikely to happen, the imperfect or past perfect subjunctive is used. The result clause is usually in the conditional or the conditional perfect.*

---

*The **-ra** form of the imperfect or pluperfect subjunctive may also be used in the result clause of conditional sentences. **Si pudiéramos conseguir entradas, quisiera ir.** *If we could get tickets, I'd like to go.*

Si pudiera, iría en metro.
If I could, I would go by subway.

Si hubiera sabido, no las habría molestado.
If I had known, I would not have bothered them.

Si él fuera a México, vería las ruinas aztecas.
If he should (were to) go to Mexico, he would see the Aztec ruins.

¿Qué harías si tuvieras un millón de dólares?
What would you do if you had a million dollars?

Si él lo pusiera en el bolsillo, no lo perdería.
If he put it in his pocket, he would not lose it.

3. When **si** means *if* in the sense of *whether,* it is always followed by the indicative.

No sé si lo haré o no.
I don't know if (whether) I'll do it or not.

B. *Clauses with* como si

Como si *(as if)* implies an untrue or hypothetical situation. It always requires the imperfect or the past perfect subjunctive.

Pinta como si fuera Picasso.
He paints as if he were Picasso.

Hablaban como si no hubieran oído las noticias.
They were talking as if they hadn't heard the news.

¡Como si nosotros tuviéramos la culpa!
As if we were to blame!

PRÁCTICA

A. Restate the following statements about Felipe's trip to the city. Follow the model.

Modelo Si yo tengo dinero, iré a la ciudad.
Si yo tuviera dinero, iría a la ciudad.
Si yo hubiera tenido dinero, habría ido a la ciudad.

1. Si Uds. me invitan, vendré a la capital.
2. Si tomo el metro, llegaré más temprano.
3. Si visitamos todos los museos, aprenderemos mucho.
4. Si Uds. no vienen al centro, me quedaré en casa.
5. Si no los veo a Uds., los llamaré el martes.

B. Complete these random thoughts of a student with the correct form of the verb in parentheses.

1. Si yo (tener) _____ más tiempo, estudiaría con Uds.
2. Si él (haber) _____ estudiado sus apuntes, habría salido bien en el examen.
3. Si ellos (ganar) _____ bastante dinero, comprarán los libros.
4. La profesora me habló como si (ser) _____ mi madre.
5. Si nosotros (tomar) _____ el metro, llegaríamos a la universidad en diez minutos.
6. Si el profesor (hablar) _____ más despacio, los alumnos lo entienden mejor.
7. Si los estudiantes (haber) _____ comido un bocadito antes de salir, no habrían tenido hambre durante el examen.
8. Si yo (poder) _____ encontrar una pluma, escribiré los apuntes en mi cuaderno.
9. Él estudió como si le (gustar) _____ el curso.
10. Si ellos (viajar) _____ por metro, gastarían menos.

C. Express the following conversation in Spanish.

CARLOS You ate as if you were in a hurry.
BETO If I had more time, I would eat slower.
CARLOS If we had left the house earlier, we would have had more time to eat.
BETO You are talking as if you were my mother.
CARLOS You would have gotten dressed faster if we had planned to go to the show instead of to the library.
BETO It's true. I would have preferred to see a film if I didn't have to study for a test.
CARLOS If I have time, I'll study in the morning.
BETO You talk as if you understood the lesson today.
CARLOS You would have understood the lesson too if you had listened more carefully.

D. State your reactions to the following situations by logically completing each sentence.

1. Si yo no estudio, _____ .
2. Si yo fumara, _____ .
3. Si yo ganara mucho dinero, _____ .
4. Si yo recibo un cheque de mil dólares, _____ .
5. Si yo voy a México, _____ .

E. Complete each sentence in a logical manner. Use your imagination.

1. Mi profesor habla como si _____ .
2. El hombre anda como si _____ .
3. Mi madre escribe como si _____ .
4. Los estudiantes estudian como si _____ .
5. Mi novio(a) gasta dinero como si _____ .

Verbs Followed by a Preposition

Certain verbs require a preposition when followed by an infinitive or an object noun or pronoun. In the lists below, note the following.

A few verbs are regularly used with either of two prepositions.

> entrar **en** or entrar **a**   *to enter (into)*
> preocuparse **con** or preocuparse **de**   *to be concerned with, worry about*

Many verbs may take more than one preposition, their meaning varying according to which preposition is used.

> acabar **con**   *to put an end to;* acabar **de**   *to have just*
> dar **a**   *to face;* dar **con**   *to come upon, meet*
> pensar **de**   *to think of (have an opinion of);* pensar **en**   *to think of (have on one's mind)**

A. *Verbs that take the preposition* a

1.   Verbs taking **a** before an infinitive

acostumbrarse a *to get used to*	invitar a *to invite to*
aprender a *to learn to*	ir a *to be going to*
ayudar a *to help to*	negarse a *to refuse to*
comenzar a *to begin to*	ponerse a *to begin to*
empezar a *to begin to*	prepararse a *to prepare to*
enseñar a *to teach to*	volver a *to . . . again*

2.   Verbs taking **a** before an object

acercarse a *to approach*	ir a *to go to*
asistir a *to attend*	llegar a *to arrive at (in)*
dar a *to face*	oler a *to smell of*
dirigirse a *to go toward; to address oneself to*	responder a *to answer*
	saber a *to taste of*
entrar a *to enter*	

B. *Verbs that take the preposition* con

1.   Verbs taking **con** before an infinitive

contar con   *to count on*
preocuparse con   *to be concerned with*
soñar con   *to dream of*

****Pensar** may also be followed directly by an infinitive, in which case it means *to intend to.*

2. Verbs taking **con** before an object

casarse con *to marry*	encontrarse con *to meet*
contar con *to count on*	quedarse con *to keep*
cumplir con *to fulfill one's* *obligation toward; to keep*	soñar con *to dream of*
	tropezar con *to run across,*
dar con *to meet, come upon*	*come upon*

C. *Verbs that take the preposition* **de**

1. Verbs taking **de** before an infinitive

acabar de *to have just*	olvidarse de *to forget to*
acordarse de *to remember to*	preocuparse de *to be concerned*
alegrarse de *to be happy to*	*about*
dejar de *to stop; to fail to*	quejarse de *to complain of*
encargarse de *to take charge of*	terminar de *to finish*
haber de *to have to*	tratar de *to try to*

2. Verbs taking **de** before an object

acordarse de *to remember*	enamorarse de *to fall in love with*
aprovecharse de *to take* *advantage of*	gozar de *to enjoy*
	mudar(se) de *to move*
burlarse de *to make fun of*	olvidarse de *to forget*
depender de *to depend on*	pensar de *to think of, have an*
despedirse de *to say good-bye to*	*opinion about*
disculparse de *to apologize for*	reírse de *to laugh at*
disfrutar de *to enjoy*	servir de *to serve as*
dudar de *to doubt*	

D. *Verbs that take the preposition* **en**

1. Verbs taking **en** before an infinitive

confiar en *to trust to*	insistir en *to insist on*
consentir en *to consent to*	pensar en *to think of, about*
consistir en *to consist of*	tardar en *to delay in, take long to*

2. Verbs taking **en** before an object

confiar en *to trust*	fijarse en *to notice*
convertirse en *to turn into*	pensar en *to think of, have in mind*
entrar en *to enter (into)*	

PRÁCTICA

A. Complete the following sentences with a preposition, where required.

1. Las mujeres se acercaron _____ la puerta sin leer el letrero.
2. La lección consiste _____ leer el cuento.

3. Nosotros queremos _____ ir al partido de fútbol.
4. Mi primo se enamoró _____ una pelirroja.
5. Se alegran _____ recibir una carta de su abuela.
6. La doctora espera _____ llegar temprano a la universidad.
7. Los estudiantes se ponen _____ estudiar a las diez.
8. El abogado siempre ha cumplido _____ su palabra.
9. Al entrar _____ su casa me olvidé _____ todo.
10. Es necesario acordarse _____ esta fecha.
11. Mis compañeros siempre insisten _____ beber vino.
12. Mis padres compraron una casa que da _____ la plaza.
13. No podemos _____ salir sin ellos.
14. Rumbo a la estación, Juan tropezó _____ su novia.
15. Me olvidé _____ ponerlo en mi cuarto antes de salir.

B. Complete the following sentences in a logical manner. Use your imagination.

1. En esta clase nosotros (aprender a) _____ .
2. Todas las semanas yo (asistir a) _____ .
3. Después de graduarme, quiero (casarse con) _____ .
4. Este verano mi familia y yo (disfrutar de) _____ .
5. Antes de dormirme, yo (pensar en) _____ .

C. Write ten sentences using the following verbs.

1. acostumbrarse a	5. quejarse de	9. insistir en
2. dirigirse a	6. burlarse de	10. fijarse en
3. contar con	7. despedirse de	
4. casarse con	8. consistir en	

Diminutives and Augmentatives

Spanish has a number of diminutive and augmentative suffixes that are added to nouns, adjectives, and adverbs in order to indicate a degree of size or age. These suffixes may also express affection or contempt. Often these endings eliminate the need for adjectives.

A. *Formation*

1. Augmentative and diminutive endings are added to the full form of words ending in a consonant or stressed vowel.

mamá   mamacita *(mama, mommy)*
animal   animalucho *(ugly animal)*

2. Words ending in the final unstressed vowels **o** or **a** drop the vowel before the ending is added.

libro   librito *(little book)*
casa   casucha *(shack, shanty)*

3. When suffixes beginning in **e** or **i** are attached to a word-stem ending in **c, g,** or **z,** these change to **qu, gu,** and **c** *respectively* in order to preserve the sound of the consonant.

chico   chiquito *(little boy)*
amigo   amiguito *(pal, buddy)*
pedazo   pedacito *(small piece, bit)*

4. Diminutive and augmentative endings vary in gender and number.

pobres   pobrecillos *(poor little things)*
abuela   abuelita *(grandma)*

B. Diminutive endings

The most common diminutive endings are **-ito, -illo, -cito, -cillo, -ecito,** and **-ecillo.** In addition to small size, diminutive endings frequently express affection, humor, pity, irony, and the like.

1. The endings **-ecito(a)** and **-ecillo(a)** are added to words of one syllable ending in a consonant and words of more than one syllable ending in **e.**

flor   florecita *(little flower, posy)*
pan   panecillo *(roll)*
pobre   pobrecillo *(poor thing)*
madre   madrecita *(mommy)*

2. The endings **-cito(a)** and **-cillo(a)** are added to most words of more than one syllable ending in **n** or **r.**

joven   jovencita *(young lady)*
autor   autorcillo *(would-be author)*

3. The endings **-ito(a)** and **-illo(a)** are added to most other words.

ahora   ahorita *(right now)*
casa   casita *(little house)*
Pepe   Pepito *(Joey)*
Juana   Juanita *(Jeanie)*
campana   campanilla *(hand bell)*

C. Augmentative endings

The most common augmentative endings are **-ón(-ona), -azo, -ote(-ota),** and **-acho(a).** Augmentative endings express large sizes and also contempt, disdain, grotesqueness, and so on.

hombre   hombrón *(big, husky man)*
éxito   exitazo *(huge success)*
libro   librote *(large, heavy book)*
rico   ricacho *(very rich)*

PRÁCTICA

A. Translate each of the following words, tell whether each is a diminutive or an augmentative, and then give the word from which each is derived.

1.	sillón	11.	pollito
2.	caballito	12.	hermanito
3.	perrazo	13.	hombrecito
4.	poquito	14.	cucharón
5.	mujerona	15.	zapatillos
6.	jovencito	16.	cafecito
7.	guapetona	17.	grandote
8.	platillo	18.	morenita
9.	panecillo	19.	librote
10.	ratoncito	20.	boquito

Now select five words from the list above and use them in a complete sentence.

B. Imagine you are looking at a picture of a plaza in a town in Mexico. Describe what you see by using diminutives and augmentatives in place of adjectives for the underlined words.

Hay una mujer grande _____ que está hablando con una chica pequeña _____ . Un hombre pequeño _____ está caminando con su perro grande _____ . Un chico pequeño _____ está sentado en un banco pequeño _____ . Hay pájaros pequeños _____ encima de una estatua grande _____ . Otro hombre grande _____ está leyendo un libro pequeño _____ . A mi hijo pequeño _____ le gustaría jugar en esta plaza pequeña _____ .

REPASO

I. Complete with the correct form of the verb in parentheses.

1. Irían a la playa si (tener) _____ tiempo.
2. Si yo (saber) _____ la verdad, se la diría.
3. Si José (estudiar) _____, aprenderá mucho.
4. Si ellos me (haber) _____ prestado el dinero, habría ido.
5. Si (haber) _____ bastante tiempo, vamos a ver las ruinas indias.
6. Ese hombre habla como si (ser) _____ muy inteligente.
7. Su novio baila como si (estar) _____ borracho.
8. Mi abuelo escribe como si no (poder) _____ ver bien.
9. Ella gasta dinero como si (tener) _____ mucho dinero.
10. Me mudaría a la ciudad si (poder) _____ encontrar un trabajo.
11. Habrían visitado la aldea si (haber) _____ tenido más tiempo.
12. Si nosotros (salir) _____ a las seis, llegaremos a las diez.

II. Express the following in Spanish.

    1.   If I have time, I will do it.
          If I had time, I would do it.
          If I had had time, I would have done it.
          If I had time, I used to do it.
    2.   He spoke as if he understood me.
          He spoke as if he knew it.
          He spoke as if he needed it.
          He spoke as if he could do it.
          He spoke as if he wanted it.

III. With a classmate, think of possible endings for the following sentences.

    1.   Si yo tuviera un millón de pesetas, _____.
    2.   Si hubiera un restaurante al aire libre aquí, _____.
    3.   Si yo pudiera ir a Sudamérica, _____.
    4.   Si yo viviera en una ciudad grande, _____.
    5.   Si yo estudiara mucho, _____.
    6.   Yo comería ahora si _____.
    7.   Yo haría la lección si _____.
    8.   Yo te daría todo mi dinero si _____.
    9.   Iría contigo al cine si _____.
   10.   Yo te compraría una taza de café si _____.

IV. Complete the following sentences in a logical way using diminutives or augmentatives.

    1.   Un animal que no es bonito es un _____.
    2.   Una casa que es muy pequeña y humilde es una _____.
    3.   Lo opuesto de un librote es un _____.
    4.   Una flor que es muy pequeña es una _____.
    5.   Tomás es más que un amigo, es mi *(pal)* _____.
    6.   Hay una campana en la torre pero la que ella tiene en la mano es una _____.
    7.   El profesor no quiere que lo hagamos más tarde, él quiere que lo hagamos *(right now)* _____.
    8.   El drama es más que un éxito, es un _____.

REPASO DEL SUBJUNTIVO

Complete the following sentences with the correct form of the verb in parentheses.

    1.   Espero que ellos (llegar) _____ pronto.
    2.   Querían que yo (averiguar) _____ qué había pasado.

3. Ella insistió en que él (merecer) _____ una recompensa *(reward)*.
4. Le dijeron a Juan que (venir) _____.
5. Pensamos que él (ser) _____ un buen estudiante.
6. No creo que nosotros (poder) _____ reunirnos con nuestros amigos hoy.
7. Carlos dice que su amigo (vivir) _____ en México.
8. Ojalá que ellos (tener) _____ bastante dinero.
9. Tal vez ellos no (querer) _____ visitarme.
10. Es posible que todos (ir) _____ juntos.
11. Es evidente que a él no le (gustar) _____ los entremeses que preparamos.
12. No es cierto que ella (recibir) _____ el premio.
13. Es necesario (comer) _____ para vivir.
14. Era dudoso que los estudiantes (entender) _____ todo.
15. No nos parece que su padre (tener) _____ razón.
16. Nos alegramos de que Ud. (quedarse) _____ aquí.
17. El médico le aconsejó que (trabajar) _____ menos y (divertirse) _____ más.
18. El profesor permitió que Paco (asistir) _____ a la clase.
19. En esa librería puedes comprar cualquier libro que (necesitar) _____.
20. Quiero comprar un libro que (explicar) _____ los usos del subjuntivo.
21. Buscaron un restaurante que (servir) _____ comida española.
22. No hay nadie que (creer) _____ lo que dice ese tipo.
23. Conozco a alguien que (vivir) _____ cerca de la universidad.
24. Encontraron un coche que no (costar) _____ mucho.
25. Por inteligente que (ser) _____ ese chico, no sale bien en los exámenes.
26. Vamos a estudiar cuando nuestros amigos (llegar) _____.
27. Esperaron hasta que él (salir) _____.
28. Hablé con Paco antes de que él (ir) _____ a clase.
29. Tan pronto como él (repasar) _____ sus apuntes, debe tomar el examen.
30. Me llamó cuando (venir) _____ a la capital.
31. Iremos aunque (llover) _____ porque el conjunto es formidable.
32. Quería ir con Carlos aunque él no (tener) _____ dinero.
33. Carlos irá en tren con tal que (haber) _____ uno que (salir) _____ a las ocho.
34. Ellos lo hicieron sin que nosotros los (ver) _____.
35. Van a Oaxaca para que su amigo (conocer) _____ la ciudad.
36. En caso de que ella (tener) _____ tiempo, van a visitar el museo.
37. Si (haber) _____ un tren a Oaxaca, podríamos ir mañana.
38. Si él (ahorrar) _____ su dinero, podría ir con nosotros.
39. Él habría hecho la tarea si (haber) _____ entendido la lección.
40. Ella escribe como si (ser) _____ autora.

▣ INTERCAMBIOS

EL ARTE DE CONVERSAR

To keep a conversation moving and to ensure continued interaction with your partner, you may ask for help if you forget a word or the details of a situation. Some useful expressions are the following:

¿Cómo se dice…?	*How do you say . . . ?*
¿Cómo se llama (la persona que nos trae cartas)?	*What do you call (the person who brings us letters)?*
Se me olvidó. ¿Recuerda Ud. (Recuerdas) lo que pasó?	*I forgot. Do you remember what happened?*
Ayúdeme (Ayúdame) a explicarlo.	*Help me explain it.*

SITUACIONES

Con un(a) compañero(a) de clase, prepare Ud. un diálogo que corresponda a las siguientes situaciones.

1. You are in Madrid. You want to go to the Prado Museum. Talk to the hotel clerk and ask him:
    a. if it is possible to take the metro to the museum.
    b. how long it takes to get there.
    c. how much the metro costs.
    d. what time the museum opens and if there is an entrance fee.
    e. what time it closes.
    f. if the museum is open on Sundays.
    g. whether there is a good restaurant near the museum.

2. You have just arrived in a new city and you must catch a bus in order to get to a friend's house to spend the night there. You go to the bus station and ask:
    a. the number of the bus that goes to Lomas de Chapultepec.
    b. the time of departure.
    c. the time of arrival at your destination.
    d. the names of streets and suburbs that the bus passes through.
    e. how much the fare is.

3. **Las elecciones municipales.** Un(a) candidato(a) para alcalde camina por la ciudad visitando las casas de los votantes. Un hombre le pregunta lo que va a hacer para mejorar la ciudad. El (la) candidato(a) le explique lo que quiere hacer.

4. **Una nueva casa.** Los Rodríguez acaban de mudarse a otra ciudad y buscan una casa. Hablan con un(a) agente de bienes raíces *(realtor)* y le describen en detalle la clase de casa que ellos quieren comprar.

A CONVERSAR

A. Diálogo

Lea Ud. el siguiente diálogo. Después, conteste las preguntas.

SAMUEL   Apúrate. Sube al autobús rápido.

AMALIA   Por poco lo perdemos. ¿Tienes suelto?

SAMUEL   Sí. Ya pagué. Sentémonos en esos asientos allí atrás—son los únicos vacíos.

AMALIA   Esas dos mujeres los van a ocupar. Tendremos que ir parados.

SAMUEL   ¡Cómo me fastidia esto! Todos los días viajo media hora parado en un autobús lleno de gente. Necesito comprar un auto.

AMALIA   Sería peor. Las calles congestionadas te harían demorar más de media hora.

SAMUEL   Sí, ya sé. Pero por lo menos pasaría el tiempo sentado.

AMALIA   Y luego está la cuestión de los gastos y la molestia del estacionamiento. Y sobre todo tus nervios.

SAMUEL   Mis nervios se destruyen más con los empujones y los codazos en las costillas que me dan en el autobús.

AMALIA   Bueno, dentro de unos meses van a abrir la parada nueva del metro cerca de tu casa. Podrás viajar rápida y cómodamente.

SAMUEL   Sí, hasta que se llene eso también. No hay remedio. Hoy voy a buscar un auto usado.

Preguntas

1. ¿Dónde están Samuel y Amalia? 2. ¿Por qué no pueden sentarse? 3. ¿Qué va a comprar Samuel? 4. ¿Qué le parece la idea a Amalia? Explique. 5. ¿Qué le va a pasar a Samuel si sigue viajando en los autobuses? 6. ¿Qué van a abrir cerca de la casa de Samuel dentro de unos meses? 7. ¿A Samuel le gusta la idea de viajar en metro? ¿Por qué? 8. ¿Cómo prefiere Ud. viajar, en autobús o en metro? ¿Por qué?

B. Discusión: La vida urbana y la vida rural

Todos tenemos alguna idea de cómo preferiríamos vivir si pudiéramos escoger libremente. A algunas personas les gusta más la vida urbana; otras prefieren vivir en el campo. Indique Ud. sus preferencias, contestando las siguientes preguntas.

1. ¿Dónde se siente Ud. más cómodo(a), en la metrópoli o en el campo?
2. ¿Cuáles son algunas de las ventajas de la vida rural?
3. ¿Qué nos ofrece la metrópoli?
4. ¿Qué cualidades asocia Ud. con las personas que viven en las grandes ciudades? ¿y con las que viven en el campo?
5. ¿Prefiere Ud. caminar por los campos o por las calles de una ciudad?
6. ¿Qué preparación necesita uno para ganarse la vida en la ciudad? ¿en el campo?

7. ¿Dónde hay mejores diversiones, en la ciudad o en el campo?

8. ¿Dónde es mejor la calidad de la vida? ¿Por qué?

C. *Temas de conversación o de composición*

1. ¿Cuáles son los problemas más graves que enfrentan los habitantes de las grandes ciudades?

2. ¿Cuáles son los problemas de las personas que viven en el campo?

3. ¿Cree Ud. que el gobierno nacional debe ayudar a las ciudades que tienen problemas económicos? ¿Debe ayudar a los agricultores con sus problemas?

D. *Descripción y expansión*

1. Describa en detalle la escena en la página 253.

2. Diga lo que hace cada persona en la escena. Use la imaginación.

   a. ¿Qué hacen los niños delante del cine?

   b. ¿Qué hace el hombre que está sentado en la parada?

   c. ¿Qué hacen las dos parejas *(couples)*?

   d. ¿Cómo se llama el almacén? ¿Qué se puede comprar en tal tienda?

   e. ¿Cómo se llama la pastelería? ¿Qué se vende en tal tienda?

   f. ¿Cómo se llama la película que dan en el cine? ¿Es una película extranjera?

3. ¿Cuáles son algunas de las semejanzas entre esta ciudad y la ciudad de Nueva York? ¿algunas de las diferencias?

4. Opiniones.

   a. ¿Dónde preferiría vivir Ud., en esta ciudad o en la suya? ¿Por qué?

   b. ¿Le parece a Ud. que la vida diaria de esta ciudad es más tranquila que la de su ciudad? Explique.

MATERIALES AUTÉNTICOS

Cuando pensamos en Madrid, muchas veces pensamos en una ciudad que es muy antigua y tradicional, pero hay una parte nueva, moderna y viva. Lea el artículo en la próxima página y conteste las preguntas.

1. ¿Qué es «Madrid 2»?
2. ¿Cuántas tiendas hay en este centro comercial?
3. ¿Hasta que hora está abierta la zona de ocio *(leisure area)*?
4. ¿Cuántos cines hay?
5. ¿Cuántas pistas de competición tiene la bolera *(bowling alley)*?
6. ¿Cuántos restaurantes hay? ¿Qué clase de comida se sirve en esos restaurantes?
7. ¿Qué se vende en «La Calle de los Artesanos»?
8. ¿Qué ofrecen el hipermercado *(supermarket)* y el gran almacén *(department store)*?
9. ¿Hay parking? ¿Cuánto cuesta?
10. ¿Qué es el horario *(schedule)* del centro?
11. ¿Se puede ir al centro por metro? ¿Cuál es el número de la línea? ¿Cómo se llama la estación del metro?
12. ¿Cuántos autobuses van al centro?
13. ¿Están todas las tiendas bajo un techo *(roof)*?
14. ¿Qué le parece este centro comercial? ¿Conoce uno en este país que es semejante? ¿Dónde? Descríbalo.

MADRID 2 *en La Vaguada*

EL MAYOR CENTRO COMERCIAL DE ESPAÑA.

350 tiendas distintas, donde podrá encontrar todas las famosas marcas españolas y extranjeras. Con todas las grandes ideas de la moda de hoy. También un sector tan especializado como el de las pieles, tiene en La Vaguada una importante presencia.

Una amplísima zona de ocio abierta hasta las 3 de la madrugada:

9 salas de cine con los grandes estrenos de la temporada.

1 super bolera, de las más grandes de Madrid, con 22 pistas de competición.

10 restaurantes distintos. Cada uno con su personalidad. Comida típica regional Española, Italiana, Americana y Alemana.

Una calle completa, con toda la artesanía que unas manos españolas son capaces de realizar: "La Calle de los Artesanos".

1 gran hipermercado y 1 gran almacén, famoso en España por su oferta de variedad. Tres plantas de gran calidad y buenos precios.

Y lógicamente un impresionante parking, con dos horas gratis, para su total comodidad.

85.000 m.^{2} de buen gusto, calidad y variedad. Para que sus compras sean un paseo más. Para disfrutar. Le esperamos. Seguro que le gustará conocerlo. Presumimos de haber recibido el premio al mejor centro comercial de Europa.

Nuestro horario es de 10 de la mañana a 10 de la noche.

El metro de la línea 9 le deja en la estación del Barrio del Pilar.

Los autobuses n.º 42, 49, 67, 83, 124, 128, 147 y el "Express" le dejan a menos de cien metros.

**Madrid 2. La Vaguada.
La mayor oferta reunida bajo
un mismo techo.**

Los Estados Unidos y lo hispánico

Esta familia está de compras en el centro de Miami. ¿Hay tiendas en su ciudad donde se habla español?

*(Carlos, un estudiante mexicano, se reúne con Bob
y Rudi, dos estudiantes chicanos,* en la cafetería.
Charlan de un viaje que Rudi y Bob piensan hacer a
México después de los exámenes finales.)*

5   BOB   ¿Cómo estuvo el examen?

CARLOS   ¡Uf! Difícil, amigo. Sólo con suerte me aprobaron.

RUDI   Pero tú siempre sales bien en química. ¿Qué pasó?

CARLOS   Pues, el profe nos hizo una mala jugada. Preguntó   jugada   *trick*
mucho sobre las primeras lecciones. Se me había olvi-
10   dado todo eso. Pero, no hablemos de cosas desagradables. Vamos a hablar del viaje. Van primero a la
capital, ¿verdad?

BOB   Sí. Pensamos pasar unas dos semanas en la capital y
luego ir en autobús hasta Yucatán. Terminamos en
15   Cancún para descansar en la playa.

CARLOS   Buen programa. ¿Dónde van a alojarse en México?   alojarse   *to lodge,*
¿Han escogido un hotel?   *stay*

RUDI   Todavía no. ¿Nos puedes recomendar uno? Que no
sea muy caro, ¿eh? No estamos en plan de turistas   en plan de   *in the*
20   ricos. Queremos viajar mucho con poco dinero.   *situation of*

CARLOS   Claro. Después les doy una lista. Hay varios hoteles
cómodos de precios muy moderados. ¿Quieren estar
en el centro?

BOB   Creo que sí. A propósito, ¿es difícil andar por la
25   ciudad? No tendremos coche.

CARLOS   Al contrario. Hay toda clase de transporte público.
Tener coche es un lío en la ciudad. Puesto que Uds.
hablan español, pueden pedir información en cualquier parte.

30   RUDI   ¿Y qué ciudades del interior nos recomiendas?

CARLOS   Pues, hay varias interesantes entre la capital y
Yucatán. Oaxaca, por ejemplo, es muy bella y las
ruinas de Monte Albán están muy cerca.

RUDI   Benito Juárez nació en Oaxaca, ¿verdad?

35   CARLOS   Sí. Y si quieres ver otras ruinas, puedes ir a Palenque.
Y luego a Villahermosa y Mérida, Uxmal y Chichén
Itzá.

BOB   Pero, hombre, espérate. ¿Cómo vamos a recordar todo
eso?

40   CARLOS   Miren, les voy a traer un libro de guía. Señalaré las
ciudades más importantes e interesantes. ¿Por qué no
van a Guatemala[1] y los otros países centroamericanos?

BOB   No hay suficiente tiempo. Pensamos ir a Centroamé-

---

*In some areas of the United States **«mexicoamericano»** is now the preferred term.

45		rica el verano que viene. Queremos ver todos los países de habla española.
	RUDI	También queremos ir al Brasil, donde hablan portugués, y a Haití, donde hablan francés. Además, hay islas como Trinidad y Tobago, donde el idioma oficial es el inglés.
50	BOB	Antes yo no sabía que había tanta variedad lingüística en Latinoamérica.
	CARLOS	Existe mucha variedad cultural también, aun entre los países de habla española. Hay que darse cuenta de la diferencia entre un país como Guatemala y otro como
55		la Argentina.
	BOB	Pero todos los países hispanos tienen las mismas raíces culturales. Hablan la misma lengua, tienen la misma religión…
	CARLOS	Pero han tenido una historia diferente[2] y probablemente tendrán un destino propio. Verán—¡incluso
60		hay diferencias dentro de México, entre la capital y Yucatán!

◩ NOTAS CULTURALES

[1] **¿Por qué no van a Guatemala?:** Desde la frontera de México hasta Panamá hay unas 1200 millas que abarcan *(include)* siete países distintos: Guatemala, Honduras, El Salvador, Nicaragua, Costa Rica, Belice y Panamá. El más pequeño, El Salvador, tiene la misma área que el estado de New Hampshire, y el más grande, Guatemala, es del tamaño de Pennsylvania.

[2] **Pero han tenido una historia diferente:** Uno de los errores más comunes de los norteamericanos es el olvidarse de las grandes diferencias entre una nación y otra en la región llamada «Latinoamérica».

◩ VOCABULARIO ACTIVO

Estudie estas palabras.

Verbos

charlar to chat, converse
señalar to point out, indicate

Sustantivos

el lío problem, hassle
el profe professor (slang)
la raíz root, origin

Adjetivos

desagradable unpleasant

Otras expresiones

a propósito by the way
puesto que since, inasmuch as

Comprensión

1. ¿Dónde se reúnen los tres estudiantes?   2.   ¿Cómo salió Carlos en el examen de química?   3.   ¿Por qué fue tan difícil el examen?   4.   ¿Adónde quieren ir primero Bob y Rudi?   5.   ¿Cómo van a viajar a Yucatán?   6.   ¿Van a andar por la capital en coche?   7.   ¿Dónde está Monte Albán?   8.   ¿Por qué no van a visitar Centroamérica? 9. ¿Qué idiomas hablan en el Brasil y en Haití?   10.   ¿Dónde hablan inglés?

Opiniones

1.   ¿Ha viajado Ud. por Hispanoamérica? ¿Dónde?   2.   ¿Qué país de Hispanoamérica le gustaría visitar? ¿Por qué?   3.   ¿Cómo preferiría Ud. viajar por Hispanoamérica? ¿en coche? ¿en tren? ¿en autobús? ¿en avión? ¿Por qué?   4.   ¿Qué querría ver en cada país?   5.   ¿Querría Ud. estudiar en un país hispanoamericano? Explique.   6.   ¿Preferiría Ud. vivir con una familia hispanoamericana o en un hotel? ¿Por qué?   7.   ¿Cree Ud. que es necesario saber hablar idiomas extranjeros si uno quiere viajar por el mundo? Explique.   8.   En su opinión, ¿por qué es importante que una persona viaje a varios lugares del mundo?

▣ ESTRUCTURA

The Passive Voice

Both English and Spanish have an active and a passive voice. In the active voice the subject performs the action of the verb; in the passive voice the subject receives the action. Compare the following examples.

Active Voice:

> Los mayas construyeron las pirámides de Uxmal y Chichén Itzá.
> *The Mayans constructed the pyramids of Uxmal and Chichén Itzá.*

Passive Voice:

> Las pirámides de Uxmal y Chichén Itzá fueron construidas por los mayas.
> *The pyramids of Uxmal and Chichén Itzá were constructed by the Mayans.*

A. *Formation of the passive voice*

The passive voice is formed with the verb **ser** plus a *past participle*. **Ser** may be conjugated in any tense and the past participle must agree in gender and number with the subject. The agent (doer) of the action is usually introduced by **por**.

> Ese pueblo fue fundado por los españoles.
> *That town was founded by the Spaniards.*

> Los tíos de Rudi serán visitados por Bob y Carlos.
> *Rudi's aunt and uncle will be visited by Bob and Carlos.*

B. *Use of the passive voice*

1. The passive voice with **ser** is used when the agent carrying out the action of the verb is expressed or implied.

   Los apuntes fueron repasados por Carlos.
   The notes were reviewed by Carlos.

   El boleto fue comprado por Rudi.
   The ticket was bought by Rudi.

   La casa fue destruida por el viento.
   The house was destroyed by the wind.

2. If the action of the sentence is mental or emotional, **de** is used instead of **por** with the agent.

   El profesor es respetado (admirado, *etc.*) de todos.
   The professor is respected (admired, etc.) by everyone.

PRÁCTICA

A. Change the verbs in parentheses to the passive voice, using the preterite tense of **ser**.

   1. Las bebidas (servir) _____ por la criada.
   2. El libro de historia (leer) _____ por Juan.
   3. Los manuscritos (escribir) _____ por un monje.
   4. La información (mandar) _____ por mi amigo.
   5. Los indios (respetar) _____ de los turistas.

B. Bob and Rudi are going to Mexico. Tell their plans by changing the following sentences from the active to the passive voice.

   1. Los alumnos estudiaron la historia de Hispanoamérica.
   2. Carlos describe la influencia española en México.
   3. Bob y Rudi visitarán la capital del país.
   4. Van a visitar las misiones que la Iglesia Católica estableció.
   5. Los españoles exploraron todas partes de México.
   6. Carlos señala otros lugares en la guía que los chicos deben ver.
   7. Carlos compró los boletos para el viaje.
   8. Bob escribirá el itinerario.

C. You are ready to leave for a trip to Mexico. Describe what each of the following people did to help you get ready, using the passive voice with **ser**.

   Modelo   reservas / arreglar / el agente de viajes
   Las reservas fueron arregladas por el agente de viajes.

   1. mi cámara nueva / comprar / mi tío
   2. las maletas / hacer / mi madre

3. el boleto de ida y vuelta / conseguir / mi padre
4. mi pasaporte / expedir *(to issue)* / el gobierno
5. mis dólares / convertir a pesos / el banco

D. Using the passive construction, give information concerning the following people and events.

Modelo   México / conquistar
México fue conquistado por los españoles.

1. la Declaración de Independencia de los Estados Unidos / escribir
2. América / descubrir
3. el teléfono / inventar
4. el presidente / elegir
5. la Primera Guerra Mundial / ganar

Substitutes for the Passive

A. *The passive* se

When the speaker wishes to focus on the recipient or subject of the action and the agent of the action is not expressed or implied, the passive **se** construction is used.*
The passive **se** construction always has these three parts:

se + third person verb + recipient or subject of the action

Note that if the recipient or subject of the action is an object rather than a person, the verb in the passive **se** construction agrees with it.

Se venden libros de historia en aquella librería.
History books are sold in that bookstore.

Muchas páginas se han escrito sobre la conquista.
Many pages have been written about the conquest.

Allí se encuentra la población de origen colonial.
The population of colonial origin is found there.

B. *Impersonal "they"*

The third person plural may also be used as a substitute for the passive when the agent is not expressed.

Dicen que es muy inteligente.
They say (It is said) that she is very intelligent.

Hablan español en la Argentina.
They speak Spanish (Spanish is spoken) in Argentina.

---

*The passive **se** construction is more common and is preferred over the true passive.

PRÁCTICA

A. Carlos is telling Bob and Rudi some of the things they should know about Mexico. Relate this by changing the following sentences from the plural to the singular; then translate each one.

1. Se encuentran misiones coloniales allí.
2. Se ven las pirámides al norte de la capital.
3. Se abrían las puertas del Museo de Antropología a las diez.
4. Se venden las guías turísticas en cualquier tienda.
5. Se cerraban tarde las tiendas en la Zona Rosa.

B. Carlos continues to give Bob and Rudi information about Mexico. Relate this by changing the following sentences to the impersonal *they* construction; then translate each one.

1. Se habla nahuatl en algunas aldeas de México.
2. Se venden flores de papel en los mercados.
3. Se dice que México es una tierra de contrastes.
4. Se comen tacos en México.
5. Se baila el jarabe tapatio en México.

C. Bob and Rudi are now in Mexico. Relate what their guide tells them by changing the following sentences from the active to the passive voice construction with **se**.

1. Preparan platos típicos en los restaurantes cerca del Zócalo.
2. Venden libros antiguos en varias tiendas en la Zona Rosa.
3. Arreglan los planes del viaje en esa agencia.
4. Verán la catedral durante una visita a la plaza.
5. Tocan la música folklórica en aquella cantina.

D. Express the following in Spanish two ways: (1) using the reflexive construction with **se** and (2) using the impersonal *they*.

1. The doors are opened at nine.
2. The house was sold yesterday.
3. Portuguese is spoken here.
4. The trip will be discussed.
5. Lectures are given in this room.

Uses of the Infinitive

1. As an object of a preposition (where English uses the *-ing* form).

Después de repasar sus apuntes, él fue a clase.
After reviewing his notes, he went to class.

Antes de hablar, es bueno pensar.
Before speaking, it is good to think.

2. As a noun functioning as the subject or object of a verb. It may be used with or without the definite article **el**.

(El) ver esa región es indispensable.
Seeing that region is indispensable.

¿Qué prefieres, nadar o esquiar?
What do you prefer, swimming or skiing?

3. As a verb complement, in place of a noun clause when there is no change of subject.

Quiero salir mañana.
I want to leave tomorrow.

Esperan llegar el martes.
They hope to arrive on Tuesday.

4. In place of a noun clause after certain impersonal expressions (used with an indirect object pronoun).

Le es necesario comprarlo.
It is necessary for him to buy it.

Nos es imposible viajar en tren.
It is impossible for us to travel by train.

5. After verbs of perception such as **oír, escuchar, ver, mirar,** and **sentir**. (Note the position of the noun object in the last example.)

Los oí llorar.
I heard them crying.

Vieron escapar al ladrón.
They saw the thief escape.

6. Instead of a noun clause after verbs of preventing, ordering, or permitting (**prohibir, mandar, hacer, dejar,** and **permitir**). An object pronoun is usually a part of this construction.

Me prohibió salir.
He prohibited me from leaving.

Nos impidieron entrar.
They stopped us from entering.

No lo dejaron hablar.
They didn't allow him to speak.

Le hizo escribirla.
He made him write it.

7. In certain impersonal commands (usually on signs).

No fumar.
No smoking.

No escupir en la calle.
No spitting in the street.

No pisar el césped.
Don't step on the grass.

PRÁCTICA

A. Express some of the things Rudi and Bob did during their first day in Mexico by translating the words in parentheses.

1. *(After arriving)* _____ a México, fuimos al museo.
2. Rudi compró unos recuerdos *(in spite of having)* _____ poco dinero.
3. *(After eating)* _____, nos pusimos a charlar con unos mexicanos.
4. *(Instead of going to bed)* _____, miramos la televisión.
5. Siempre nos divertimos *(upon visiting)* _____ un país nuevo.

B. You are writing to a friend after arriving in Mexico City.

Querido(a) _____:

It is impossible for me to tell you everything that I have done since arriving here. I am happy that I didn't drive because having a car is a hassle in this city. As you know, Carlos gave me the address of his family in Mexico before leaving. It was necessary for me to take the subway to their home. There were signs everywhere saying no smoking, eating or sleeping on the subway. Upon arriving at the station, I went to see his family. Upon entering the house, his parents began to smile. Before sitting down, I had to meet all his brothers and sisters. After chatting for several hours, it was time to leave. They let me use their telephone to call a taxi because the subway doesn't run after midnight. Upon arriving at my hotel, I decided to write to you instead of going to bed.

Con un abrazo,

Nominalization

A word or phrase that modifies a noun (a simple adjective, a **de** phrase, or an adjective clause) may function as a noun when used with the definite article. The process of omitting the noun and using the article + modifier is called *nominalization*.

Noun(s) Stated:

> Hay dos chicas allí. La chica morena es mi prima y la chica rubia es mi hermana.
> *There are two girls over there. The brunette girl is my cousin and the blond girl is my sister.*

Noun(s) Omitted:

> Hay dos chicas allí. La morena es mi prima y la rubia es mi hermana.
> *There are two girls over there. The brunette is my cousin and the blond is my sister.*

More Examples:

> La raqueta de Paco es roja. La de Paco es roja.
> *Paco's racket is red. Paco's is red.*

> El chico que habla es Carlos. El que habla es Carlos.
> *The boy who is talking is Carlos. The one who is talking is Carlos.*

The contractions **al** and **del** often occur in nominalized sentences.

> Quiero conocer al hombre rico.
> Quiero conocer al rico.

PRÁCTICA

A. Change the following sentences according to the model.

> **Modelo** Pienso que los exámenes orales son más difíciles que los exámenes escritos.
> *Pienso que los orales son más difíciles que los escritos.*

1. Éstas son las fotos de Trinidad y aquéllas son las fotos de Tobago.
2. La chica que está cerca de la ventana es más bonita que la chica que está sentada.
3. Te prestaré el vestido amarillo, puesto que lo necesitas.
4. No puedo leer las palabras que están en aquel letrero.
5. A propósito, la chica pelirroja quiere salir con Carlos.
6. Los chicos de aquí no saben bailar.
7. El restaurante que está en esa esquina está cerrado.
8. Las bebidas que tomamos costaron mucho.
9. La casa de Isabel y Sonia queda lejos de aquí.
10. Se acerca a la mesa de Tere y Lola.

B. You and a friend are being asked to state your preference about certain things. Express your ideas in Spanish.

1. A restaurant? I like the one that is on the corner.
2. Novels? We like the ones by (of) Carlos Fuentes.

3. A record? I want to listen to the one by (of) Julio Iglesias.
4. Dances? We like the ones of South America.
5. Films? I prefer the ones from France.

C. You are planning a trip to Mexico. State what you prefer to see. Follow the model.

Modelo ¿Qué prefieres ver,
el museo de antropología o el museo del arte moderno?
Prefiero ver el de antropología.

1. la catedral de Guadalajara o la catedral de México?
2. la costa del Pacífico o la costa del Atlántico?
3. los barrios pobres o los barrios ricos?
4. los mercados indios o los mercados modernos?
5. los edificios de arquitectura colonial o los edificios de arquitectura moderna?

The Conjunctions *Pero, Sino,* and *Sino que*

Pero, sino, and **sino que** all mean *but*. They all join two elements of a sentence, but each has specific guidelines governing its usage.

1. **Pero** joins two elements when the preceding clause is affirmative. It introduces information that expands a previously mentioned idea.

Quiero ir, pero no iré.
I want to go, but I won't.

Prefiero mirar la televisión, pero tengo que estudiar.
I prefer to watch television, but I have to study.

Pero may be used after a negative element. In this case, *but* is equivalent to *nevertheless* or *however*.

Raúl no es muy alto, pero juega bien al tenis.
Raúl isn't very tall, but he plays tennis well.

No me gusta hablar de cosas desagradables, pero a veces hay que hacerlo.
I don't like to talk of unpleasant things, but sometimes it must be done.

2. **Sino** is only used after a negative element in order to express a contrast or contradiction to the first element. (**Sino** connects only a word or phrase to a sentence, but never a clause.)

No es fácil sino difícil.
It isn't easy, but difficult.

No quiere beber sino comer.
He doesn't want to drink, but rather to eat.

Ellos no son peruanos sino chilenos.
They are not Peruvians, but Chileans.

3. **Sino que** is only used after a negative element to connect a clause to the sentence. Like **sino,** it introduces information that contrasts or contradicts the concept expressed in a preceding negative element.

No es necesario que lo estudie sino que lo lea.
It isn't necessary that he study it, but that he read it.

No dijo que vendría sino que se quedaría en casa.
He didn't say that he would come, but that he would stay at home.

PRÁCTICA

A. Complete the following sentences with **pero, sino,** or **sino que**.

1. Rudi no va con Carlos _____ con Bob.
2. Quiere ser ingeniero _____ no es fácil.
3. No iré al concierto _____ lo escucharé por radio.
4. No es azul _____ verde.
5. No quiero hablar _____ callarme.
6. No quiere que hablemos _____ nos callemos.
7. No dijeron que lo comprarían _____ lo venderían.
8. No van a tomar el autobús _____ el metro.
9. No va al cine _____ se queda en casa.
10. Mi amigo no es español _____ mexicano.
11. Él va a estudiar, _____ ellos prefieren ir al cine.
12. No piensan ir a Bolivia _____ a Guatemala.
13. No hay desierto _____ montañas.
14. No queremos quedarnos aquí _____ nos quedaremos.
15. Me gustaría charlar más, _____ tengo que terminar la tarea.

B. Complete the following sentences with your own ideas. Be imaginative.

1. No quiero hacer un viaje a Tucson, pero _____.
   No quiero hacer un viaje a Tucson sino (que) _____.
2. Guadalajara no está cerca, pero _____.
   Guadalajara no está cerca sino (que) _____.
3. Mi amigo cree que yo sé mucho de México, pero _____.
   Mi profesor no cree que yo sepa mucho de México sino (que) _____.
4. En México un pasaporte es importante, pero _____.
   En España un pasaporte no sólo es importante sino (que) _____.

The Alternative Conjunctions *E* and *U*

1. The conjunction **y** changes to **e** before words beginning with **i** or **hi**.

Queremos ver lugares pintorescos e interesantes.
We want to see picturesque and interesting places.

Se necesitan tela e hilo para hacer un vestido.
Fabric and thread are needed to make a dress.

However, **y** does not change before nouns beginning with **hie** or with **y**.

petróleo y hierro   él y yo
oil and iron   *he and I*

2. The conjunction **o** changes to **u** before words beginning with **o** or **ho**.

Tomás u Olivia pueden hacerlo.
Tomás or Olivia can do it.

No sé si es mujer u hombre.
I don't know if it's a woman or a man.

PRÁCTICA

A. Complete with **y** or **e,** as required.

1. Mis frutas favoritas son naranjas _____ higos.
2. Se sirve Coca-Cola con limón _____ hielo.
3. Carlos habla español _____ inglés.
4. Contó un cuento divertido _____ increíble.

B. Complete with **o** or **u,** as required.

1. No sé si necesito más dinero _____ otra cosa.
2. Traté de hacerlo siete _____ ocho veces.
3. Prefiero leer novelas _____ cuentos.
4. No sabe si el boleto costó setenta _____ ochenta pesos.

REPASO

I. Reply to each statement using the true passive construction.

Modelo   Los apuntes están escritos.
              Sí, fueron escritos por el estudiante.

1. Las lecciones están terminadas.
2. La composición está corregida.

3. Los viajes están arreglados.
4. La puerta está cerrada.
5. El resumen está preparado.

II. Nominalize the following sentences.

1. La casa de Juan está muy lejos de aquí.
2. Las raíces culturales de todos los países son las mismas.
3. El libro que está en la mesa es de Elena.
4. El coche azul es de mi papá.
5. Los muchachos españoles están aquí de visita.

III. Express the following in Spanish.

1. My trip was arranged by the travel agent.
2. Interesting books are sold in that store.
3. In this restaurant the food is always served hot.
4. The two most important products of Venezuela are oil and iron.
5. They invited seven or eight people.
6. She wants to buy the blue hat and the red one.
7. The large suitcase and the small one are mine.
8. The letters were written by my sister.

IV. You and a classmate are planning a trip to Latin America. Make an itinerary *(itinerario)* for your trip, including the places that you plan to visit and a list of the items that you feel will be necessary to have on your trip. You have one restriction: You can take only five items with you, including your suitcase. Be prepared to present your itinerary and list to the entire class. See if the class feels that you have included all of the essential items for foreign travel.

V. Who does the following things in your family? Ask a classmate. He/She is to answer using the passive voice construction with **ser**.

Modelo   preparar / comida
¿Quién prepara la comida?
La comida es preparada por mi padre.

1. pagar / cuentas
2. escribir / cartas
3. leer / libros
4. cantar / canciones
5. limpiar / casa
6. manejar / coche

Now ask your classmate some other things that are done by various members of his/her family.

▣ INTERCAMBIOS

EL ARTE DE CONVERSAR

Learning idioms and useful expressions will help you understand a native speaker more easily. Knowing idioms and expressions will also enable you to develop a more sophisticated level of speaking. An idiom is a word or expression that cannot be analyzed word for word nor does it have a direct English equivalent. Some of the more frequently used idioms you have studied are the following:

claro	*of course*
con permiso	*excuse me (when leaving the table or a room)*
de todos modos	*anyway*
valer la pena	*to be worthwhile*
tomar una copa	*to have a drink*
hacer daño	*to harm, hurt*
darse cuenta de	*to realize*

SITUACIONES

Con un(a) compañero(a) de clase, prepare Ud. diálogos sobre las siguientes situaciones.

1. You want to take a trip to Peru. You go to a travel agency to arrange your trip. You talk with the agent.
   a. You tell her that you want to go to Peru.
   b. You tell her that you have to leave on the 25th of June and return the first of August.
   c. You tell her that you want to go to Lima first and later to Machu Picchu and Cuzco.
   d. You ask her if it is better to fly to Cuzco or to go by bus.
   e. You tell her that you want to stay in first class hotels only.
   f. You ask her how much the trip will cost.
   g. You tell her to arrange the trip, and that you will return on Monday to see the final itinerary.

2. You and a friend are going out for dinner in Mexico City. You enter a restaurant and speak with the waiter.
   a. You ask him for a table next to the window.
   b. You ask him to bring you a menu, two glasses, and a bottle of wine.
   c. You ask him if there are any special dishes for the day.
   d. You ask him to describe the dish "flautas" that is on the menu.
   e. After the waiter has described the dish to you, you have to describe it to your friend because she doesn't speak Spanish.
   f. You order tortilla soup, shrimp salad, pork with green chile sauce, rice with black beans, and fresh fruit and cheese for dessert.
   g. After eating, you ask for the check and leave.

3. **Tomando un taxi:** Ud. ha llegado a una ciudad hispánica y tiene que tomar un taxi al centro. Pregunte al chófer si conoce un hotel no muy caro y una agencia donde pueda alquilar un coche.

autopista *highway;* calle *(f) street;* cobrar por *to charge for;* coche de alquilar *rental car;* precio fijo (por persona) *fixed price (per person);* recomendar *to recommend;* ruta *route;* taxímetro *taxi meter*

4. **En el hotel:** Ud. llega al hotel sin cuarto reservado. Pida Ud. información acerca de los precios y el tipo de cuarto disponible.

administración (*o* gerencia) *front desk;* aire acondicionado *air conditioning;* calefacción *heat;* cama doble (*o* de matrimonio) *double bed;* camas gemelas *twin beds;* cien pesos diarios *a hundred pesos a day;* conserje *(m) desk clerk;* cuarto con baño (ducha) *room with a bath (shower);* cuarto sencillo (doble) *single (double) room;* gerente (*m or f*) *manager;* reserva *reservation;* tarifa *rate*

5. **Le faltan toallas:** Después de firmar el registro, Ud. sube al cuarto para descansar y bañarse, pero descubre que se les ha olvidado colocar toallas limpias en el cuarto. Tiene que llamar a la administración y explicar la situación.

ascensor *(m) elevator;* ascensorista (*m or f*) *elevator operator;* botones *(m) bellhop;* camarera *maid;* cuarto de baño *bathroom;* equipaje *(m) luggage;* faltar *to be missing, lacking;* llave *(f) key;* jabón *(m) soap;* papel higiénico *toilet paper;* toalla *towel*

6. **Hay que ir al correo y al banco:** Después de escribir unas cartas y unas tarjetas postales, Ud. tiene que ir al correo. Pregunte al conserje dónde está. Después, Ud. pasa por el banco para cobrar unos cheques de viajero. Tiene que identificarse y averiguar la tarifa *(rate)* de cambio.

correo aéreo (ordinario) *air (regular) mail;* dirección *address;* estampilla (sello, timbre) *stamp;* franqueo *postage;* remitente (*m or f*) *sender, return address;* cajero *cashier;* cheque de caja *(m) cashier's check;* cheque de viajero *traveller's check;* cobrar un cheque *to cash a check;* cuenta *account;* firmar (*o* endosar) *to sign, endorse;* tasa (*o* tarifa) de cambio *exchange rate;* ventanilla *(cashier's) window*

7. **Una enfermedad:** Un día Ud. se siente mal. Llame Ud. a la recepción y pregunte por un médico. Después, llame al médico y explique lo que le pasa.

alergia *allergy;* antiácido *antacid;* aspirina *aspirin;* cápsula *capsule;* clínica *clinic, hospital;* consultorio *doctor's office;* dolor de estómago (cabeza) *stomach (head) ache;* enfermedad *illness;* estar resfriado(a) *to have a cold:* farmacéutico(a) *pharmacist;* indigestión *indigestion;* inyección *injection, shot;* pastilla *tablet;* píldora *pill;* receta *prescription*

▣ A CONVERSAR

A. *Diálogo*

Lea el diálogo. Después, haga un resumen oral del argumento para la clase y conteste las preguntas.

(En la aduana.)

ADUANERO   Buenos días, señor. ¿De dónde viene Ud.?

VIAJERO   De Los Ángeles, California.

ADUANERO   ¿Me permite ver su visa y prueba de ciudadanía?

VIAJERO   Sí. Aquí tiene el pasaporte. Está visado. Es un viaje turístico.

ADUANERO   ¿Tiene Ud. algo que declarar?

VIAJERO   Lo único que traigo, además de la ropa y los artículos de uso personal, es este radio portátil. Es un regalo para mi sobrina.

ADUANERO   Está bien. No tiene que pagar derechos de importación. ¿Hay algo más?

VIAJERO   Nada, señor. ¿Quiere que abra las maletas?

ADUANERO   No voy a revisarlas todas. ¿Me hace el favor de abrir la pequeña?

VIAJERO   Sí, claro. Como ve Ud., es ropa, nada más.

ADUANERO   Bien. Aquí tiene sus documentos. Puede pasar.

VIAJERO   Muchas gracias. ¿Podría Ud. decirme dónde puedo conseguir un taxi?

ADUANERO   Sí, pase Ud. por esa puerta a la derecha. Espero que su visita a nuestro país sea agradable.

Preguntas

1. ¿Dónde está el viajero? 2. ¿Qué le pide el aduanero al viajero? 3. ¿Qué le muestra el viajero al aduanero? 4. ¿Tiene el viajero algo que declarar? ¿Qué? 5. ¿Cuántas maletas tiene que abrir el viajero? 6. ¿Qué había en la maleta? 7. Según el aduanero, ¿dónde puede conseguir un taxi el viajero? 8. ¿Ha pasado Ud. una vez por la aduana? ¿Dónde? ¿Qué le pasó? ¿Tuvo problemas? Describa su experiencia.

B. *Composición*

1. Escriba Ud. una composición de un viaje que Ud. ha hecho. Describa los lugares que Ud. visitó y la gente que Ud. conoció.
2. Escriba Ud. una composición de un viaje que Ud. querría hacer por Latinoamérica.

C. Descripción y expansión

1. ¿Cómo es el restaurante? ¿grande? ¿pequeño? ¿elegante? ¿regular?

2. Describa la clase de restaurante que Ud. prefiere. ¿Por qué prefiere ese tipo?

3. Ud. va a tener la oportunidad de comer en un restaurante en Sevilla, España. Ud. tiene 375 pesetas. Refiriéndose al menú en la página 275, pida una comida completa sin gastar más de lo que tiene. Después de pedir varios platos, explique por qué quiere probar esas cosas.

4. Opiniones

   a. ¿Qué opina Ud. de la comida extranjera? Explique.

   b. ¿Qué comida extranjera es su favorita? ¿Por qué?

   c. ¿Cuál prefiere, la comida americana o la comida mexicana? ¿Por qué?

MENÚ TURÍSTICO

Un plato del Grupo I
Un plato del Grupo II, III o IV
Un plato del Grupo V, pan y vino

PAN	7
MANTEQUILLA	10

SERVICIO e IMPUESTOS INCLUIDOS

CARTA

PRIMER GRUPO (I)
ENTREMESES, ENSALADAS y SOPAS

Ptas.

Melón con Jamón	110
Cocktail de Mariscos	100
Consomé de Ave	20
Sopa de Arroz Española	30
Creme de Ave Reina	35
Sopa de Cebolla Gratinada	35
Ensalada Ilustrada	30
Entremeses Variados	60
Crema de Mariscos	40

SEGUNDO GRUPO (II)
VERDURAS, HUEVOS y PASTAS

Alcachofas Salteadas con Jamón	70
Espárragos Dos Salsas	100
Menestra de Verduras	100
Coles de Bruselas	80
Champiñones a la Bordalesa	65
Guisantes a la Francesa	50
Huevos a la Flamenca	50
Tortilla de Jamón	45
Paella Valenciana	120
Arroz con Pollo	120
Fabada Asturiana	90

TERCER GRUPO (III)
PESCADOS y MARISCOS

Lenguado Escorial	150
Merluza a la Bilbaína	90
Langosta Dos Salsas	450
Ostras	160
Percebes	125
Lubina Grillé	120
Almejas a la Marinera	120
Langostinos Dos Salsas	350
Parrillada de Mariscos	175

Trucha a la Navarra	90
Mero al Horno	120
Bacalao al Ajoarriero	80
Calamares Romana	80
Gambas al Ajillo	170
Angulas Bilbaína	190
Rape Marinera	120
Mejillones Marinera	60
Zarzuela de Mariscos	175

CUARTO GRUPO (IV)
CARNES, AVE y CAZA

Jamón de Teruel	95
Magras con Tomate	80
Costillas de Ternasco	115
Entrecote Parrilla	130
Solomillo de Ternera	160
Escalope Milanesa	90
Bistec de Ternera	90
Riñones a la Plancha	80
Conejo a la Brasa	120
Longaniza a la Brasa	80
Tournedos Rossini	175
Lomo de Cerdo Embuchado	95
Perdiz Escabechada	175
Pollo Asado (¼)	70
Chuletas de Ternasco	125
Pollo Chilindrón	100
Sesos a la Romana	90
Entrecote a la Pimienta	150

QUINTO GRUPO (V)
POSTRES, HELADOS, QUESOS y FRUTAS

Fruta de la Temporada	40
Pijama	40
Melocotón en Almíbar	25
Piña al Kirsch	60
Flan al Caramelo	35
Helado de Vainilla	30
Queso Manchego	25
Cuajada de Leche	25
Peras en Almíbar	30
Tarta de Almendras	35
Helado al Horno	95
Tarta Helada	40
Arroz con Leche	35
Tocino de Cielo	35

Este Establecimiento dispone de UN LIBRO DE RECLAMACIONES a disposición del Cliente

MATERIALES AUTÉNTICOS

En el diálogo de este capítulo Rudi y Bob piensan terminar su viaje a México en Cancún. Lea el anuncio que apareció en un diario de la capital de México, *EXCELSIOR,* y conteste las preguntas.

1. ¿Qué es AVISA?
2. ¿Cómo son los precios que se anuncian para Cancún?
3. ¿Dónde empiezan los precios?
4. ¿Cuándo son las salidas para Cancún?
5. En la oferta especial, ¿cuánto cuesta sólo el pasaje por avión? Si un dólar (U.S.) = 3.069 pesos, ¿cuánto cuesta el pasaje en dólares (U.S.)?
6. Si Ud. quiere pasar cuatro días y tres noches en Cancún, ¿cuál de los paquetes es más barato? ¿más caro? ¿Cómo se llaman los hoteles?
7. ¿Cuántos pesos tienen que pagar los menores en los hoteles?
8. ¿Qué se incluye en el precio?
9. ¿Cuándo empieza esta oferta especial? ¿Cuándo termina?
10. ¿Quiere Ud. visitar Cancún? ¿Por qué?

La presencia hispánica en los Estados Unidos

La misión de San Carlos Borromeo de Carmelo se encuentra en California. Describa esta misión.

*(Carlos, Bob y Rudi vuelven a encontrarse en la
cafetería de la universidad para seguir su charla
sobre los viajes del verano. Esta vez hablan del
viaje que Carlos piensa hacer al suroeste de los*
5   *Estados Unidos.)*

CARLOS Bueno, esta tarde tengo el último examen y mañana
voy a hacer turismo. ¿Y Uds.? ¿Cuándo salen?

BOB No salimos hasta el lunes. ¿Adónde vas primero?

CARLOS Esperaba que Uds. me aconsejaran. Quiero ver
10   lugares que demuestren la influencia mexicana.[1]
¿Sería mejor ir a Phoenix, Tucson u otra ciudad?

RUDI Pues, en cuanto a la influencia mexicana, hay relativamente poca en Phoenix pero mucha en Tucson.
Aquélla fue establecida mucho más tarde. La misión
15   de San Xavier del Bac,[2] cerca de Tucson, fue construida en 1700.

BOB En realidad, casi toda la influencia hispánica en
Arizona es reciente, pero en el norte de Nuevo México
y en el sur de Colorado[3] hay pueblos que se fundaron
20   en los tiempos coloniales. El ver esa región es indispensable.

RUDI Si tienes mucho tiempo, te puedo recomendar algunos
sitios magníficos en las montañas de Nuevo México.
Pero por lo menos te daré la dirección de mis tíos en
25   Santa Fe—ellos te pueden guiar por la ciudad.

CARLOS Y la gente de Texas, ¿no es de procedencia colonial
también?

BOB Bueno, Texas es más semejante a California—una
mezcla de gente mexicana cuyos antepasados llegaron
30   en el siglo XVIII y otros que han inmigrado recientemente. El aspecto colonial se limita a varias misiones
aisladas.

CARLOS ¿No son los estados de más concentración hispánica?

RUDI Sí, es cierto, pero en Texas y en California ha habido
35   más contacto con la cultura anglosajona que en otras
partes como Nuevo México. ¿Cómo viajas? ¿En
avión?

CARLOS Sí, porque el camión llevaría demasiado tiempo, ya
que la distancia es enorme. Si pudiera, iría en tren,
40   pero es difícil.

RUDI No sólo difícil, sino imposible.

CARLOS Tengo pasaje desde Los Ángeles hasta San Antonio y
puedo hacer escala en cualquier ciudad de en medio.   **de en medio** *in between*
Pensaba que podía tomar el camión para visitar los
45   pueblos pequeños.

RUDI ¿Compraste boleto de ida y vuelta?

CARLOS	No. Es un boleto sencillo porque voy a viajar de San Antonio a México para pasar unos días con mis padres antes de volver a la universidad.
50 BOB	Hablando de México, ¿cuándo vas a orientarnos un poco más? Partimos el lunes para la capital.
CARLOS	Lo haré con mucho gusto. Si fuera posible, les acompañaría en una gira por mi patria. Pero creo que les puedo dar algunos consejos sobre los lugares más pintorescos e interesantes.
55 BOB	¿Por ejemplo?
CARLOS	Miren, tengo otro examen en diez minutos. Quisiera repasar mis apuntes una vez más antes de entrar. ¿Qué tal si nos reunimos aquí a las seis?
60 RUDI	Perfecto. Que salgas bien en el examen.
BOB	Sí, buena suerte.
CARLOS	Gracias. La voy a necesitar. Hasta luego. Nos vemos a las seis.

▣ NOTAS CULTURALES

[1] **lugares que demuestren la influencia mexicana:** La cultura hispánica en el suroeste de los Estados Unidos tiene varios antecedentes históricos. Algunos pueblos fueron fundados durante la época colonial (1521–1824) y tienen un marcado sabor español. Otros muestran rasgos de la cultura mexicana del siglo XIX y aun otros la influencia de los inmigrantes mexicanos recientes. Este hecho explica en parte la gran variedad cultural y lingüística de la cultura chicana o mexicoamericana.

[2] **La misión de San Xavier del Bac:** Los primeros centros españoles en los Estados Unidos fueron las misiones católicas establecidas por los misioneros.

[3] **el norte de Nuevo México y el sur de Colorado:** Esta región es de origen colonial y está relativamente aislada del resto de la cultura chicana o mexicoamericana y también de la cultura anglosajona.

▣ VOCABULARIO ACTIVO

Estudie estas palabras.

Verbos

guiar   to guide
repasar   to review

Sustantivos

el antepasado   ancestor
la charla   chat

el consejo   advice
la escala   stopover
la gira   tour
el pasaje   passage, ticket
la patria   country
la procedencia   origin
el rasgo   trace
el suroeste   southwest

Adjetivos

aislado, -a isolated
marcado, -a clear, marked
pintoresco, -a picturesque
sencillo, -a one-way (ticket)

Otras expresiones

de ida y vuelta round-trip (ticket)
en cuanto a regarding, as far as . . . is concerned
pasado mañana the day after tomorrow
por lo menos at least

Comprensión

1.   ¿Dónde se reúnen Carlos, Bob y Rudi para seguir su charla?   2.   ¿Qué país van a visitar Bob y Rudi?   3.   ¿Cuándo van a salir?   4.   ¿Qué lugares quiere ver Carlos?   5.   ¿Qué estados muestran rasgos de la cultura española colonial?   6.   ¿Cómo pueden ayudar los tíos de Rudi a Carlos?   7.   ¿De qué elementos se compone la cultura hispánica de Texas?   8.   ¿Dónde se encuentra la mayor concentracíon hispánica del suroeste?   9.   ¿Cómo va a viajar Carlos?   10.   ¿Por qué llevaría demasiado tiempo en el camión?   11.   ¿Compró Carlos boleto de ida y vuelta? ¿Por qué no?   12.   ¿De qué van a hablar cuando se reúnan a las seis?

Opiniones

1.   ¿Ha visitado Ud. el suroeste de los Estados Unidos? ¿Qué partes?   2.   Si Ud. tuviera la oportunidad de visitar unos estados del suroeste para observar la influencia hispánica, ¿qué estados preferiría visitar? ¿Por qué?   3.   ¿Antes de estudiar la lengua española, sabía Ud. que había mucha influencia hispánica en el suroeste de los Estados Unidos?   4.   ¿Ha hecho Ud. un viaje en camión? ¿Cuándo?   5.   ¿Prefiere Ud. viajar en camión o en avión? ¿Por qué?   6.   ¿Sabe Ud. que hay otros lugares de los Estados Unidos que también tienen influencia hispánica? ¿Cuáles son? ¿Cuál es el origen de la influencia hispánica en esos lugares?

▣ ESTRUCTURA

Review of Uses of the Definite Article

Some special uses of the definite article in Spanish are as follows:

1. With nouns in a series, it is generally repeated before each noun.

El abrigo, el sombrero y las corbatas son de Alfredo.
The overcoat, hat, and ties belong to Alfredo.

2. With all titles except **don (doña)** and **Santo (Santa)** when talking about a person.

La señora García está en Texas.
Mrs. García is in Texas.

Don José reza a Santo Tomás.
Don José prays to St. Thomas.

Note that the article is omitted when speaking directly to a person.

Señor García, ¿dónde está el comedor?
Mr. García, where is the dining room?

3. With nouns used in a general or abstract sense.

Las flores son bonitas.
Flowers are pretty.

La paciencia es más importante que la sabiduría.
Patience is more important than wisdom.

4. With infinitives used as nouns.*

El charlar constantemente es molesto.
Talking constantly is annoying.

El leer es más agradable que el mirar la televisión.
Reading is more pleasant than watching television.

5. With days of the week,† seasons of the year, the time of day, and dates.

Voy a misa los domingos.
I go to mass on Sundays.

La primavera es la estación más bonita del año.
Spring is the prettiest season of the year.

Son las siete.
It's seven o'clock.

Pasado mañana es el seis de enero.
The day after tomorrow is January 6.

However, the article is omitted with days of the week in expressions such as **Hoy es…, Ayer fue…,** etc.; it is also omitted after **ser** with seasons. After the preposition **en** the use of the article with seasons is optional.

Hoy es martes.
Today is Tuesday.

Es invierno en la Argentina.
It's winter in Argentina.

En (el) otoño las hojas caen de los árboles.
In autumn the leaves fall from the trees.

---

*See Unit 11, page 262, item number 2.

†Note that the definite article is used to express *on* with days of the week. **Voy a clase el lunes**. *I go to class on Monday.* Also the article is omitted with days of the week and with seasons after the verb **ser**.

6. With names of languages, except after the preposition **en** or when the language immediately follows the verb **hablar**.*

Hablan muy bien el francés.
They speak French very well.

El español es muy fácil.
Spanish is very easy.

    BUT

En español hay muchas palabras de origen árabe.
In Spanish there are many words of Arabic origin.

Hablan francés.
They speak French.

After the preposition **de,** the article is often omitted with languages; this is always the case with a **de** phrase that modifies a noun.

Es profesora de alemán.
She's a German teacher (a teacher of German).

7. With parts of the body, articles of clothing, and personal effects, in place of the possessive adjective (see Unit 4).

Me lavo las manos.	Marta se pone los guantes.
I wash my hands.	*Marta puts on her gloves.*

8. With the names of certain countries, cities, and states.

la Argentina	la Gran Bretaña
el Brasil	la Florida
el Canadá	el Japón
el Ecuador	el Perú
los Estados Unidos	el Uruguay
El Salvador	

Nowadays the article is often omitted with these countries in newspapers, radio broadcasts, and colloquial speech. But it is always retained with **El Salvador, La Habana,** and **El Cairo.**

9. With names of all countries when modified by an adjective or phrase.

el México azteca
Aztec Mexico

la Inglaterra de nuestros antepasados
the England of our ancestors

---

*After some other verbs (**aprender, comprender, escribir, estudiar, leer, saber**), use of the article is optional.

la España del Cid
the Spain of the Cid

10. With the names of games and sports.

Paco juega muy bien a las damas.
Paco plays checkers very well.

Me gusta mucho el tenis.
I like tennis a lot.

11. With the names of meals.

Los niños se acuestan después de la cena.
The children go to bed after supper.

12. With the nouns **escuela, iglesia, ciudad,** and **cárcel** when they are preceded by a preposition.

Para algunos chicos asistir a la escuela es como estar en la cárcel.
For some children going to school is like being in jail.

Note: Feminine nouns beginning with stressed **a** or **ha** use **el** instead of **la** in the singular.

El agua está fría.
The water is cold.

El hambre es un problema mundial.
Hunger is a world problem.

But when these nouns are in the plural, they use the feminine article **las**:

Las aguas de esos ríos están muy sucias.
The waters of those rivers are very dirty.

PRÁCTICA

A. Complete the following sentences with the appropriate form of the definite article or a contraction, where required.

1. ＿＿＿＿＿＿ libertad es importante.
2. ¿Cómo está Ud., ＿＿＿＿＿＿ señora García?
3. Mis amigos hablan ＿＿＿＿＿＿ italiano.
4. ＿＿＿＿＿＿ hombres son así.
5. Se preocupa de ＿＿＿＿＿＿ vida y de ＿＿＿＿＿＿ muerte.
6. Vamos a misa ＿＿＿＿＿＿ domingo.
7. Nunca voy ＿＿＿＿＿＿ cine.
8. ＿＿＿＿＿＿ agua está helada.
9. ＿＿＿＿＿＿ otoño es bonito en las montañas.
10. Son ＿＿＿＿＿＿ cuatro.

B. Change the words given in English to Spanish.

1. Carlos se pone *his* ropa.
2. *Brazil* es un país enorme con muchos pueblos aislados.
3. Estudiamos la historia de *colonial America*.
4. César no va a *school* los domingos.
5. Hoy es *April 10*.
6. *Mr. García* nunca va a misa.
7. Su padre es profesor de *Latin*.
8. *The trees* en el parque son verdes.
9. Sufren mucho de *hunger*.
10. ¿Son de Ud. *the pen and pencil*?

C. Some people place more value on certain things than do others. Indicate what you think would be most important to each of the individuals below.

el dinero	la salud	la justica
la verdad	la educación	la moda
la libertad	el amor	la fama *(fame)*
la amistad	el sol	la música

Modelo   un cantante
En mi opinión lo más importante para un cantante es la música.

1. un estudiante	6. una vieja
2. una mujer	7. un atleta
3. un hombre	8. una chica
4. un turista	9. un niño
5. un novio	10. un pianista

Review of Uses of the Indefinite Article

A. Omission of the article

The indefinite article is generally used in Spanish as it is in English. However, in Spanish the indefinite article is omitted in these instances:

1. Before unmodified predicate nouns indicating profession, nationality, religion, political affiliation, and the like.

Soy cocinero.   Alicia es abogada.
I am a cook.   *Alicia is a lawyer.*

Felipe es chicano (mexicoamericano).   ¿Eres republicano?
Felipe is a Mexican-American.   *Are you a Republican?*

However, the article is used when the noun is emphatic (stresses something important about the person) or when it is modified.*

---

*The indefinite article is omitted when the noun and the modifier form a single, commonplace phrase and the modifier precedes the noun: **Es buena persona (gente).**

¿Quién es ella? Es una maestra.
Who is she? She's a teacher.

Es un dentista excelente.
He's an excellent dentist.

2. In negative sentences, after certain verbs such as **tener** and **buscar,** and with personal effects, when the numerical concept of **un(o), una** is not important.

¿Tienes coche?
Do you have a car

Busco solución a mi problema.
I'm looking for a solution to my problem.

Siempre lleva sombrero.
He always wears a hat.

    BUT

No tiene ni un pariente que le ayude.
He doesn't have one (a single) relative to help him.

3. After **sin** and **con**:

Nunca sale sin sombrero.
He never goes out without a hat.

Quiero un pasaje con escala en Tucson.
I want a ticket with a stopover in Tucson.

4. With **otro, cierto, mil, cien(to),** and **tal** *(such a)*:

¿Tienes otro?
Do you have another?

Cierto hombre me lo dijo.
A certain man told it to me.

Lo hemos repasado mil veces.
We have reviewed it a thousand times.

Nunca he visto tal cosa.
I've never seen such a thing.

But note that the indefinite article is used with **millón**:

un millón de habitantes
a million inhabitants

5. Before nouns in many adverbial phrases.

Luchó como león.	María escribe con pluma.
He fought like a lion.	*María is writing with a pen.*

6. With nouns in apposition when the category rather than the identity of the person is stressed:

José Feliciano, célebre cantante puertorriqueño, cantó el himno nacional.
José Feliciano, a famous Puerto Rican singer, sang the national anthem.

B. *Other notes on usage*

1. The indefinite article is generally repeated before each noun in a series.

Voy a comprar un abrigo y un sombrero.
I'm going to buy a coat and hat.

2. Feminine nouns beginning with stressed **a** or **ha** take **un** in the singular instead of **una** when the article immediately precedes.

un hacha	un aula
an axe	*a classroom*

3. The plural indefinite articles **unos** and **unas** translate as *some, a few,* and *about*. **Unos** is less specific than **algunos**.*

Vimos unos partidos muy buenos.
We saw some very good games.

Tiene unos veinte años.
He is about twenty years old.

PRÁCTICA

A. Complete the following sentences with the indefinite article, where required.

1. Siempre escribe con _____ lápiz.
2. Es _____ arquitecto muy célebre.
3. No quiere _____ casa sin agua caliente.
4. Busco _____ médico.
5. De vez en cuando vendo _____ libro.
6. Elena está más bonita sin _____ anteojos.
7. Es _____ estudiante mexicano.
8. Mi padre es _____ buen abogado.
9. Gana _____ mil pesos mensuales.
10. Se portó como _____ hombre.

B. Express the following in Spanish.

1. I don't have a car.
2. They want to buy a book, a pen, and a notebook.

****Algunos** *must* be used instead of **unos** before **de** phrases: **Algunos de mis amigos vinieron a la fiesta.**

3. The children want to buy some gifts.
4. Robert is a very good lawyer. (two ways)
5. Mr. Pérez is a famous doctor.
6. She has a solution to the problem.
7. Are you a Spaniard?
8. No, I'm a Mexican, and my wife is a Colombian.
9. Does he have a tennis racket?
10. That picture was painted by Picasso, a famous Spanish artist.

Expressions with *Tener, Haber,* and *Deber*

A. *Idiomatic expressions with* tener

1. Many idiomatic expressions are formed with the verb **tener**. Common ones include the following:

tener hambre *to be hungry*	tener... años *to be . . . years old*
tener sed *to be thirsty*	tener razón *to be right*
tener sueño *to be sleepy*	tener suerte *to be lucky*
tener frío *to be cold*	tener vergüenza *to be ashamed*
tener calor *to be hot*	tener dolor de cabeza *to have a headache*
tener miedo *to be afraid*	tener dolor de estómago *to have a stomach*
tener cuidado *to be careful*	*ache*
tener ganas de *to feel like*	tener fiebre *to have a fever*
tener prisa *to be in a hurry*	

Examples:

Tengo ganas de ir al cine.
I feel like going to the movies.

Siempre tienen mucha sed.
They are always very thirsty.

Since **hambre, sueño, sed,** etc., are nouns, they must be modified by the adjective **mucho (-a, -os, -as)** rather than by **muy**.

2. **Tener que** plus an infinitive *(to have to)* expresses an obligation that one *must* carry out.

Tuve que llevar el coche al taller.
I had to take my car to the repair shop.

Tiene que llenar una solicitud.
He has to (must) fill out an application.

3. **Tener** plus a variable past participle stresses a present state that is the result of a past action.

Ella tiene preparada la comida.
She has the meal prepared.

B. Uses of haber

1. **Hay que** plus an infinitive means *one has to, one must,* or *it is necessary.*

Hay que estudiar para aprender.
It is necessary to study in order to learn.

Hay que conservar energía.
One must (one has to) conserve energy.

2. **Haber de** plus an infinitive is used to express futurity with a slight degree of obligation. Less emphatic than **tener que,** it is translated *to be to* or *to be supposed to.*

Han de estudiar ahora.
They are to study now.

He de corregir los exámenes.
I'm supposed to correct the exams.

C. Uses of deber

1. The verb **deber** plus an infinitive translates as *ought to, should,* or *must.* It expresses moral obligation rather than compulsion or need.

Debemos escuchar sus consejos.
We ought to listen to his advice.

Él debe comprar los boletos.
He should buy the tickets.

Debo ir a clase ahora.
I must go to class now.

2. To soften the expression of obligation or to express advice about present or future conduct, the conditional or the imperfect subjunctive of **deber** is used.

Deberíamos escuchar sus consejos.
We (really) ought to listen to his advice.

Ud. debiera comprar los boletos.
You (really) should buy the tickets.

3. The imperfect of **deber** + **haber** + a past participle translates as *should have* + past participle.

Por lo menos, debías haberle escrito.
At least you should have written to him.

4. Either **deber** or **deber de** may also express probability or likelihood.*

---

*Remember that the future and conditional tenses may also be used to express probability: **Estarán en la biblioteca.** *They are probably in the library.* **Habrían salido.** *They must have left.*

Deben (de) estar en la biblioteca.
They are probably in the library.

Debían (de) haber salido.
They must have left.

PRÁCTICA

A. Express the following in Spanish.

1. I am in a hurry—I have to leave now.
2. It is necessary to practice in order to speak Spanish well.
3. They are supposed to buy the tickets today.
4. The tour ought to (must) leave at 8:00.
5. He ought to (should) arrive in the capital by Friday.
6. They have to go to the bank after work.
7. You should have chosen that hotel.
8. You are right. We really ought to invite them.
9. He is probably at the station already. (two ways)
10. I have a headache. I must go to the doctor.
11. I am very hungry today.
12. He feels like going to the Southwest this summer.
13. She is always very thirsty when it's hot.
14. We have to leave for the airport now.

B. Complete each sentence with the appropriate **tener** expression.

1. Cuando no como, _____.
2. Cuando leo demasiado, _____.
3. Cuando hace mucho calor, yo _____.
4. Cuando no duermo, _____.
5. En el invierno yo _____.
6. En el verano yo _____.
7. Cuando gano la lotería, _____.
8. Cuando estoy solo(a) en una calle oscura, _____.
9. Cuando hago algo malo, _____.
10. Cuando estoy en lugares peligrosos, _____.

Miscellaneous Verbs

A. Saber *and* conocer

1. The verb **saber** means *to know (a fact),* to have information or knowledge about something or someone. When followed by an infinitive it means *to know how* to do something.

Yo sé la lección.
I know the lesson.

Sabemos que él es de origen mexicano.
We know that he is of Mexican origin.

Sabe tocar la trompeta.
He knows how to play the trumpet.

2. In the preterite, **saber** means *to find out* or *to learn*.

Supimos que ya habían regresado a su patria.
We found out (learned) that they had already returned to their country.

3. The verb **conocer** means *to know a person, place, or thing* in the sense of "to be acquainted with," "to be familiar with."

Conocen varios sitios pintorescos.
They know (are familiar with) several picturesque places.

Conozco a su prima.
I know (am acquainted with) his cousin.

4. In the preterite, **conocer** means *to meet, be introduced to*.

Los conocimos anoche.
We met them last night

B. Preguntar *and* pedir

1. The verb **preguntar** means *to ask (a question)*.

Le preguntó a Rudi dónde estaba Tucson.
She asked Rudi where Tucson was.

Siempre me preguntaba la misma cosa en cuanto a mis clases.
He always used to ask me the same thing regarding my classes.

Le voy a preguntar cuánto cuestan los mapas.
I'm going to ask him how much the maps cost.

2. The verb **pedir** means *to ask for, ask (a favor), request*.

Carlos pidió permiso a su padre para usar el coche.
Carlos asked his father for permission to use the car.

Me pidieron un lápiz.
They asked me for a pencil.

Nos piden que vayamos a verlos.
They are asking us to go to see them.

C. Tomar *and* llevar

1. **Tomar** means *to take (in one's hand), take (transportation)* or *to eat* or *to drink*.

Paco tomó los libros y salió para la escuela.
Paco took his books and left for school.

Tomaron el tren para la capital.
They took the train to the capital.

Siempre tomo café por la mañana.
I always drink coffee in the morning.

2. **Llevar** means *to take along* or *to carry (to some place)*.

Llevó a su hermana a la fiesta.
He took his sister to the party.

Hay que llevar pasaporte para entrar en un país extranjero.
One must carry a passport in order to enter a foreign country.

D. Quitar *and* quitarse

1. **Quitar** means *to remove from, take away (off)*.

La criada quitó los platos de la mesa.
The maid took (removed) the plates from the table.

Quitaron las maletas del autobús.
They took the suitcase off the bus.

2. **Quitarse** means *to take off (oneself)*.

Se quitó el sombrero antes de entrar en la sala.
He took off his hat before entering the living room.

PRÁCTICA

A. Complete with either **saber** or **conocer,** depending on the meaning of the sentence.

1. ¿_____ Ud. cómo salió en el examen?
2. Tomás y yo _____ que ellos viven en este barrio.
3. Yo _____ bien este lugar.
4. Raúl _____ todas las obras de Cervantes.
5. Marta _____ escribir a máquina.
6. ¿_____ Ud. al escritor de ese libro?
7. Ellos no _____ resolver este problema.
8. Ayer María y yo _____ a los padres de Juan.
9. Yo _____ anoche que él había llegado.
10. Toda la gente del pueblo _____ al obispo.

B. Complete with the correct preterite form of either **preguntar** or **pedir.**

1. Carlos _____ información sobre el viaje de Bob.
2. Ellos nos _____ si queríamos salir temprano.
3. Sus amigos me _____ la fecha.

4. Yo _____ una taza de café.
5. Rudi le _____ cómo se llamaba el hombre de la barba.
6. El turista nos _____ si hablan la misma lengua en Guatemala y en el Brasil.
7. Él me _____ que esperara un rato.
8. Las chicas le _____ a Carlos el diccionario.

C. Express the following in Spanish.

1. We always take a taxi when we want to go downtown.
2. He took the suitcase off the chair before sitting down.
3. They took off their hats before entering the cathedral.
4. She drinks a lot of sangría when it is hot out.
5. He always carries his traveler's checks when he travels.
6. We took the packages out of the car.
7. She is taking her mother to the movies.
8. He took his hand out of (from) his pocket.

REPASO

1. Verb tense review

A. Give the Spanish equivalents of the following, including the name of each tense used.

1. I leave.	9. Leave. (**tú**)	17. I may leave. (pres. subj.)
2. I have left.	10. Let's leave.	
3. I am leaving.	11. Let him leave.	18. I may have left. (pres. perf. subj.)
4. I used to leave.	12. Don't leave. (**tú**)	
5. I left.	13. I will leave.	19. I might leave. (imperfect subj.)
6. I was leaving.	14. I will have left.	
7. I had left.	15. I would leave.	20. I might have left. (pluperfect subj.)
8. Leave. (**Ud.**)	16. I would have left.	

B. Complete each sentence with the Spanish equivalent of the words given in parentheses.

1. Mi amigo y yo *(leave)* _____ para España mañana.
2. El agente *(has put)* _____ los boletos en la mesa.
3. Felipe *(is reading)* _____ el itinerario en este momento.
4. Mi familia *(used to go)* _____ a Puerto Vallarta todos los inviernos.
5. El año pasado nosotros *(went)* _____ a Acapulco.
6. Yo *(was swimming)* _____ anoche a las nueve.

7. Ellos ya *(had left)* _____ antes de la fiesta.
8. Al llegar al hotel, *(call us)* _____ *(tú)*.
9. Si hay tiempo, *(write me)* _____ *(Ud.)*.
10. *(Let's visit)* _____ el museo hoy.
11. ¿La verdad? *(Let him tell it)* _____.
12. *(Don't tell)* _____ mentiras *(tú)*.
13. Ellos *(will do it)* _____ mañana.
14. Es cierto que ella *(will have seen)* _____ esa película.
15. Le dije que yo no *(would come)* _____.
16. Si hubiera música, nosotros la *(would listen to)* _____.
17. Enrique *(has been trying)* _____ de hacerlo durante sus vacaciones.
18. Ellos *(had sung)* _____ con un conjunto antes de mudarse a Colombia.
19. Ella espera que Uds. *(go)* _____ con ella al Zócalo.
20. Es dudoso que él *(has given)* _____ su pasaporte al agente.
21. Mi familia quería que mi hermano y yo *(make)* _____ un viaje a la Argentina en octubre.
22. Si yo *(had had)* _____ tiempo, habría comprado unos recuerdos.

II. Complete the following paragraph with the definite or indefinite article, if required.

Hoy es _____ martes. Tengo que ir a _____ oficina de turismo para hablar con _____ señor Gómez. Es agente de viajes pero no ayuda mucho a _____ clientes. Por ejemplo, yo quiero hacer _____ viaje a _____ América Latina en _____ otoño, pero él cree que yo debo ir en _____ primavera. Prefiero ir a _____ Argentina, pero él cree que debo ir a _____ Chile. Para conservar _____ dinero, es mejor salir _____ martes y volver _____ lunes. Pero él quiere que yo salga _____ domingo y vuelva _____ sábado. A _____ señor Gómez le importa más _____ dinero que _____ bienestar de _____ clientes. Para mí, _____ viajar es mi pasatiempo favorito, pero tengo que encontrar otra persona que sea _____ buen agente de viajes si quiero tener _____ itinerario bien arreglado.

III. Ask a classmate the following questions.

1. ¿Te gusta viajar?
2. ¿Te gusta viajar solo(a) o con alguien? ¿Por qué?
3. ¿Prefieres viajar por los Estados Unidos o por un país extranjero? ¿Por qué?
4. ¿Prefieres viajar con un grupo de turistas o solo(a)? ¿Por qué?
5. Si tuvieras la oportunidad, ¿preferirías visitar España o Latinoamérica? ¿Por qué?

◩ INTERCAMBIOS

EL ARTE DE CONVERSAR

In order for your speech to sound more authentic you should learn several appropriate sayings (**dichos**) or proverbs (**refranes**). They are commonly used by native speakers to express a certain attitude or opinion about an everyday happening. Here are some examples:

En boca cerrada no entran moscas.	*Be quiet.*
Es mejor ser cabeza de ratón que cola de león.	*It's better to be a leader than a follower.*
	It's better to have a little power than none at all.
Quien no se aventura nunca realiza la mar.	*Nothing ventured, nothing gained.*

SITUACIONES

Con un(a) compañero(a) de clase prepare Ud. diálogos sobre las siguientes situaciones.

1. Your friend calls you and tells you that he wants to go to Santa Fe, New Mexico with you for the weekend. You tell him:

   a. that you are going to leave at 6:30 A.M.
   b. that you are going to drive your car.
   c. that he should bring a small suitcase.
   d. that he should wear informal clothes like jeans, a shirt, comfortable shoes, and a jacket.
   e. that he should bring $200 with him to cover the cost of gasoline, hotel, and food.
   f. that you plan to visit several museums, eat at some good restaurants, and buy some jewelry that the Indians sell in the central plaza.
   g. that you will come by his house to pick him up.

2. You are in Taos, New Mexico. You go to a bookstore.

   a. You tell the clerk that you want to buy a book about the history of the Southwest.
   b. You tell the clerk that you want a book with photographs and maps of the region.
   c. You tell the clerk that the book should contain chapters about the Spanish influence in the region.
   d. She finds a book for you, and you ask her how much it costs.
   e. She tells you; you give her the money and thank her for her help.

3. **Un viaje por avión:** Ud. está hablando a un(a) amigo(a) sobre un viaje que Ud. hizo por avión a Buenos Aires. Describa lo que Ud. hizo en la agencia de viajes para planear el viaje. Su amigo(a) quiere que Ud. describa el vuelo y lo que le pasó después de llegar en la capital de la Argentina.

aerolínea *airline;* aeropuerto *airport;* avión *(m) airplane;* boleto sencillo *one-way ticket;* boleto de ida y vuelta *round-trip ticket;* directo *direct;* enlace *(m) connection;* hacer escala *to make a stopover;* pagar al contado *to pay cash;* visa *visa (entry permit);* abordar *to board;* abrocharse el cinturón *to fasten the seat belt;* azafata *o* aeromoza *flight attendant;* aterrizar *to land;* despegar *to take off;* facturar (el equipaje) *to check (baggage);* puerta *gate*

4. **Un viaje por autobús:** Ud. va a hacer un viaje a Córdoba por autobús. Ud. visita la estación de autobuses y pide información sobre el horario de los autobuses que van a Córdoba, la duración del viaje, la cantidad de paradas, la ruta del autobús, la posibilidad de conseguir un asiento cerca de la ventanilla y el precio del boleto.

   carretera *highway;* hora de salida (llegada) *departure (arrival) time;* parada *stop;* paisaje *(m) landscape;* ruta *route;* ventanilla *(bus) window* (See also the appropriate vocabulary under 3.)

5. **Un viaje por coche:** Ud. está haciendo los preparativos para un viaje largo en coche de Ciudad Juárez a Guadalajara, México. Ud. va a una gasolinera y le pide al mecánico que él registre su coche para ver si esté de buenas condiciones para hacer el viaje.

   gasolinera *service station;* engrasar *to grease;* funcionar *to run (motor);* llenar el tanque *to fill the tank;* reparar *to repair;* revisar *to check;* aceite *(m) oil;* batería *(m) battery;* bocina *horn;* carnet *(m) driver's license;* correa del ventilador *fan belt;* faro *headlight;* filtro *filter;* frenos *brakes;* garaje *(m) garage;* gasolina *gasoline;* gato *jack;* limpiaparabrisas *(m) windshield wiper;* llanta *o* neumático *tire;* parabrisas *(m) windshield;* radiador *(m) radiator;* rueda *wheel;* volante *(m) steering wheel*

6. **Un viaje por tren:** Ud. acaba de volver de un viaje por tren a varias partes de Europa. Describa su viaje a un amigo(a) desde el momento cuando Ud. llegó a la estación de ferrocarril hasta su vuelta a casa.

   andén *(m) platform;* boleto de primera (segunda) clase *first (second) class ticket;* coche cama *(m) sleeping car;* coche comedor *(m) dining car;* contraseña *(o* el talón) de equipaje *baggage check (ticket);* despacho de equipajes *luggage office;* minutos de retraso *minutes late;* quiosco *newsstand;* sala de espera *waiting room;* tren expreso *express train;* ventanilla *(train) window*

▣ A CONVERSAR

A. *Diálogo*

Lea el siguiente diálogo. Después, conteste las preguntas.

HOMBRE   Señorita, quisiera un boleto de ida y vuelta entre Buenos Aires y Santiago.

AGENTE   Muy bien. ¿De primera clase o turista?

HOMBRE	De primera, si me hace el favor.
AGENTE	¿Me permite Ud. ver el pasaporte?
HOMBRE	Aquí lo tiene. ¿A qué hora sale el avión?
AGENTE	El próximo vuelo es a las 17:20. Llega a Santiago a las 20:10.
HOMBRE	¿Cuánto cuesta el pasaje?
AGENTE	Son 1.150 australes con impuestos. ¿Desea pagar al contado o con tarjeta de crédito?
HOMBRE	Pago al contado. ¿Por dónde abordamos?
AGENTE	Por la puerta número 12-C a las 17 horas. ¿Desea facturar el equipaje?
HOMBRE	Gracias. Sólo tengo esta maletita. Voy a llevarla conmigo.

Preguntas

1. ¿Qué clase de boleto quiere comprar el hombre?   2.   ¿Adónde quiere ir el hombre?   3.   ¿Viaja el hombre de primera clase o turista?   4.   ¿Qué tiene que mostrar el hombre a la agente?   5.   ¿A qué hora sale el avión y cuándo llega a Santiago?   6.   ¿Cuánto cuesta el pasaje?   7.   ¿Cómo va a pagar el hombre la cuenta?   8.   ¿Por dónde abordan los pasajeros el avión?   9.   ¿Quiere el hombre facturar el equipaje? ¿Por qué?   10.   Ahora describa un viaje que Ud. haya hecho.

B. Discusión: Las situaciones inesperadas

Con frecuencia el (la) viajero(a) se enfrenta con situaciones inesperadas o costumbres que varían de las de su propio país. Supongamos que un estudiante sudamericano lo (la) está visitando a Ud. Es la primera vez que él ha viajado a los Estados Unidos. Durante una charla le menciona las diferencias culturales que ha notado. Indique Ud. a la clase el contraste que hay entre las siguientes costumbres hispánicas y las nuestras.

1.   —En mi país es costumbre echar un piropo a una chica atractiva al encontrarla en la calle. Con esto, uno atrae su atención. Normalmente, la chica no le hace caso a uno y finge no haberle escuchado.

2.   —Cuando salgo con mi novia, siempre nos acompaña un miembro de su familia.

3.   —Con frecuencia las chicas viven en casa de sus padres hasta casarse; pocas abandonan el hogar para buscarse apartamento.

4.   —Al viajar dentro de mi país, es necesario que uno lleve la tarjeta de identidad para conseguir alojamiento en un hotel. Cada ciudadano tiene su «cédula personal», la cual es indispensable para ciertos negocios.

5.   —La mayoría de la gente viaja dentro del país en tren o en autobús.

6.   —De noche, mucha gente sale a pasear por las calles principales de la ciudad. A algunas personas les gusta mirar las vitrinas; otras se divierten mirando a la gente. Hay muchos cafés, algunos al aire libre, donde uno puede sentarse para conversar con los amigos.

C. Composición

Escriba Ud. una composición sobre la influencia hispánica en los EE.UU.

D. Descripción y expansión

1. Busque los nombres españoles en el mapa y tradúzcalos al inglés.
2. Describa un viaje que Ud. quiera hacer por el suroeste explicando por qué quiere visitar esta región del país.
3. ¿Conoce Ud. alguna ciudad o región de los Estados Unidos que tenga una fuerte influencia hispana? Cuéntele a la clase cómo es.
4. Opiniones
   ¿Que opina Ud. de las regiones de los Estados Unidos que tienen una fuerte influencia hispana? ¿Son interesantes? ¿Añaden algo importante a la cultura de los Estados Unidos? Explique.

MATERIALES AUTÉNTICOS

Hay muchos hispanos que viven en los Estados Unidos no solamente en el suroeste pero también en lugares como Miami, Florida, Nueva York y Chicago. La población hispana crece rápidamente cada año, y la importancia de la cultura hispana crece también. Las compañías grandes reconocen la importancia de la comunidad hispana y en los años recientes han empezado a atraer la atención de los hispanos a sus productos por publicar anuncios escritos en español. El siguiente anuncio apareció en la revista, *Temas*, publicada en Nueva York. Lea el anuncio y conteste las preguntas.

1. ¿De qué es la foto?
2. ¿Qué es Con Edison?
3. ¿Qué ahorra dinero y beneficia el medio ambiente *(environment)*?
4. ¿Qué es el propósito *(purpose)* de los programas de Energía Iluminada? Dé Ud. un ejemplo.
5. Según el anuncio, ¿cuáles son mejores, las bombillas incandescentes o las bombillas fluorescentes compactas? ¿Por qué?
6. ¿Son estos programas de Energía Iluminada solamente para el hogar *(home)*?
7. ¿Cómo se puede obtener más información sobre estos programas?

Energía Iluminada

Una idea energética de Con Edison

El uso inteligente y eficiente de la energía ahorra dinero y beneficia el medio ambiente.

Nuestros programas de Energía Iluminada sugieren maneras de utilizar la energía sabiamente en el hogar. Como reemplazar sus bombillas incandescentes por bombillas fluorescentes compactas de rendimiento energético.

Proporcionan la misma luz suave que las bombillas regulares ¡pero usan 75% menos electricidad y duran 10 veces más! De modo que usted ahorra dinero en su cuenta de electricidad y en las bombillas de repuesto.

Los programas de Energía Iluminada también ofrecen asistencia técnica y descuentos para ayudar a los negocios a utilizar la energía con inteligencia y reducir los costos de operación instalando equipos de rendimiento energético.

El uso inteligente de la energía significa que se quema menos combustible para producir electricidad . . . y eso es bueno para el medio ambiente.

Para obtener un folleto gratis sobre Energía Iluminada, sírvase remitir por correo el siguiente cupón.

ENLIGHTENED ENERGY

Con Edison, PO Box 900, New York, NY 10003

¡SI! Quiero más información. Envíenme gratis un folleto "ENERGIA ILUMINADA".

Nombre _____

Dirección _____

Ciudad _____

Estado _____ Código Postal _____

Oferta válida solamente para los residentes del área de sevicios de Con Edison en Nueva York y del condado de Westchester.

Con Edison

Appendix

Cardinal numbers

1	uno	30	treinta
2	dos	31	treinta y uno
3	tres	40	cuarenta
4	cuatro	50	cincuenta
5	cinco	60	sesenta
6	seis	70	setenta
7	siete	80	ochenta
8	ocho	90	noventa
9	nueve	100	cien
10	diez	101	ciento uno
11	once	200	doscientos, -as
12	doce	300	trescientos, -as
13	trece	400	cuatrocientos, -as
14	catorce	500	quinientos, -as
15	quince	600	seiscientos, -as
16	dieciséis (*or* diez y seis)	700	setecientos, -as
17	diecisiete (diez y siete)	800	ochocientos, -as
18	dieciocho (diez y ocho)	900	novecientos, -as
19	diecinueve (diez y nueve)	1.000	mil
20	veinte	1.100	mil cien
21	veintiuno (veinte y uno)	2.000	dos mil
22	veintidós (veinte y dos)	1.000.000	un millón (de)
	etc.	2.000.000	dos millones (de)

Metric units of measurement

1 centímetro	=	.3937 of an inch (less than half an inch)
1 metro	=	39.37 inches (about 1 yard and 3 inches)
1 kilómetro (1.000 metros)	=	.6213 of a mile (about ⅝ of a mile)
1 gramo	=	.03527 of an ounce
100 gramos	=	3.527 ounces (slightly less than ¼ of a pound)
1.000 gramos (1 kilo)	=	32.27 ounces (about 2.2 pounds)
1 litro	=	1.0567 quarts (slightly over a quart, liquid)
1 hectárea	=	2.471 acres

Conversion formulas

From Fahrenheit (= F) to Celsius (or Centigrade = C):

$$C = \frac{5}{9}(F - 32)$$

From Celsius to Fahrenheit:

$$F = \frac{9}{5}(C + 32)$$

0°C	=	32°F (freezing point of water)
37°C	=	98.6°F (normal body temperature)
100°C	=	212°F (boiling point of water)

▣ REGULAR VERBS

Indicative Mood

	First conjugation	*Second conjugation*	*Third conjugation*
Infinitive	*to speak* hablar	*to learn* aprender	*to live* vivir
Present Participle	*speaking* hablando	*learning* aprendiendo	*living* viviendo
Past Participle	*spoken* hablado	*learned* aprendido	*lived* vivido
Present Indicative	*I speak,* *am speaking,* *do speak* hablo hablas habla hablamos habláis hablan	*I learn,* *am learning,* *do learn* aprendo aprendes aprende aprendemos aprendéis aprenden	*I live,* *am living,* *do live* vivo vives vive vivimos vivís viven
Imperfect Indicative	*I was speaking,* *used to speak,* *spoke* hablaba hablabas hablaba hablábamos hablabais hablaban	*I was learning,* *used to learn,* *learned* aprendía aprendías aprendía aprendíamos aprendíais aprendían	*I was living,* *used to live,* *lived* vivía vivías vivía vivíamos vivíais vivían

	First conjugation	*Second conjugation*	*Third conjugation*
Preterite Indicative	*I spoke, did speak*	*l learned, did learn*	*I lived, did live*
	hablé	aprendí	viví
	hablaste	aprendiste	viviste
	habló	aprendió	vivió
	hablamos	aprendimos	vivimos
	hablasteis	aprendisteis	vivisteis
	hablaron	aprendieron	vivieron
Future Indicative	*I shall speak, I will speak*	*I shall learn, I will learn*	*I shall live, I will live*
	hablaré	aprenderé	viviré
	hablarás	aprenderás	vivirás
	hablará	aprenderá	vivirá
	hablaremos	aprenderemos	viviremos
	hablaréis	aprenderéis	viviréis
	hablarán	aprenderán	vivirán
Conditional Indicative	*I would speak, I should speak*	*I would learn, I should learn*	*I would live, I should live*
	hablaría	aprendería	viviría
	hablarías	aprenderías	vivirías
	hablaría	aprendería	viviría
	hablaríamos	aprenderíamos	viviríamos
	hablaríais	aprenderíais	viviríais
	hablarían	aprenderían	vivirían
Present Perfect Indicative	*I have spoken*	*I have learned*	*I have lived*
	he hablado	he aprendido	he vivido
	has hablado	has aprendido	has vivido
	ha hablado	ha aprendido	ha vivido
	hemos hablado	hemos aprendido	hemos vivido
	habéis hablado	habéis aprendido	habéis vivido
	han hablado	han aprendido	han vivido
Past Perfect Indicative	*I had spoken*	*I had learned*	*I had lived*
	había hablado	había aprendido	había vivido
	habías hablado	habías aprendido	habías vivido
	había hablado	había aprendido	había vivido
	habíamos hablado	habíamos aprendido	habíamos vivido
	habíais hablado	habíais aprendido	habíais vivido
	habían hablado	habían aprendido	habían vivido

	First conjugation	*Second conjugation*	*Third conjugation*
Future Perfect Indicative	*I shall have spoken* habré hablado habrás hablado habrá hablado habremos hablado habréis hablado habrán hablado	*I shall have learned* habré aprendido habrás aprendido habrá aprendido habremos aprendido habréis aprendido habrán aprendido	*I shall have lived* habré vivido habrás vivido habrá vivido habremos vivido habréis vivido habrán vivido
Conditional Perfect Indicative	*I would (should) have spoken* habría hablado habrías hablado habría hablado habríamos hablado habríais hablado habrían hablado	*I would (should) have learned* habría aprendido habrías aprendido habría aprendido habríamos aprendido habríais aprendido habrían aprendido	*I would (should) have lived* habría vivido habrías vivido habría vivido habríamos vivido habríais vivido habrían vivido

Subjunctive Mood

	First conjugation	*Second conjugation*	*Third conjugation*
Present Subjunctive	*(that) I (may) speak* (que) (yo) hable hables hable hablemos habléis hablen	*(that) I (may) learn* (que) (yo) aprenda aprendas aprenda aprendamos aprendáis aprendan	*(that) I (may) live* (que) (yo) viva vivas viva vivamos viváis vivan
Past Subjunctive (-ra form)	*(that) I (might) speak* (que) (yo) hablara hablaras hablara habláramos hablarais hablaran	*(that) I (might) learn* (que) (yo) aprendiera aprendieras aprendiera aprendiéramos aprendierais aprendieran	*(that) I (might) live* (que) (yo) viviera vivieras viviera viviéramos vivierais vivieran

	First conjugation	*Second conjugation*	*Third conjugation*
Past Subjunctive (-se form)	*(that) I (might) speak*	*(that) I (might) learn*	*(that) I (might) live*
	(que) (yo) hablase	(que) (yo) aprendiese	(que) (yo) viviese
	hablases	aprendieses	vivieses
	hablase	aprendiese	viviese
	hablásemos	aprendiésemos	viviésemos
	hablaseis	aprendieseis	vivieseis
	hablasen	aprendiesen	viviesen
Present Perfect Subjunctive	*(that) I (may) have spoken*	*(that) I (may) have learned*	*(that) I (may) have lived*
	haya hablado	haya aprendido	haya vivido
	hayas hablado	hayas aprendido	hayas vivido
	haya hablado	haya aprendido	haya vivido
	hayamos hablado	hayamos aprendido	hayamos vivido
	hayáis hablado	hayáis aprendido	hayáis vivido
	hayan hablado	hayan aprendido	hayan vivido
Past Perfect Subjunctive	*(that) I (might) have spoken*	*(that) I (might) have learned*	*(that) I (might) have lived*
	hubiera(-se) hablado	hubiera(-se) aprendido	hubiera(-se) vivido
	hubieras hablado	hubieras aprendido	hubieras vivido
	hubiera hablado	hubiera aprendido	hubiera vivido
	hubiéramos hablado	hubiéramos aprendido	hubiéramos vivido
	hubierais hablado	hubierais aprendido	hubierais vivido
	hubieran hablado	hubieran aprendido	hubieran vivido

Imperative Mood (Commands)

Familiar Commands, Affirmative	*Speak.* Habla tú. Hablad vosotros.	*Learn.* Aprende tú. Aprended vosotros.	*Live.* Vive tú. Vivid vosotros.
Familiar Commands, Negative	*Don't speak.* No hables. No habléis.	*Don't learn.* No aprendas. No aprendáis.	*Don't live.* No vivas. No viváis.
Formal Commands	*Speak.* Hable usted. Hablen ustedes.	*Learn.* Aprenda usted. Aprendan ustedes.	*Live.* Viva usted. Vivan ustedes.

▣ IRREGULAR VERBS

andar   *to walk*

Preterite: anduve, anduviste, anduvo; anduvimos, anduvisteis, anduvieron
Past Subjunctive: anduviera(-se), anduvieras, anduviera; anduviéramos, anduvierais, anduvieran

caer   *to fall*

Present Participle: cayendo
Past Participle: caído
Present: caigo, caes, cae; caemos, caéis, caen
Preterite: caí, caíste, cayó; caímos, caísteis, cayeron
Present Subjunctive: caiga, caigas, caiga; caigamos, caigáis, caigan
Past Subjunctive: cayera(-se), cayeras, cayera; cayéramos, cayerais, cayeran
Formal Commands: caiga usted, caigan ustedes

dar   *to give*

Present: doy, das, da; damos, dáis, dan
Preterite: di, diste, dio; dimos, disteis, dieron
Present Subjunctive: dé, des, dé; demos, deis, den
Past Subjunctive: diera(-se), dieras, diera; diéramos, dierais, dieran
Formal Commands: dé usted, den ustedes

decir   *to tell, say*

Present Participle: diciendo
Past Participle: dicho
Present: digo, dices, dice; decimos, decís, dicen
Preterite: dije, dijiste, dijo; dijimos, dijisteis, dijeron
Future: diré, dirás, dirá; diremos, diréis, dirán
Conditional: diría, dirías, diría; diríamos, diríais, dirían
Present Subjunctive: diga, digas, diga; digamos, digáis, digan
Past Subjunctive: dijera(-se), dijeras, dijera; dijéramos, dijerais, dijeran
Familiar Singular Command: di tú
Formal Commands: diga usted, digan ustedes

estar   *to be*

Present: estoy, estás, está; estamos, estáis, están
Preterite: estuve, estuviste, estuvo; estuvimos, estuvisteis, estuvieron
Present Subjunctive: esté, estés, esté; estemos, estéis, estén
Past Subjunctive: estuviera(-se), estuvieras, estuviera; estuviéramos, estuvierais, estuvieran
Formal Commands: esté usted, estén ustedes

haber *to have (auxiliary verb)*

Present: he, has ha; hemos, habéis, han
Preterite: hube, hubiste, hubo; hubimos, hubisteis, hubieron
Future: habré, habrás, habrá; habremos, habréis, habrán
Conditional: habría, habrías, habría; habríamos, habríais, habrían
Present Subjunctive: haya, hayas, haya; hayamos, hayáis, hayan
Past Subjunctive: hubiera(-se), hubieras, hubiera; hubiéramos, hubierais, hubieran

hacer *to do, make*

Past Participle: hecho
Present: hago, haces, hace; hacemos, hacéis, hacen
Preterite: hice, hiciste, hizo; hicimos, hicisteis, hicieron
Future: haré, harás, hará; haremos, haréis, harán
Conditional: haría, harías, haría; haríamos, haríais, harían
Present Subjunctive: haga, hagas, haga; hagamos, hagáis, hagan
Past Subjunctive: hiciera(-se), hicieras, hiciera; hiciéramos, hicierais, hicieran
Familiar Singular Command: haz tú
Formal Compounds: haga usted, hagan ustedes

ir *to go*

Present Participle: yendo
Present: voy, vas, va; vamos, vais, van
Imperfect: iba, ibas, iba; íbamos, ibais, iban
Preterite: fui, fuiste, fue; fuimos, fuisteis, fueron
Present Subjunctive: vaya, vayas, vaya; vayamos, vayáis, vayan
Past Subjunctive: fuera(-se) fueras, fuera; fuéramos, fuerais, fueran
Familiar Singular Command: ve tú
Formal Commands: vaya usted, vayan ustedes

oír *to hear*

Present Participle: oyendo
Past Participle: oído
Present: oigo, oyes, oye; oímos, oís, oyen
Preterite: oí, oíste, oyó; oímos, oísteis, oyeron
Present Subjunctive: oiga, oigas, oiga; oigamos, oigáis, oigan
Past Subjunctive: oyera(-se), oyeras, oyera; oyéramos, oyerais, oyeran
Formal Commands: oiga usted, oigan ustedes

poder (ue, u) *to be able, can*

Present Participle: pudiendo
Present: puedo, puedes, puede; podemos, podéis, pueden
Preterite: pude, pudiste, pudo; pudimos, pudisteis, pudieron
Future: podré, podrás, podrá; podremos, podréis, podrán
Conditional: podría, podrías, podría; podríamos, podríais, podrían

Present Subjunctive: pueda, puedas, pueda; podamos, podáis, puedan
Past Subjunctive: pudiera(-se), pudieras, pudiera; pudiéramos, pudierais, pudieran

poner *to put, place*

Past Participle: puesto
Present: pongo, pones, pone; ponemos, ponéis, ponen
Preterite: puse, pusiste, puso; pusimos, pusisteis, pusieron
Future: pondré, pondrás, pondrá; pondremos, pondréis, pondrán
Conditional: pondría, pondrías, pondría; pondríamos, pondríais, pondrían
Present Subjunctive: ponga, pongas, ponga; pongamos, pongáis, pongan
Past Subjunctive: pusiera(-se), pusieras, pusiera; pusiéramos, pusierais, pusieran
Familiar Singular Command: pon tú
Formal Commands: ponga usted, pongan ustedes
   Another verb conjugated like **poner** is **proponer.**

querer (ie) *to wish, want; (with a) to love*

Present: quiero, quieres, quiere; queremos, queréis, quieren
Preterite: quise, quisiste, quiso; quisimos, quisisteis, quisieron
Future: querré, querrás, querrá; querremos, querréis, querrán
Conditional: querría, querrías, querría; querríamos, querríais, querrían
Present Subjunctive: quiera, quieras, quiera; queramos, queráis, quieran
Past Subjunctive: quisiera(-se), quisieras, quisiera; quisiéramos, quisierais, quisieran
Formal Commands: quiera usted, quieran ustedes

reír (i, i) *to laugh*

Present Participle: riendo
Past Participle: reído
Present: río, ríes, ríe; reímos, reís, ríen
Preterite: reí, reíste, rió; reímos, reísteis, rieron
Present Subjunctive: ría, rías, ría; riamos, riáis, rían
Past Subjunctive: riera(-se), rieras, riera; riéramos, rierais, rieran
Formal Commands: ría usted, rían ustedes
   Another verb conjugated like **reír** is **sonreír.**

saber *to know, know how to*

Present: sé, sabes, sabe; sabemos, sabéis, saben
Preterite: supe, supiste, supo; supimos, supisteis, supieron
Future: sabré, sabrás, sabrá; sabremos, sabréis, sabrán
Conditional: sabría, sabrías, sabría; sabríamos, sabríais, sabrían
Present Subjunctive: sepa, sepas, sepa; sepamos, sepáis, sepan
Past Subjunctive: supiera(-se), supieras, supiera; supiéramos, supierais, supieran
Formal Commands: sepa usted, sepan ustedes

salir *to leave, go out*

Present: salgo, sales, sale; salimos, salís, salen
Future: saldré, saldrás, saldrá; saldremos, saldréis, saldrán
Conditional: saldría, saldrías, saldría; saldríamos, saldríais, saldrían
Present Subjunctive: salga, salgas, salga; salgamos, salgáis, salgan
Familiar Singular Command: sal tú
Formal Commands: salga usted, salgan ustedes

seguir (i, i) *to follow, continue*

Present Participle: siguiendo
Present: sigo, sigues, sigue; seguimos, seguís, siguen
Preterite: seguí, seguiste, siguió; seguimos, seguisteis, siguieron
Present Subjunctive: siga, sigas, siga; sigamos, sigáis, sigan
Past Subjunctive: siguiera(-se), siguieras, siguiera; siguiéramos, siguierais, siguieran
Formal Commands: siga usted, sigan ustedes
   Another verb conjugated like **seguir** is **conseguir.**

ser *to be*

Present: soy, eres, es; somos, sois, son
Imperfect: era, eras, era; éramos, erais, eran
Preterite: fui, fuiste, fue; fuimos, fuisteis, fueron
Present Subjunctive: sea, seas, sea; seamos, seáis, sean
Past Subjunctive: fuera(-se), fueras, fuera; fuéramos, fuerais, fueran
Familiar Singular Command: sé tú
Formal Commands: sea usted, sean ustedes

tener *to have*

Present: tengo, tienes, tiene; tenemos, tenéis, tienen
Preterite: tuve, tuviste, tuvo; tuvimos, tuvisteis, tuvieron
Future: tendré, tendrás, tendrá; tendremos, tendréis, tendrán
Conditional: tendría, tendrías, tendría; tendríamos, tendríais, tendrían
Present Subjunctive: tenga, tengas, tenga; tengamos, tengáis, tengan
Past Subjunctive: tuviera(-se), tuvieras, tuviera; tuviéramos, tuvierais, tuvieran
Familiar Singular Command: ten tú
Formal Commands: tenga usted, tengan ustedes
   Other verbs conjugated like **tener** are **contener, detener,** and **obtener.**

traducir *to translate*

Present: traduzco, traduces, traduce; traducimos, traducís, traducen
Preterite: traduje, tradujiste, tradujo; tradujimos, tradujisteis, tradujeron
Present Subjunctive: traduzca, traduzcas, traduzca; traduzcamos, traduzcáis, traduzcan

Past Subjunctive: tradujera(-se), tradujeras, tradujera; tradujéramos, tradujerais, tradujeran

Formal Commands: traduzca usted, traduzcan ustedes

traer *to bring*

Present Participle: trayendo
Past Participle: traído
Present: traigo, traes, trae; traemos, traéis, traen
Preterite: traje, trajiste, trajo; trajimos, trajisteis, trajeron
Present Subjunctive: traiga, traigas, traiga; traigamos, traigáis, traigan
Past Subjunctive: trajera(-se), trajeras, trajera; trajéramos, trajerais, trajeran
Formal Commands: traiga usted, traigan ustedes

valer *to be worth*

Present: valgo, vales, vale; valemos, valéis, valen
Future: valdré, valdrás, valdrá; valdremos, valdréis, valdrán
Conditional: valdría, valdrías, valdría; valdríamos, valdríais, valdrían
Present Subjunctive: valga, valgas, valga; valgamos, valgáis, valgan
Familiar Singular Command: val tú
Formal Commands: valga usted, valgan ustedes

venir *to come*

Present Participle: viniendo
Present: vengo, vienes, viene; venimos, venís, vienen
Preterite: vine, viniste, vino; vinimos, vinisteis, vinieron
Future: vendré, vendrás, vendrá; vendremos, vendréis, vendrán
Conditional: vendría, vendrías, vendría; vendríamos, vendríais, vendrían
Present Subjunctive: venga, vengas, venga; vengamos, vengáis, vengan
Past Subjunctive: viniera(-se), vinieras, viniera; viniéramos, vinierais, vinieran
Familiar Singular Command: ven tú
Formal Commands: venga usted, vengan ustedes
   Another verb conjugated like **venir** is **convenir.**

ver *to see*

Past Participle: visto
Present: veo, ves, ve; vemos, veis, ven
Imperfect: veía, veías, veía; veíamos, veíais, veían
Present Subjunctive: vea, veas, vea; veamos, veáis, vean
Formal Commands: vea usted, vean ustedes

▣ STEM-CHANGING VERBS

1st or 2d conjugation, o > ue

contar (ue)   *to count*

Present: cuento, cuentas, cuenta; contamos, contáis, cuentan
Present Subjunctive: cuente, cuentes, cuente; contemos, contéis, cuenten
Formal Commands: cuente usted, cuenten ustedes

1st or 2d conjugation, e > ie

perder (ie)   *to lose*

Present: pierdo, pierdes, pierde; perdemos, perdéis, pierden
Present Subjunctive: pierda, pierdas, pierda; perdamos, perdáis, pierdan
Formal Commands: pierda usted, pierdan ustedes

3d conjugation, e > i

pedir (i, i)   *to ask for*

Present Participle: pidiendo
Present: pido, pides, pide; pedimos, pedís, piden
Preterite: pedí, pediste, pidió; pedimos, pedisteis, pidieron
Present Subjunctive: pida, pidas, pida; pidamos, pidáis, pidan
Past Subjunctive: pidiera(-se), pidieras, pidiera; pidiéramos, pidierais, pidieran
Formal Commands: pida usted, pidan ustedes

3d conjugation, o > ue, o > u

dormir (ue, u)   *to sleep*

Present Participle: durmiendo
Present: duermo, duermes, duerme; dormimos, dormís, duermen
Preterite: dormí, dormiste, durmió; dormimos, dormisteis, durmieron
Present Subjunctive: duerma, duermas, duerma; durmamos, durmáis, duerman
Past Subjunctive: durmiera(-se), durmieras, durmiera; durmiéramos, durmierais, durmieran
Formal Commands: duerma usted, duerman ustedes

3d conjugation, e > ie, e > i

sentir (ie, i)   *to feel sorry, regret, feel*

Present Participle: sintiendo
Present: siento, sientes, siente; sentimos, sentís, sienten

Preterite: sentí, sentiste, sintió; sentimos, sentisteis, sintieron
Present Subjunctive: sienta, sientas, sienta; sintamos, sintáis, sientan
Past Subjunctive: sintiera(-se) sintieras, sintiera; sintiéramos, sintierais, sintieran
Formal Commands: sienta usted, sientan ustedes

▣ SPELLING-CHANGE VERBS

Verbs ending in -*gar*

pagar   *to pay (for)*

Preterite: pagué, pagaste, pagó; pagamos, pagasteis, pagaron
Present Subjunctive: pague, pagues, pague; paguemos, paguéis, paguen
Formal Commands: pague usted, paguen ustedes
    Other verbs conjugated like **pagar** are **apagar, castigar, colgar, entregar, llegar,** and **rogar.**

Verbs ending in -*car*

tocar   *to play*

Preterite: toqué, tocaste, tocó; tocamos, tocasteis, tocaron
Present Subjunctive: toque, toques, toque; toquemos, toquéis, toquen
Formal Commands: toque usted, toquen ustedes
    Other verbs conjugated like **tocar** are **acercarse, equivocarse, explicar, indicar, platicar, sacar,** and **sacrificar.**

Verbs ending in -*ger* or -*gir*

coger   *to take hold of (things)*

Present: cojo, coges, coge; cogemos, cogéis, cogen
Present Subjunctive: coja, cojas, coja; cojamos, cojáis, cojan
Formal Commands: coja usted, cojan ustedes
    Other verbs conjugated like **coger** are **dirigirse, escoger, fingir, proteger,** and **recoger.**

Verbs ending in -*zar*

cruzar   *to cross*

Preterite: crucé, cruzaste, cruzó; cruzamos, cruzasteis, cruzaron
Present Subjunctive: cruce, cruces, cruce; crucemos, crucéis, crucen
Formal Commands: cruce usted, crucen ustedes

Other verbs conjugated like **cruzar** are **aterrizar, comenzar, empezar, gozar,** and **rezar.**

2d and 3d conjugation verbs with stem ending in *a, e, o*

leer   *to read*

Present Participle: leyendo
Past Participle: leído
Preterite: leí, leíste, leyó; leímos, leísteis, leyeron
Past Subjunctive: leyera(-se), leyeras, leyera; leyéramos, leyerais, leyeran
Other verbs conjugated in part like **leer** are **caer, creer,** and **oír.**

Verbs ending in *-uir* (except *-guir* and *-quir*)

huir   *to flee*

Present Participle: huyendo
Present: huyo, huyes, huye; huimos, huís, huyen
Preterite: huí, huiste, huyó; huimos, huisteis, huyeron
Present Subjunctive: huya, huyas, huya; huyamos, huyáis, huyan
Past Subjunctive: huyera(-se), huyeras, huyera; huyéramos, huyerais, huyeran
Formal Commands: huya usted, huyan ustedes
Other verbs conjugated like **huir** are **construir, contribuir,** and **destruir.**

Verbs ending in *-cer* or *-cir* preceded by a vowel (inceptive)

conocer   *to know*

Present: conozco, conoces, conoce; conocemos, conocéis, conocen
Present Subjunctive: conozca, conozcas, conozca; conozcamos, conozcáis, conzcan
Formal Commands: conozca usted, conozcan ustedes
Other verbs conjugated like **conocer** are **aparecer, crecer, desaparecer, nacer, ofrecer, parecer, pertenecer,** and **reconocer.**

Verbs ending in *-cer* preceded by a consonant

vencer   *to conquer*

Present: venzo, vences, vence; vencemos, vencéis, vencen
Present Subjunctive: venza, venzas, venza; venzamos, venzáis, venzan
Formal Commands: venza usted, venzan ustedes

Vocabulario
Español—Inglés

The gender of nouns is listed except for masculine nouns ending in **-o** and feminine nouns ending in **-a, -dad, -tad, -tud,** or **-ión.** Adverbs ending in **-mente** are not listed if the adjectives from which they are derived are included.

Abbreviations

adj	adjective	*part*	participle
adv	adverb	*pl*	plural
f	feminine	*pret*	preterite
m	masculine	*pron*	pronoun
n	noun	*refl*	reflexive

A

abandonar to abandon; **abandonarse** to let oneself go, give in to
abarcar to include, comprise
abierto,-a open, opened
abogado,-a attorney, advocate
abordar to board (plane, train, etc.)
abrazar to embrace
abreviatura abbreviation
abril *m* April
abrir to open
absoluto absolute
abuela grandmother
abuelo grandfather; **los abuelos** grandparents
abundar to abound, be plentiful
aburrido,-a bored, boring
acabar to finish; **acabar de** to have just
acaso perhaps, maybe
accidente *m* accident
acción action, act
aceptación acceptance
aceptar to accept
acerca (de) about, concerning
acercarse to draw near, approach
acompañar to accompany
aconsejar to advise, counsel

acontecer to happen, occur
acontecimiento event, happening
acordarse (ue) to remember
acostarse (ue) to go to bed, lie down
actitud attitude
actividad activity
activo,-a active
actual current, present, contemporary
actuar to act, act as
Acuario Aquarius
acuerdo accord, agreement
adaptarse to adapt to, adjust
adecuado,-a adequate, appropriate
además besides, in addition; **además de** in addition to
adentro inside, within
adiós good-bye
administración administration, front desk (of a hotel)
adonde *adv* where, to where; **¿adónde?** where?
aduana customs, customs-house
aduanero,-a customs official
adulto,-a *n* and *adj* adult
aeropuerto airport
afectar to affect, pretend
aflicción affliction, malady, disease

agencia agency, bureau

agente *m and f* agent, official, representative

agosto August

agradable agreeable, pleasant

agradecer to be thankful for; to thank for

agricultor,-ra agriculturist, farmer

agua water

aguantar to put up with, bear

ahí *adv* there, over there

ahora now; **ahora mismo** right now

ahorrar to save (as money)

aire *m* air

aislado,-a isolated, separate

ajedrez *m* chess

ajeno,-a alien, strange

alcanzar to reach, achieve, gain, catch up with

alegar to allege, claim

alegrarse to be happy, glad; **alegrarse de** to be glad that

alegre happy, glad

alejarse to leave, move away

alemán,-na German

Alemania Germany

algo something; *adv* somewhat

alguien *m* someone

algún, alguno,-a someone; **algunos,-as** some

alivio relief; **¡Qué alivio!** What a relief!

alma soul, spirit

almorzar (ue) to eat lunch, brunch

almuerzo lunch, brunch

alojamiento lodging

alojarse to take lodging

alquilar to rent, hire

alrededor (de) around

alto,-a high, tall

alumno,-a pupil

allá there, yonder, over there

allí there, in that place

amable friendly, amiable, nice

amanecer to dawn, get up

amante *m or f* lover, beloved

amar to love

amargura bitterness

ambicioso,-a ambitious

amenaza threat

amenazar to threaten, menace

americano,-a of the Americas; (sometimes used improperly to refer to the United States as opposed to Spanish America)

amigo,-a friend

amistad friendship

amor *m* love

analizar to analyze

andar to go, walk, move

angelito little angel

anglicismo Anglicism (word derived from English)

anglosajón,-na Anglo-Saxon (used frequently to refer to all inhabitants of the United States who are not of Latin descent)

angustia anguish, sorrow

animado,-a animated (as cartoons)

anoche last night

ante before, in front of

antecedente *m* precedent

anteojos *m pl* eyeglasses

antepasado,-a ancestor, predecessor

anterior previous, prior

antes (de) before, earlier; **antes que** rather than

anti- prefix meaning against

antiguo,-a old, antique, ancient

antipático,-a disagreeable, unpleasant

añadir to add

año year

apagar to put out, turn off

aparecer to appear

apariencia appearance

apartamento apartment

apartar to separate, move apart

apenas barely, hardly, just, only

aportar to contribute, add

apoyar to support, uphold, aid

apoyo support, aid

aprender to learn

aprobar (ue) to pass (a course, exam, etc.); to approve

apunte *m* note, memo, reminder

apurarse to hurry up, make haste

aquel, aquella that; **aquello** *pron* that; **aquellos,-as** those

aquí here, at this place

árabe *adj* Arabic; *n m* Arabic language

árbol *m* tree

área region, area

argumento plot, story line (of a novel, play, etc.)

armario closet, wardrobe
arquitecto,-a architect
arreglar to arrange, set right, repair
arreglo arrangement, repair
arrepentirse (ie) to repent, regret
artículo article
artista *m or f* artist
asado,-a roasted, baked
ascender (ie) to rise
asegurar to assure; **asegurarse** to make sure; to satisfy oneself
así so thus, in this manner, that way; **así que** therefore, so
asiento seat
asistencia attendance
asistir (a) to attend
asociar to associate with
aspecto aspect, appearance
astrología astrology
asunto matter, subject, concern
atacar to attack, assault
atención attention
ateo,-a atheist; *adj* atheistic
atractivo,-a *adj* attractive; *n m* attraction
atraer to attract
atrás (de) behind, in back of
atrasado,-a backward, behind, slow (as a watch, clock, etc.)
atreverse to dare
atribuir (y) to attribute
atributo attribute, characteristic
auditorio auditorium, audience
aun even
aún still, yet
aunque although
autobús *m* bus
automático,-a automatic
automóvil *m* automobile
autor,-a author
autoridad authority; *pl* officials
avergonzado,-a ashamed
averiguar to find out, research
avión *m* airplane
ayer yesterday
ayuda help, assistance, aid
ayudante *m or f* assistant, aide, helper
ayudar to help, assist
azteca *m or f, n and adj* Aztec
azul *adj* blue, azure; *n m* the color blue

B

bachillerato bachelor's degree; course of study leading to a secondary school diploma
bailar to dance
baile *m* dance
bajar to lower; to go down (stairs, hill, etc.)
bajo,-a low; **bajo** *adv* beneath, under
baloncesto basketball
banco bank
bandido,-a bandit
bañarse to bathe, take a bath
bañō bath; swim; **traje de baño** bathing suit
barato,-a inexpensive, cheap
barba beard; chin
barrio neighborhood, section or district of a city; used colloquially for ''ghetto''
basarse to base oneself on; to be based on
base *f* basis, base
básquetbol *m* basketball
bastante *adj* enough, sufficient; *adv* sufficiently, quite, rather
batalla battle
batata sweet potato, yam
beber to drink
bebida drink, beverage
beca grant, scholarship
béisbol *m* baseball
bello,-a beautiful
biblioteca library
bicicleta bicycle
bien well, fine
bienestar *m* well-being, welfare
billete *m* ticket; bill
blanco,-a white; *n m* the color white
blasfemia blasphemy, affront
blusa blouse
boca mouth
bocadito canapé, appetizer
bocado bite, taste
boda wedding
boleto ticket
bolsa purse
bondadoso,-a kind, good, good-natured
bonito,-a pretty
boquita diminutive of **boca**

borracho,-a drunk
bote *m* small boat, canoe
boxeador,-ra boxer, prize-fighter
brazo arm
breve brief, short
bribón,-na rascal
bromear to joke, kid
bruto,-a idiot, brute; *adj* stupid,
    idiotic, gross
buen, bueno,-a good; *adv* well; **estar
    bueno** to be well
burlarse (de) to mock, laugh at
buscar to look for, seek
butaca theater (movie, opera, etc.) seat;
    easy chair

C

caballero gentleman
caballito small horse
caber to fit
cabeza head
cacao cacao, cocoa, chocolate tree
cada each
cadáver *m* corpse, dead body
caer to fall
café *m* coffee; café
cafecito small cup of coffee, demitasse
cafetería restaurant, café
caída fall
caimán *m* crocodile
caja box; cashier, ticket booth
calentar (ie) to heat up
calidad quality
caliente hot
callarse to be quiet, become quiet
calle *f* street
calmarse to calm down
cámara camera; chamber
cambiar to change
cambio change
caminar to walk, go, travel
camino road, street
camión *m* bus, truck
camisa shirt
campeonato championship
campesino,-a peasant, country person;
    adj rural, pertaining to peasants
campo field
cáncer *m* cancer
canción song
candidato,-a candidate

cansado,-a tired
cantar to sing
cantina bar, tavern, canteen
caña sugar cane; pole, cane
capacidad capacity, skill, ability
capaz capable, able
capital *f* capital of a country or state;
    m investment money
capítulo chapter
Capricornio Capricorn
carácter *m* character, nature
característica characteristic
caricatura caricature
cariño affection
cariñoso,-a affectionate, loving
carne *f* meat, flesh
caro,-a dear, expensive
carrera career; race, course
carro car, cart, coach
carta letter; chart
casa house; **en casa** at home
casarse to get married; **casarse con** to
    marry
casi almost
casimir *m* cashmere
caso case, instance; **en caso de** in case
    of
castigar to punish
castizo,-a pure
casucha shack, hut
catedral *f* cathedral
católico,-a Catholic
causa cause
causar to cause
ceder to cede, give up
cédula document; **cédula personal**
    identity card
célebre celebrated, famous
cena supper, evening meal
cenar to dine, have dinner or supper
centavito cent, pittance
centro center, downtown
Centroamérica Central America
centroamericano,-a Central American
cerca close; **cerca de** near, close to
cercano,-a nearby
cerebral cerebral, pertaining to the mind
    or brain
cerrar (ie) to close
ciego,-a blind
cien one hundred; **cientos,-as** hundreds

ciencia science
científico,-a scientific; *n* scientist
cierto,-a certain; **es cierto** it is true
cinco five
cincuenta fifty
cine *m* movies, movie theater
cinematográfico,-a cinematographic
cinta tape (cassette, etc.); ribbon
circunstancia circumstance
cirujano,-a surgeon
cita appointment, date
ciudad city
ciudadanía citizenship
ciudadano,-a citizen
claridad clarity, light; clearing
claro,-a clear, light; **¡Claro!** Of
course!; **claro que** of course
clase *f* class, kind, type
clero clergy
cliente *m* or *f* client, customer
clima *m* climate
cobrar to charge (money)
cocina kitchen
coche *m* automobile; coach
codazo blow with the elbow
coger to take, pick up
colegio secondary school, high school
colgar (ue) to hang
colmo pinnacle; **¡Esto es el colmo!**
This is the last straw!
colocación placement, location
colocar to place, locate
comentar to comment, mention
comenzar (ie) to begin, start
comer to eat
comercio commerce, business
comestible *m* food, edible substance;
pl foodstuff, provisions
comida meal
comité *m* committee
como as, like, how, about; **¿cómo?**
how?, what?
cómodo,-a comfortable
compañero,-a companion, mate
compañía company
comparar to compare
completar to complete, fill out
completo,-a complete, full
complicado,-a complicated
componerse to be composed of, consist
of

composición composition
comprar to buy, purchase
comprender to understand, comprehend
común common
comunicar to communicate, tell
con with; **con tal que** provided that
concentración concentration
concentrar to concentrate
conciencia consciousness; conscience
concierto concert
condenar to condemn, curse
cóndor *m* condor (eagle-like bird of
South America)
conducir to conduct, lead
conferencia lecture, conference
confrontar to confront, face, oppose
congestionado,-a congested, crowded
conjunto group; musical group
conmigo with me
conocer to know; to meet
conocimiento knowledge, awareness
conquista conquest
conquistar to conquer, defeat, seduce
conseguir (i) to achieve, get; to manage
to
consejero,-a advisor
consejo advice
conserje *m* manager, desk clerk (hotel)
conservador,-ra conservative; *n m*
conservative
consideración consideration
considerar to consider, regard
consigo with him/herself
consistir (en) to consist of
constante constant
construir (y) to construct, build
consuelo consolation
contacto contact
contado: al contado in cash
contaminación contamination, pollution
contaminar to contaminate, pollute
contar (ue) to count; **contar con** to
count on
contemporáneo,-a contemporary
contener (g) (ie) to contain
contento,-a content, happy
contestar to answer
contigo with you
continuación continuation
continuar to continue, go on
continuo,-a continuous, continual

contra against; **en contra de** against, in opposition to

contrario,-a contrary, opposing; **al contrario** on the contrary

contraste *m* contrast

contratar to contract, hire

contribuir (y) to contribute

controlar to control, dominate

convencer to convince

convenido,-a agreed upon

conveniencia convenience

conversación conversation

conversar to converse, talk

copa cup, glass; **tomar una copa** to have a drink

corazón *m* heart

corbata necktie

correcaminos *m sing* roadrunner

corregir (i) to correct

correo mail; also *pl* the mails; the post office

correr to run

corrida bull fight

corriente *adj* current; *n f* current (water, electricity, etc.)

corrompido,-a corrupt, corrupted

cortés courteous

cortesía courtesy

corto,-a short

cosa thing

coser to sew

costar (ue) to cost

costilla rib

costoso,-a costly, expensive

costumbre *f* custom, habit

creación creation, invention

crear to create

crecer to grow

crédito credit

creencia belief

creer to believe, think

criado,-a servant

criar to raise, care for

crimen *m* crime

cristiano,-a Christian

Cristo Christ

criterio criterion, opinion

cruel cruel, mean

cuaderno notebook

cuadro picture

cual which, as, like; **¿cuál?** which?, which one?; **el (la) cual** who, the one who

cualidad quality, virtue, good feature

cualquier,-a *pron* any, whichever, any one

cuando when, whenever; **¿cuándo?** when?

cuanto,-a as much as; *pl* as many as; **¿cuánto?** how much?; *pl* how many?

cuarto,-a fourth; *n m* room; quarter

cuatro four

cubano,-a Cuban

cubrir to cover

cucharón *m* large spoon, ladle

cuchichear to whisper

cuenta bill, tab

cuento story, tale

cuerpo body, corpus

cuestión matter, question

cuidado care; **tener cuidado** to be careful

culpa blame; **tener la culpa** to be to blame

culto,-a cultured, educated

cultura culture; politeness

cultural cultural

cumpleaños *m sing* birthday

cumplir to comply with, fulfill, perform

cura *m* priest; *f* cure

curar to cure

curso course (of studies); program

cuyo,-a whose

CH

chaqueta jacket

charla chat, talk

charlar to chat, talk

cheque *m* check, bank draft

chicano,-a Chicano, Mexican-American

chico,-a small; *n* little boy, little girl

chillar to screech, cry loudly

chiquillo,-a *n* a very little boy or girl

chófer *m* driver, chauffeur

choza shack, hut

D

daño harm, damage; **hacer daño** to harm, damage, hurt

dar to give; **dar las seis** to strike six o'clock; **dar sueño** to make sleepy; **dar un paseo** to take a walk, stroll around; **darse cuenta de** to realize, become aware of; **darse prisa** to hurry up

deber to owe; must, ought to; *n m* debt, duty, obligation

debido,-a due to, owing to

débil weak

decano,-a dean

decidir to decide

décimo,-a tenth

decir (i) to say, speak

decisión decision

declarar to declare

dedicar to dedicate

defecto defect

defender to defend

defensa defense

dejar to leave; **dejar de** to stop (doing something)

deleitarse con to enjoy

demás rest (of the)

demasiado,-a *adj* too much; **demasiado** *adv* too; too much

democracia democracy

demonio demon; **¿Qué demonios?** What the devil?

demorar to delay

demostrar (ue) to show, demonstrate

dentista *m or f* dentist

dentro (de) in, into, inside (of)

depender (de) to depend (on)

deportes *m pl* sports

deportivo,-a sporting, pertaining to sports

derecho,-a right, right-hand; *n m* right (as legal right); *m pl* customs duty; *f* right hand

desagradable disagreeable, unpleasant

desaparecer to disappear

desayuno breakfast

descansar to rest

descanso rest

desconocido,-a unknown, unacquainted; *n* stranger

descortesía discourtesy

describir to describe

descripción description

descubrir to discover, uncover

desde since, from; **desde hace cinco años** for five years

deseable desirable

desear to desire, want

desempleo unemployment

deseo desire, wish

desgraciadamente unfortunately, unhappily

desierto desert

desilusión disappointment, disillusionment

desilusionar to disappoint, disillusion; **desilusionarse** to become disappointed

desocupar to vacate, empty

despacio *adv* slowly; **más despacio** slower

despedirse (i) to say good-bye, take leave

despertar (ie) to awaken; **despertarse** to wake up

despierto,-a awake, alert

despreciar to scorn

después (de) after, afterwards

destino destiny, future, fortune

destruir (y) to destroy

desventaja disadvantage

detrás (de) behind, in back of

devolver (ue) to return (something)

día *m* day; **buenos días** good morning; **cada día** every day; **hoy día** nowadays; **todos los días** every day

diablo devil; **¿Qué diablos?** What the hell?

dialecto dialect

diálogo dialogue

dibujo drawing, sketch

diccionario dictionary, word list

diciembre *m* December

dictadura dictatorship

dicho,-a said; *n m* saying; **lo dicho** what was said

diecisiete seventeen

diez ten

diferencia difference

diferente different

difícil difficult

dificultad difficulty

difunto,-a dead person

dilema *m* dilemma

diminutivo,-a diminutive

dinero money
dios,-sa god, goddess; **Dios** *m* God
dirección direction; address
directo,-a direct
dirigir to direct, address; **dirigir la
palabra** to speak to
disciplina discipline
disco record (phonograph)
discoteca discotheque
discusión discussion, argument
discutir to argue, debate, discuss
disolución dissolution, dissolving
disponible available
distancia distance
distinguir to distinguish, differentiate
distinto,-a different
distraer to distract
distribución distribution
diversión diversion, entertainment
divertido,-a funny, entertaining
divertirse (ie) to enjoy oneself; to amuse
oneself, be amused
dividir to divide
doce twelve
doctor,-ra doctor (as a title of address);
n person with a doctorate
documento document, paper
dolor *m* pain, sorrow
dominante dominant
dominar to dominate, rule
domingo Sunday
dominio dominance, rule
donde where, in which; **¿dónde?**
where?; **dondequiera** wherever
dormir (ue) to sleep; **dormirse** to go to
sleep
dos two
droga drug (especially as in drug addict)
dudar to doubt
dudoso,-a doubtful
durante during
durar last

E

e and (before words beginning with **i** or
hi)
economía economy
económico,-a economic
echar to throw; **echar de casa** to throw
out of the house, **echar de menos** to
miss; **echar un piropo** to pay a

compliment; **echarse una siestecita**
to take a little nap
edad age
edificio building
educación education
educado,-a educated
educar to educate
ejemplo example
ejercer to exercise, exert (influence,
control, etc.)
ejercicio exercise
elección election
elegante elegant
elemento element
eliminación elimination
eliminar to eliminate
embarazada pregnant
embargo: sin embargo nevertheless
emocionante moving, touching, causing
emotion
empezar (ie) to begin
emplear to employ
empleo employment, job
empujón *m* push, violent shove
en in, on; **en casa** at home; **en caso de
que** in case; **en cuanto** as for,
concerning; **en seguida** at once; **en
serio** seriously; **en tren** by train;
en vista de in view of
enajenación alienation
enamorado,-a in love; **estar
enamorado,-a de** to be in love with
enamorarse (de) to fall in love (with)
encantar to fascinate, delight
encontrar (ue) to find; **encontrarse** to
find oneself, be; to meet
energía energy
enero January
énfasis *m* emphasis
enfermarse to get sick
enfermo,-a sick
enhorabuena congratulations
enojado,-a angry
enojarse to get mad, become angry
enorme enormous
enriquecer to enrich
enriquecimiento enrichment
enseñanza teaching; **instituciones de
enseñanza** educational institutions
enseñar to teach
entender (ie) to understand

entero,-a whole, entire

enterrado,-a buried

entierro burial

entonces then

entrar to enter, come in

entre among, between

entregar to deliver, hand over

entremés *m* side dish, hors d'oeuvres

enviar to send

envolver (ue) to wrap

episodio episode

epitafio epitaph

época epoch

equipaje *m* baggage, luggage

equipo team

equivalente equivalent

equivaler to be equivalent

equivocado,-a mistaken

equivocar to mistake, mix up;
    equivocarse to be mistaken

erudito,-a erudite, learned

escala stopping place; **hacer escala** to
    stop, stop over

escándalo scandal, tumult, commotion

escaparse to escape

escena scene

escoger to choose

escolar scholastic

escolta escort

esconder to hide

Escorpión *m* Scorpio

escribir to write; **escribir a máquina**
    to type; **máquina de escribir**
    typewriter

escrito,-a written

escritor,-ra writer

escrúpulo scruple

escuchar to listen (to)

escuela school

ese, esa that; **eso** *pron* that; **esos,
    esas** those; **por eso** therefore

esencial essential

esfuerzo effort

espacioso,-a spacious

espantoso,-a frightful, dreadful

España Spain

español,-a Spanish

especial special

especie *f* species, kind

específicamente specifically

esperanza hope

esperar to hope, expect; to wait for,
    await

espía *m* or *f* spy

espiritual spiritual

esposa wife

esposo husband

esquela note, notice

esquema plan, outline

esquiar to ski

esquina corner

establecer to establish

estación station; season

estacionamiento parking

estado state

estar to be; **estar de acuerdo** to agree;
    estar de vacaciones to be on
    vacation; **estar en casa** to be at
    home

este, esta this; **esto** *pron* this; **estos,
    estas** these

esterilizar to sterilize

estrella star

estructura structure

estudiante *m* or *f* student

estudiantil *adj* student

estudiar to study

estudio study

eternidad eternity

eterno,-a eternal

Europa Europe

europeo,-a European

evaluación evaluation

evidente evident

evitar to avoid

evolución evolution

evolucionar to evolve

examen *m* examination

excelente excellent

excepto except

excesivo,-a excessive

exceso excess

exequias *f pl* exequies, obsequies,
    funeral rites

exigir to require, demand

existir to exist

éxito success; **tener éxito** to be
    successful

explicación explanation

explicar to explain

explorar to explore

expresar to express

expresión expression
expulsar to expel
extender (ie) to extend
extranjero,-a foreign; *n* foreigner
extraordinariamente extraordinarily

F

fábrica factory
fabricar to make, fabricate
fácil easy
facilidad facility
facilitar to facilitate
facturar to check (baggage)
facultad faculty
falso,-a false
falta lack; **hacer falta** to be necessary;
    to miss
faltar to be lacking; **Eso te faltaba.**
    That's all you need.
fallecer to die
fama reputation
familia family
familiar *adj* family; *n m* member of
    the family
familiaridad familiarity
famoso,-a famous
fastidiar to annoy
favor *m* favor; **hacer el favor de**
    please; **por favor** please
favorito,-a favorite
fe *f* faith
febrero February
fecha date
feliz happy
feminista feminist
fenomenal phenomenal
fenómeno phenomenon
fiel faithful
fiesta party, celebration
fijo,-a fixed
fila row
filosofía philosophy
fin *m* end, goal; **a fin de que** so that;
    al fin finally
finca farm
fingir to pretend
firmar to sign
físico,-a physical
flaco,-a thin, skinny
flautista *m or f* flute player
flor *f* flower

fomentar to foment, encourage
fondo fund
forma form
formar to form
foto *f* photo, photograph
francamente frankly
francés,-a French
frase *f* sentence, phrase
frecuencia frequency; **con frecuencia**
    frequently, often
frecuente frequent
frente concerning; **frente a** opposite
fresco,-a cool; **hacer fresco** to be
    cool
frijol *m* bean
frío,-a cold
frívolo,-a frivolous
frontera border
fruta fruit
fuego fire
fuera (de) outdside (of)
fuerte strong
fuerza force
función function, performance
funcionar to function
fundar to found
fútbol *m* soccer; football
futuro future

G

galicismo Gallicism (a word or phrase of
    French origin)
gallo rooster
gana desire
ganar to earn; to win; **ganarse la vida**
    to earn one's living
garaje *m* garage
gastar to spend
gasto expense, expenditure
Géminis *m* Gemini
generación generation
general general; **por lo general**
    generally
generalizado,-a generalized
generoso,-a generous
gente *f* people
gerencia management, office
gira trip
gitano,-a gypsy
gobernación seat of government
gobernante *m or f* governor, ruler

gobernar (ie) to govern
gobierno government
gordo,-a fat
gozar to enjoy
grabar to engrave
gracias *f pl* thanks
graduarse to graduate
gramática grammar
gran, grande great, large, big
grandote,-a very large
gratificación gratification
gratuito,-a free
grave serious
gris gray
grito shout
grupo group
guapetón,-na very good-looking
guapito,-a cute, good-looking
guapo,-a good-looking, handsome
guardia guard
gubernamental governmental
guerra war
guerrillero guerrilla
guía *m or f* guide
guiar to guide
guitarrista *m or f* guitar player
gustar to be pleasing, like; **gustarle a uno** to like
gusto taste, pleasure; **a gusto** comfortable, ''at home''

H

haber to have (as auxiliary verb); **haber de** to have to; **hay** there is, there are; **hay que** one must
habitación room
habitante *m or f* inhabitant
hablar to speak
hacer to do, make; **hace buen tiempo** the weather is good; **hacer caso** to pay attention; **hacer daño** to harm, injure; **hacer escala** to stop, stop over; **hacer falta** to need, be lacking; **hacer fresco** to be cool; **hacer sol** to be sunny; **hacer una pregunta** to ask a question; **hacer un viaje** to take a trip; **hacerse tarde** to grow late
hacia toward
hallar to find
hamaca hammock

hambre *f* hunger; **muerto de hambre** dying of hunger; **tener hambre** to be hungry
haragán,-na idle, lazy, loafing
hasta until, to, up to, even; **hasta luego** good-bye, see you later
hecho *past part* done, made; *n* fact
helado,-a frozen
herencia inheritance
hermana sister
hermano brother; *pl* brothers, brothers and sisters
hielo ice
higo fig
hija daughter
hijo son; *pl* children, sons and daughters
hipocresía hypocrisy
hipócrita *m or f* hypocrite; *adj* hypocritical
hispánico,-a Hispanic
Hispanoamérica Spanish America
historia history, story
histórico,-a historic, historical
hogar *m* home
hojear to leaf through
hola hello, hi
holgazán,-na idle, lazy
hombre *m* man
hora hour
horario timetable
horóscopo horoscope
hoy today; **hoy día** nowadays
hule *m* rubber
humanidad humanity
humano,-a human
huracán *m* hurricane

I

ibérico,-a Iberian
ida departure; **boleto de ida y vuelta** round-trip ticket
identidad identity
identificar to identify
idioma *m* language
idiota *m or f* idiot
iglesia church
ignorancia ignorance
igual equal, same
igualdad equality
ilustre illustrious

imaginación   imagination
imaginario,-a   imaginary
impedir (i)   to prevent, hinder, block
imperfecto,-a   imperfect
importación   importation
importancia   importance
importante   important
importar   to be important, matter
imposible   impossible
impresionante   impressive
impuesto   tax
inca   *m*   Inca
inclinar   to tilt
incluir (y)   to include
incluso   even, including
incorporar   to incorporate
increíble   incredible
indicar   to indicate
indígena   indigenous, native, Indian
indio,-a   Indian
individualidad   individuality
individuo,-a   individual
industria   industry
inesperado,-a   unexpected
inestable   unstable
inflación   inflation
influencia   influence
influir (y)   to influence
información   information
informar   to inform
informe   *m*   report
ingeniero   engineer
Inglaterra   England
inglés,-sa   English
iniciativa   initiative
inmediato,-a   immediate
inmigrante   *m* or *f*   immigrant
inmigrar   to immigrate
inmoral   immoral
insistir (en)   to insist (on)
inspirar   to inspire
institución   institution
instrucción   instruction
inteligencia   intelligence
inteligente   intelligent
interesante   interesting
interesar   to interest
íntimo,-a   intimate
intrigante   *m* or *f*   intriguer
introducción   introduction
invadir   to invade
invitación   invitation

invitado,-a   guest
invitar   to invite
ir   to go; **irse**   to go away
isla   island
islámico,-a   Islamic
italiano,-a   Italian

J

jardín   *m*   garden
jefe   *m*   chief, boss
joven   young
juez   *m* or *f*   judge
jugada   trick
jugador,-ra   player
jugar (ue)   to play (a game)
julio   July
junio   June
juntar   to gather, unite
junto,-a   together
justicia   justice
juventud   youth
juzgar   to judge

L

ladrillo   brick
ladrón,-na   thief
lamentar   to regret, lament
lápiz   *m*   pencil
largo,-a   long
lástima   pity
latín   Latin language
latino,-a   *adj*   Latin
Latinoamérica   Latin America
latinoamericano,-a   Latin American
lavar   to wash
leal   loyal
lección   lesson
lectura   reading
leer   to read
lejos   far, far away; **lejos de**   far from
lengua   language
lenguaje   *m*   language
lentamente   slowly
letra   letter
letrero   sign
levantar(se)   to get up
ley   *f*   law
liberación   liberation
libertad   liberty
Libra   Libra
libre   free; **al aire libre**   open-air

librería bookstore
libro book
licenciado,-a lawyer
líder *m* leader
limitar to limit
limón *m* lemon
limosna alms
limpio,-a clean
lingüístico,-a linguistic
lío problem, difficulty
lista list
listo,-a clever, ready
loco,-a crazy
locura madness, insanity
locutor,-ra (radio) announcer
losa gravestone
luchar to struggle, fight
luego then; **hasta luego** good-bye, see
    you later
lugar *m* place
lujoso,-a luxurious
lunes *m* Monday
luz *f* light

LL

llave *f* key
llegada arrival
llegar to arrive
llenar to fill
lleno,-a full
llevar to have spent or to take (time), to
    carry, take (transport), to wear;
    llevarse bien to get along well with
llorar to cry
llover (ue) to rain

M

machete *m* knife
madre *f* mother
madrina godmother
maestro,-a teacher
magia magic
magnífico,-a magnificent
maíz *m* corn
mal *adj* and *adv* bad, badly, sick; **salir**
    mal to fail
maleta suitcase
malo,-a bad; **mala jugada** dirty trick
mandar to order, command, send
mandato mandate, command
manejar to drive

manera manner, way; **manera de** a
    way to
manifiesto manifesto
mano *f* hand
mantener (ie) to maintain;
    mantenerse to support oneself
manuscrito manuscript
manzana apple
mañana morning; *adv* tomorrow
mapa *m* map
máquina machine; **escribir a**
    máquina to type; **máquina de**
    escribir typewriter
maquinaria machinery
maravilloso,-a marvelous, wonderful
marcado,-a marked
marido husband
martes *m* Tuesday
marzo March
más more, most; **más de, más que**
    more than; **más tarde** later; **más**
    valía it was better, it would have
    been better
matar to kill
materia subject, course
matrícula registration fee; tuition
matrimonio marriage
mayo May
mayor greater, older
mayoría majority
mecánico,-a mechanical; *n m*
    mechanic
mediante by means of
medicina medicine
médico,-a medical; *n m* or *f* doctor
medio,-a half, mean, average; **por**
    medio de by means of
meditación meditation
mejor better, best
memoria memory; **aprender de**
    memoria to memorize
mencionar to mention
menos minus, less, least; **a menos que**
    unless; **eschar de menos** to miss;
    por lo menos at least
mensual monthly, per month
mentir (ie) to lie
menudo: a menudo often
mercado market
merecer to deserve
mes *m* month
mesa table, desk

meter   to introduce, put into; **meterse en**   to get involved with, poke one's nose into
método   method
metro   subway
metrópoli *f*   metropolis
mexicano,-a   Mexican
mezcla   mixture
miedo   fear; **tener miedo**   to be afraid
miembro   member
mientras   while
migración   migration
mil *m*   thousand
milla   mile
millón *m*   million
minuto   minute
mirar   to look, look at
misa   mass
miseria   poverty; **barrio de miseria**   slum
misión   mission
misionero,-ra   missionary
mismo,-a   same; **lo mismo que**   the same as; **sí mismo**   oneself
moda   style; **pasar de moda**   to be out of style
modelo   model
moderación   moderation
moderado,-a   moderate
moderno,-a   modern
modo   way; **de modo que**   so that; **de todos modos**   at any rate
molestar   to bother
molestia   bother
momento   moment
monje *m*   monk
montaña   mountain
morenita   brunette
morir(se) (ue)   to die
moro,-a   Moor
mostrar (ue)   to show
motivo   motive
moto *f*   motorcycle
moverse (ue)   to move
movimiento   movement
mozo,-a   waiter, waitress
muchacha   girl
muchacho   boy; *pl*   boys and girls, boys
muchedumbre *f*   crowd
mucho,-a   much, a lot of, a lot; **muchas veces**   often

mudanza   move
mudar(se)   to move
muerte *f*   death
muerto,-a   dead
mujer *f*   woman, wife
mundial   world, worldwide
mundo   world
músculo   muscle
museo   museum
música   music
músico,-a   musician
muy   very

N

nacer   to be born
nacimiento   birth
nación   nation
nacional   national
nada   nothing, anything
nadar   to swim
nadie   no one, nobody, anyone
naranja   orange
narrador,-ra   narrator
natalidad   births
navío   ship
necesario,-a   necessary
necesidad   necessity
necesitar   to need
negación   negation
negar (ie)   to deny, refuse
negativo,-a   negative
negocio   business; **hombre de negocios**   businessman
negro,-a   black
nervio   nerve
nervioso,-a   nervous
nieve *f*   snow
ninguno,-a   none, not any, not one
niño,-a   child
noche *f*   night; **buenas noches**   good evening, good night; **de la noche**   P.M.; **esta noche**   tonight; **por la noche** or **de noche**   at night; **todas las noches**   every night
nombre *m*   name
norte *m*   north
norteamericano,-a   North American
nota   note, grade
notar   to note
noticia   news
novedad   novelty; **¿Hay alguna**

novedad? Is there any news? Is there anything new?

novela novel

novelista *m* or *f* novelist

noviembre *m* November

novio,-a boyfriend, girlfriend, suitor, fiancé, fiancée

nueve nine

nuevo,-a new; **de nuevo** again, once more

número number

nunca never

O

obedecer to obey

obispo bishop

obituario obituary

obligación obligation, duty

obligatorio,-a obligatory, required

obra work, labor

obrero,-a worker

obstáculo obstacle, barrier

ocasión occasion

octubre *m* October

ocupar to occupy, hold

ocurrir to occur, happen

ochenta eighty

ocho eight

ofender to offend

oficial official

oficina office

oficio trade, task, business

ofrecer to offer

oír to hear

ojalá God grant, I hope that

ojo eye

oler to smell

olvidarse (de) to forget

omitir to omit, overlook

once eleven

onda wave

operarse to occur, come about; to be operated on

opinar to think

opinión opinion

oportunidad opportunity

optimista optimist, optimistic

oralmente orally

orden *m* order

ordenar to order, put in order

orientar to orient, guide

origen *m* origin, source

oro gold

ortografía orthography, spelling

oscuro,-a dark, obscure

otoño fall, autumn

otro,-a another, other

P

padre *m* father, priest; *pl* parents

padrino godfather; *pl* godparents

pagar to pay

país *m* country

pájaro bird

palabra word, term

palo stick, pole, staff

pan *m* bread, loaf of bread

panecillo roll

pantalla motion picture screen

papa potato

papá *m* father, dad

papel *m* paper

para for, in order to, towards, by; **para que** so that

parada stop (train, bus, etc.)

parar to stop, stay

parcela parcel, piece

parecer to seem, look as if

pareja pair, couple

parque *m* park

parte *f* part, portion, place; **de parte de** in behalf of; **por parte de** on the part of; **todas partes** everywhere

partera midwife

participación participation

participar to participate

partidario,-a partisan, supporter

partido game, match

partir to divide, distribute; to depart

pasaje *m* passage, fare

pasaporte *m* passport

pasar to pass, go, pass through, go over to, come to, spend (time)

pasear to stroll, take a walk or drive

paseo stroll, walk, drive

pasillo passage, corridor

pastel *m* pastry, pie

pato duck

patria native country, fatherland; **madre patria** motherland

paz *f* peace

pecado sin

pedante pedantic
pedir (i) to ask for, request, solicit
peinarse to comb one's hair
película motion picture, film
peligroso,-a dangerous
pelirrojo,-a red-haired, redheaded
pelo hair
pena pain; **valer la pena** to be
  worthwhile
penetrar to penetrate, pierce
península peninsula
pensar (ie) to think, intend to
pensativo,-a pensive, thoughtful
pensión boardinghouse
peor worse, worst
pequeño,-a small
perder (ie) to lose
perdonar to pardon, forgive
perezoso,-a lazy
perfección perfection
perfeccionar to perfect
periódico newspaper
periodista *m* or *f* journalist,
  newspaperman, newspaperwoman
permanentemente permanently
permiso permission, permit
permitir to permit, allow
pero but
perrazo,-a large dog
perrito,-a small dog
persona person
personaje *m* personage, literary
  character
personalidad personality
pertenecer to belong, pertain to
pesadilla nightmare
pésame *m* condolence
pesca fishing, catch; **ir de pesca** to go
  fishing
pescador,-ra fisherman, fisherwoman
pesimista pessimist, pessimistic
pianista *m* or *f* pianist
pico peak
pie *m* foot
piel *f* skin, hide, fur
pintor *m* painter
pintoresco,-a picturesque
pirámide *f* pyramid
piropo flattery, compliment
piscina swimming pool
pistola pistol
pistolero gunman

placer *m* pleasure
plan *m* plan, scheme
planta plant
platillo saucer
plato plate
playa beach
plaza plaza, town square
plomero, plumber
pluma pen, feather
población population
poblar (ue) to populate
pobre poor; *n* poor person
pobreza poverty
poco,-a little, scanty; *pl* a few, some;
  n m a little bit; *adv* a little,
  somewhat, slightly
poder (ue) to be able to, can
poderoso,-a powerful, strong
poema *m* poem
poeta *m* or *f* poet
policía police; *n m* policeman
político,-a political; *n f* politics;
  n m politician
pollo chicken
poner to put, place; **ponerse** to
  become, turn, put on (oneself)
poquitín *m* a little (tiny) bit
poquito,-a very little
por by, through, for, for the sake of,
  because of; **por ejemplo** for
  example; **por eso** for that reason;
  por favor please; **por lo tanto**
  therefore; **¿por qué?** why?; **por
  tanto** thus
porque because, for, as
portal *m* portico, entrance hall,
  vestibule
portarse to behave, act
portátil portable
portero doorman
portugués *m* Portuguese
posibilidad possibility
posible possible
posición position
pozo well, pool, pond
practicar to practice, perform
precio price
preciso,-a necessary
predilecto,-a favorite, preferred
preferencia preference
preferir (ie) to prefer
pregunta question

preguntar to ask, question
preguntón,-ona inquisitive
prejuicio prejudice, prejudgment
premiar to reward
premio prize, award
prensa press, printing press
preocuparse to worry
preparación preparation
preparar to prepare
preparatorio,-a preparatory
presentar (ie) to present
preservar to preserve
presidencia presidency
presidente *m* president
prestar to lend
primario,-a primary, elementary
primer, primero,-a first
primo,-a cousin
principal principal, main
principio principle, beginning; **al principio** at first
prioridad priority
prisa haste; **darse prisa** to hurry
probable probable
probar (ue) to prove, test, try
problema *m* problem
procedencia origin, source
proceso process
producir to produce
producto product
profesión profession
profesional professional
profesor,-ra professor
profundo,-a deep, profound, radical
programa *m* program, plan of action
prohibir prohibit
prometedor,-a promising
prometer to promise
promulgar to promulgate, proclaim
pronóstico prediction
pronto soon, promptly
propio,-a one's own, appropriate
proponer to propose
propósito purpose, intention
proteger to protect
provocar to provoke, promote
próximo,-a next, near
psíquico,-a psychic
publicar to publish
público,-a public
pueblo small town, people, nation, citizenry

puerta door
pues then, since
puesto,-a put, placed; *n m* job, position; **puesto que** since
puma *m* puma, American panther
punto point, dot, period; **punto de vista** point of view

Q

que that, which, who, whom, than; **el (la, los, las) que** the one(s) who; **lo que** that which; **¿para qué?** what for?; **¿por qué?** why?; **¿qué?** what? which?
quedar(se) to remain, stay, be located, end up
quejarse to complain
querer (ie) to want
queso cheese
quien who, whom; **¿a quién?** to whom?; **¿de quién?** about whom?; **¿quién?** who?
química chemistry
quince fifteen
quitar to remove, take away; **quitarse** to take off
quizás perhaps, maybe

R

radical radical, basic
raíz *f* root, basis
rapidez *f* rapidity
rápido,-a rapid, fast
raqueta racket
rascacielos *m* skyscraper
rasgo trait, characteristic
rato time, while, little while
ratón *m* mouse
raza race, group, people
razón *f* reason; **tener razón** to be right
reacción reaction
reaccionario,-a reactionary
realidad reality
realista *m* or *f* realist
realizar to fulfill, carry out
rebelde *m* or *f* rebel
receptivo,-a receptive
receta recipe
recibir to receive
reciente recent

recoger   to pick up, gather
recomendar (ie)   to recommend
reconciliar   to reconcile
reconocer   to recognize
recordar (ue)   to remember, remind
rector   *m*   president (of a university)
rectoría   office of a president
recuerdo   memory, reminder, remembrance
rechazar   to reject, turn down
reducir   to reduce
reemplazar   to replace
reflejar   to reflect
reflexión   reflection
reflexivo   reflexive
reforma   reform
refrán   *m*   proverb, saying
refresco   refreshment, cold drink
regalar   to give
regalo   gift
región   region
registro   registration, registry
regresar   to return
regulación   regulation
reír   to laugh; **reírse de**   to laugh at
relación   relation, relationship
relativamente   relatively
religión   religion
religioso,-a   religious
reloj   *m*   watch, clock
remedio   remedy, help, recourse
renovar (i)   to renovate
reñir (i)   to wrangle, quarrel, fall out
repasar   to retrace, review
repaso   review
repetir (i)   to repeat, do again
representante   *m* or *f*   representative
requerir (ie)   to require, need
requisito   requirement
rescate   *m*   ransom, ransom money
reservar   to reserve
resignarse   to become resigned
resistencia   resistence
resistir   to resist
resolver (ue)   to resolve, solve
respetar   to respect
respeto   respect
responder   to respond, answer
responsabilidad   responsibility
responsable   responsible
respuesta   answer
restaurante   *m*   restaurant

resto   rest, remainder;   *pl*   remains
restorán   *m*   restaurant
resuelto   *part*   resolved, solved
resultar   to result, turn out
resumen   *m*   summary
resumir   to summarize, sum up
retirar(se)   to retire, withdraw
reunión   meeting, reunion, gathering
revisar   to revise, review, check
revolución   revolution
revolucionario,-a   revolutionary
rey   *m*   king
rezar   to pray
rico,-a   rich
río   river
riqueza   riches, richness
risa   laugh, laughter
ritmo   rhythm
rito   rite
robar   to rob, steal
rodear   to surround, round up
rogar (ue)   to beg
rojo,-a   red
romano,-a   Roman
romántico,-a   romantic
romper   to break, tear
ropa   clothing, clothes
rubio,-a   blond
ruina   ruin
rumbo   bearing, course, direction

S

sábado   Saturday
saber   to know, know how to;   *pret*   to find out
sabio,-a   wise;   *n*   wise person
sabor   *m*   taste, flavor
sabroso,-a   tasty, delicious
sacar   to take out, withdraw, remove
sacrificio   sacrifice
sacudir   to shake, beat
sala   living room, salon, hall
salir   to leave, go out, come out
saltar   to jump
saludar   to greet, salute
salvo,-a   safe, omitted; **salvo**   *prep*   save, except for
sanatorio   sanatorium, sanitarium
satisfacer   to satisfy
sección   section
seco,-a   dry

secuestrar to kidnap, abduct
secuestro kidnapping, abduction
secundario,-a secondary
seguida series, succession; **en seguida** at once, immediately
seguir (i) to follow, continue, keep on
según according to
segundo,-a second
seguridad security, certainty; **con seguridad** with certainty, surely
seguro,-a sure, safe
seis six
selección selection, choice
semana week
semejante similar
sencillo,-a simple
sensual sensual, relating to the senses
sentar(se) (ie) to seat, settle; *refl* to sit down
sentimiento sentiment, feeling, sense
sentir (i) to feel; to be sorry
señalar to mark, show, indicate
señor Mr., sir
señora Mrs., madam
señorita Miss, young lady
separar to separate
septiembre September
ser to be
serio,-a serious; **tomar en serio** to take seriously
servicio service
servir (i) to serve; **servir de** to serve as
sicólogo,-a psychologist
siempre always
siesta nap, midday rest
siete seven
siglo century
significado meaning
significar to mean, signify
signo sign, mark
siguiente following, next
silla chair
sillón *m* armchair, easy chair
simpático,-a congenial, likeable
simple simple
sin without
sinfonía symphony
sino but
sistema *m* system
sitio site, place
sobrar to exceed, surpass

sobre over, on, above, about, towards; **sobre todo** above all
sobrevivir to survive
sobrina niece
sobrino nephew
sociedad society
sofisticado,-a sophisticated
sol *m* sun
solamente only
solemne solemn, holy
soler (ue) to be in the habit of, used to, accustomed to
solicitar to solicit, ask for
solidaridad solidarity
solo,-a alone, only, sole
sólo only
soltero,-a single, unmarried
soñar (ue) to dream
sopa soup
sorprender to surprise
subir to rise, go up, raise; **subir a** to climb
subordinar to subordinate
subterráneo,-a subterranean, underground; *n m* subway
sucio,-a dirty, filthy
sudor *m* sweat
suelto *n m* small change
sueño dream; **tener sueño** to be sleepy
suerte *f* luck, fortune
suficiente sufficient, adequate
sufrir to suffer, undergo
sugerir (ie) to suggest
suicidarse to commit suicide
sumamente exceedingly, extremely
superhombre superman
supermercado supermarket
supersticioso,-a superstitious
suponer to suppose
suprimir to suppress
sur *m* south
suroeste *m* southwest
surrealista surrealistic
sutil subtle, keen

T

tacaño,-a stingy
tal such, so, as; **tal vez** perhaps
taller *m* shop, workshop, factory
tamaño size
también also

tan   so, as

tanto,-a   so much, as much;   *pl*   so many, as many

tarde   *f*   afternoon;   *adv*   late;   **más tarde**   later

tarea   task, homework

tarjeta   card

taza   cup

teatro   theater

técnico,-a   technical

tecnológico,-a   technological

techo   roof, ceiling

telefonista   *m or f*   telephone operator

teléfono   telephone

telegrama   *m*   telegram

telenovela   soap opera

televisión   television

televisor   *m*   television set

tema   *m*   theme

temer   to fear, be afraid

temprano   early

tendencia   tendency

tender (ie)   to tend to, have a tendency toward

tendero,-a   shopkeeper, storekeeper

tener (ie)   to have, possess, hold;   **tener que**   to have to

tentación   temptation

tercero,-a   third

terminar   to end, terminate, finish

término   term

tía   aunt

tiburón   *m*   shark

tiempo   time, weather

tienda   store

tierra   earth, land

tío   uncle

típico,-a   typical

tipo   type, kind, sort

toalla   towel

tocar   to touch, play (instrument)

todavía   still, yet

todo,-a   all, everything;   *pl*   everyone, all of;   **de todos modos**   anyway;   **todo el día**   all day;   **todo el mundo**   everyone, everybody;   **todos los días**   everyday

tomar   to take, drink

tomate   *m*   tomato

tontería   foolishness, nonsense

tonto,-a   foolish, stupid, silly

torero,-a   bullfighter

tormenta   storm

tormento   torment, anguish

toro   bull

torre   *f*   tower

trabajador,-ra   worker

trabajar   to work

tradición   tradition

tradicional   traditional

traducir   to translate

traductor,-ra   translator

traer   to bring

tragedia   tragedy

traje   *m*   suit

transitorio,-a   transitory, temporary

transmitir   to transmit, relay

transporte   *m*   transport, transportation

trascendental   transcendental, far-reaching

tratar   to treat, try;   **tratar de**   to deal with

trece   thirteen

tremendo,-a   tremendous, huge

tren   *m*   train

tres   three

tristeza   sadness

triunfar   to triumph, win

trompeta   trumpet

tropezar   to stumble, trip

turismo   tourism

turista   *m or f*   tourist

turístico,-a   of or relating to tourism

U

último,-a   last, ultimate

único,-a   only, unique

unidad   unity, unit

unido,-a   united;   **Estados Unidos**   United States

uniforme   *adj*   uniform;   *n m*   uniform

unir(se)   to unite

universidad   university

universitario,-a   of or relating to the university

urbano,-a   urban, pertaining to cities

usar   to use

uso   use;   **hacer uso de**   to make use of

útil   useful

utilización   utilization

utilizar   to utilize, use

uva   grape

V

vacaciones vacation; **estar de vacaciones** to be on vacation
vacilar to vacillate
valer to be worth
valiente valiant, brave
valor *m* value, bravery, valor
variar to vary, mix
variedad variety
varios,-as various, several, some, a few
vaso glass
vecino,-a neighbor
vegetal *m* vegetable
veinte twenty
veintidós twenty-two
velación watch, vigil, wake
velar to watch over, hold a wake over
velorio wake, vigil
veloz swift, rapid
vencer to defeat
vender to sell
venir (ie) to come
ventaja advantage
ventana window
ver to see
verano summer
verbo verb
verdad truth
verdadero,-a true, real
verde green
verificar to verify, confirm
vestido,-a dressed, clad
vestir(se) (i) to dress
vez *f* time, turn; **a su vez** in its turn; **alguna vez** sometime; **de vez en cuando** from time to time; **en vez de** instead of; **muchas veces** many times; **tal vez** perhaps; *pl* **veces** times
viajar to travel
viajero,-a traveler
víctima *m or f* victim
vida life
viejo,-a old, elderly
viernes *m* Friday
vincular to bind, tie
visita visit, caller; **ir de visita** to go calling
visitar to visit
vista view; **punto de vista** point of view
visto,-a seen
vitrina showcase, display window
viuda widow
viudo widower
vivir to live
vocabulario vocabulary
voluntad will
volver (ue) to return
votar to vote
voz *f* voice; *pl* **voces**
vuelto,-a returned

Y

ya already, right away, now
yacer to lie

Z

zapato shoe
zona zone

Vocabulary
English—Spanish

The gender of nouns is listed except for masculine nouns ending in **-o** and feminine nouns ending in **-a, -dad, -tad, -tud,** or **-ión**. Adverbs ending in **-mente** are not listed if the adjectives from which they are derived are included.

Abbreviations

adj	adjective	*pl*	plural
adv	adverb	*pret*	preterite
f	feminine	*pron*	pronoun
m	masculine	*refl*	reflexive
n	noun	*v*	verb
part	participle		

A

abandon abandonar
abbreviation abreviatura
ability capacidad
able capaz
abound abundar
about acerca (de); como
above sobre; **above all** sobre todo
accept aceptar
acceptance aceptación
accident *m* accidente
accompany acompañar
accord acuerdo
according to según
accustomed to *v* soler
achieve alcanzar; conseguir
act (act as) *v* actuar
action, act acción
active activo,-a
activity actividad
adapt, adjust adaptarse
add añadir; **(contribute)** aportar
address dirección
adecuate adecuado,-a
administration administración

adult *n* and *adj* adulto,-a
advantage ventaja
advice consejo
advise aconsejar
advisor consejero
affect afectar
affection cariño
affliction aflicción
affront blasfemia
afraid tener miedo
after después (de)
afternoon *f* tarde
again de nuevo
against contra, en contra de; *(prefix)* anti-
age edad
agency agencia
agent *m* and *f* agente
agree estar de acuerdo; **agreed upon** convenido,-a
agreeable agradable
agreement acuerdo
agriculturist agricultor,-a
aid *v* apoyar; *n* apoyo, ayuda
aide ayudante

air *m* aire; **open aire** al aire libre
airplane avión
airport aeropuerto
alien ajeno,-a
alienation enajenación
all todo,-a
allege alegar
almost casi
alms limosna
alone solo,-a
already ya
although aunque
always siempre
ambitious ambicioso,-a
Americas, of the americano,-a
    (sometimes used improperly to refer
    to the United States as opposed to
    Spanish America)
amiable amable
among entre
amuse oneself divertirse
ancestor antepasado,-a
ancient antiguo
and y; (**before words beginning with i**
    or hi) e
angel angel; **little angel** angelito
Anglicism anglicismo (word derived
    from English)
Anglo-Saxon anglosajón,-a (used
    frequently to refer to all inhabitants of
    the United States who are not of Latin
    descent)
angry enojado,-a
anguish angustia
animated (cartoons) animado,-a
announcer (radio) locutor,-a
annoy fastidiar
another otro,-a
answer respuesta
antique antiguo
any cualquier,-a
anyway de todos modos
apartment apartamento
appetizer bocadito
appear aparecer
appearance apariencia; aspecto
apple manzana
appointment cita
approach acercarse
appropriate adecuado,-a, apropiado,-a
approve aprobar
April *m* abril

Aquarius Acuario
Arabic *adj* afabe
Arabic language *n m* árabe
area área
arm brazo
around alrededor (de)
arrange arreglar
arrangement arreglo
arrival llegada
arrive llegar
article artículo
artist *m* or *f* artista
as como, cual; **as much as** cuanto,-a;
    also plural; also comparative form
    tanto como
ashamed avergonzado,-a
ask preguntar
assault atacar
assist ayudar
assistance ayuda
assistant ayudante
associate with asociar
assure asegurar
astrology astrología
atheist ateo,-a
atheistic ateo,-a
attack atacar
attend asistir (a)
attendance asistencia
attention atención; **pay attention** hacer
    caso
attitude actitud
attorney abogado,-a
attract atraer
attraction atractivo
attractive atractivo,-a
attribute *v* atribuir; *n* atributo
audience auditorio
auditorium auditorio
August agosto
aunt tía
author autor,-a
authority autoridad
automatic automático,-a
automobile *m* automóvil, coche
autumn otoño
available disponible
average medio
avoid evitar
awake despierto,-a
awaken despertar
Aztec *m* or *f*, *n* and *adj* azteca

B

bachelor's degree bachillerato
backward atrasado,-a
bad malo,-a; *adj* and *adv* mal
baggage, luggage equipaje *m*
baked asado,-a
bandit bandido,-a
bank banco
baptism bautizo
baptize bautizar
bar cantina
barely apenas
base *f* base
base oneself on basarse; **based on**
  basado en
baseball *m* béisbol
basic radical
basis *f* base
basketball baloncesto, *m* básquetbol
bath baño
bathe bañarse
bathing suit traje de baño
battle batalla
be estar, ser
beach playa
bean *m* frijol
bear *v* aguantar
beard barba
beautiful bello,-a
because porque
become ponerse, llegar a ser, hacerse
bed cama; **go to bed** acostarse
before (earlier) antes (de); **(in front
  of)** ante
beg rogar
begin comenzar, empezar
beginning principio
behalf: on behalf of de parte de
behave portarse
behind (in back of) atrás (de); **slow (as a
  watch, clock, etc.)** atrasado,-a;
  detrás (de)
belief creencia
believe creer
belong pertencer
beloved *m* or *f* amante
beneath bajo
besides además
better, best mejor; **it would have been
  better** más valía
bicycle bicicleta

bill cuenta; *m* billete
bird pájaro
birth nacimiento
birthday *m (sing)* cumpleaños
births natalidad
bishop obispo
bite bocado
bitterness amargura
black negro,-a
blame culpa; **be to blame** tener la
  culpa
blasphemy blasfemia
blind ciego,-a
blond rubio,-a
blouse blusa
blow (with the elbow) codazo
blue *n m* and *adj* azul
board (plane, train, etc.) abordar
boardinghouse pensión
boat (small) *m* bote
body cuerpo
book libro
bookstore librería
border frontera
bored, boring aburrido,-a
born nacer
boss *m* jefe
bother *v* molestar; *n* molestia
box caja
boxer boxeador,-a
boy chico, muchacho; **very little boy**
  chiquillo; **boys and girls** muchachos
boyfriend novio
brave valiente
bravery *m* valor
bread *m* pan
break romper
breakfast desayuno
brick ladrillo
brief breve
bring traer
brother hermano; **brothers and
  sisters** hermanos
brunch almuerzo
brunette morenita
brute bruto,-a
building edificio
bull toro
bullfight corrida
bullfighter torero,-a
bureau agencia
burial entierro

buried   enterrado,-a
bus   *m*   autobús, camión
business   comercio, negocio
businessman   hombre de negocios
but   pero, sino
buy   comprar

C

cacao   cacao
cafe   café, cafetería
caller   visita; **go calling**   ir de visita
calm down   calmarse
camera   cámara
can   poder
cancer   *m*   cáncer
candidate   candidato,-a
cane   caña
canoe   *m*   bote
capable   capaz
capacity   capacidad
capital (country or state)   *f*   capital;
　　investment money   *m*   capital
Capricorn   Capricornio
car   carro
card   carta, tarjeta
care   cuidado; **be careful**   tener cuidado
career   carrera
caricature   caricatura
carry   llevar
cart   carro
case   caso; **in case of**   en caso de
cash: in cash   al contado
cashier   cajero,-a
cashmere   *m*   casimir
cathedral   *f*   catedral
Catholic   católico,-a
cause   *v*   causar;   *n*   causa
cent   centavito
center   centro
Central America   Centroamérica
Central American   centroamericano,-a
century   siglo
cerebral   cerebral
certain   cierto
chair   silla; **easy chair**   sillón
chamber   cámara
championship   campeonato
change   *v*   cambiar;   *n*   cambio; **small
　　change**   suelto
chapter   capítulo
character (literary)   personaje;
　　(nature)   *m*   carácter

characteristic   atributo, característica,
　　rasgo
charge (money)   cobrar
chart   carta
chat   *v*   charlar;   *n*   charla
cheap   barato
check (baggage)   facturar;   *m*   cheque
cheese   queso
chemistry   química
chess   *m*   ajedrez
chicken   pollo
child   niño,-a
children   hijos; niños
choose   escoger
Christ   Cristo
Christian   cristiano,-a
church   iglesia
cinematographic   cinematográfico,-a
circumstance   circunstancia
citizen   ciudadano,-a
citizenry   pueblo
citizenship   ciudadanía
city   ciudad
claim   alegar
clarity   claridad
class   *f*   clase
clean   limpio,-a
clear   claro
clearing   claridad
clergy   clero
client   *m* or *f*   cliente
climate   *m*   clima
climb   subir a
clock   *m*   reloj
close (near)   cerca; **close to**   cerca de
close (shut)   cerrar
closet   armario
clothing   ropa
coach   (car of a train) carro, coche
cocoa   cacao
coffee   café; **small cup, demitasse**
　　cafecito
cold   frío,-a
comb   peinarse
come   venir
comfortable   a gusto, cómodo,-a
command   mandato
comment   comentar
committee   *m*   comité
common   común
communicate   comunicar
companion   compañero,-a

company compañía
compare comparar
complain quejarse
complete (fill out) *v* completar, llenar; *n* completo
complicated complicado,-a
compliment: pay a compliment echar un piropo
comply with cumplir con
composed of componerse
composition composición
comprise abarcar
concentrate concentrar
concentration concentración
concern asunto
concerning acerca (de), en cuanto, frente
concert concierto
condemn condenar
condolence *m* pésame
condor *m* condor
conduct *v* conducir
conference conferencia
confront confrontar
congested congestionado,-a
congratulations enhorabuena, felicitaciones
conquer conquistar
conquest conquista
conscience conciencia
consciousness conciencia
conservative *n m* and *adj* conservador,-a
consider considerar
consideration consideración
consist of componerse; consistir en
consolation consolación
constant constante
construct construir
contact contacto
contain contener
contaminate contaminar
contamination contaminación
contemporary actual; contemporáneo,-a
continuous continuo,-a
contract contratar
contrary contrario,-a; **on the contrary** al contrario
contrast *m* contraste
contribute aportar; contribuir
control controlar
convenience conveniencia
conversation conversación

convince convencer
cool fresco; **be cool** hacer fresco
corn *m* maíz
corner esquina
corpse *m* cadáver
correct corregir
corrupt corrompido,-a
cost costar
counsel aconsejar
count contar; **count on** contar con
country *m* país; **native country** patria
couple pareja
course carrera; **of studies** cursa
courteous cortés
courtesy cortesía
cousin primo,-a
cover cubrir
crazy loco,-a
create crear
creation creación
credit crédito
crime *m* crimen
criterion criterio
crocodile *m* caimán
crowd *f* muchedumbre
crowded congestionado,-a
cruel cruel
cry llorar
Cuban cubano,-a
cultural cultural
culture cultura
cultured culto,-a
cup copa, taza
cure *v* curar; *n f* cura
current actual; *n f* **(water, electricity, etc.)** and *adj* corriente
curse condenar
custom costumbre
customs, customs-house aduana; **customs duty** derechos; **customs official** aduanero,-a
cute guapito,-a

D

dance *v* bailar; *n m* baile
dangerous peligroso,-a
dare atraverse
dark oscuro,-a
date (appointment) cita; **(day)** fecha
daughter hija; **daughters and sons** hijos

dawn amanecer

day *m* día; **all day** todo el día; **every day** todos los días

dead *n* difunto,-a

deal with tratar de

dean decano,-a

dear caro,-a

death *f* muerte

debt *n m* deber

December diciembre

decide decidir

decision decisión

declare declarar

dedicate dedicar

deep profundo,-a

defeat vencer

defect defecto

defend defender

defense defensa

delay demorar

delicious sabroso,-a

deliver entregar

democracy democracia

demon demonio; **What the devil?** ¿Qué demonios?

demonstrate demostrar

dentist *m* or *f* dentista

deny negar

departure ida

depend (on) depender (de)

describe describir

description descripción

desert desierto

deserve merecer

desirable deseable

desire *v* desear; *n* deseo, gana

desk clerk (hotel) *m* conserje

desk mesa

destiny destino

destroy destruir

devil diablo

dialect dialecto

dialogue diálogo

dictatorship dictadura

dictionary diccionario

die fallecer, morir(se)

difference diferencia

different diferente, distinto,-a

difficult difícil

difficulty dificultad

dilemma *m* dilema

diminutive diminutivo,-a

dine cenar

direct *v* dirigir; *n* directo,-a

direction dirección; rumbo

dirty sucio,-a; **dirty trick** mala jugada

disadvantage desventaja

disagreeable desagradable

disappear desaparecer

disappoint desilusionar; **become disappointed** desilusionarse

disappointment desilusión

discipline disciplina

discotheque discoteca

discourtesy descortesía

discover descubrir

discuss discutir

discussion discusión

disease aflicción

dissolution disolución

distance distancia

distinguish distinguir

distract distraer

distribution distribución

diversion diversión

divide dividir, partir

doctor doctor,-ra, médico,-a

document cédula; documento

dog perro,-a; **large dog** perrazo,-a; **small dog** perrito,-a

dominance dominio

dominant dominante

dominate dominar

done *past part* hecho

door puerta

doorman portero

doubt dudar

doubtful dudoso,-a

down: go down (stairs, etc.) bajar

downtown centro

drawing dibujo

dream soñar

dress *v* vestir(se)

dressed vestido,-a

drink *v* beber, tomar; *n* bebida; **(to have one)** tomar una copa

drive manejar

driver *m* chófer

drug (especially as in drug addict) droga

drunk borracho,-a

dry seco,-a

duck pato

due to debido,-a
during durante

E

each cada
early temprano
earn ganar; **earn one's living** ganarse la vida
earth tierra
easy chair butaca
easy fácil
eat comer
economic económico,-a
economy economía
educate educar
educated educado,-a
education educación
educational institutions instituciones de enseñanza
effort esfuerzo
eight ocho
eighty ochenta
election elección
elegant elegante
element elemento
eleven once
eliminate eliminar
elimination eliminación
embrace abrazar
emphasis *m* énfasis
employ emplear
employment empleo
end *m* fin
energy energía
engineer ingeniero
England Inglaterra
English inglés,-a
engrave grabar
enjoy deleitarse con, gozar; **enjoy oneself** divertirse
enormous enorme
enough bastante
enrich enriquecer
enrichment enriquecimiento
enter entrar
episode episodio
epitaph epitafio
epoch época
equal igual
equality igualdad
equivalent equivalente; **be equivalent** equivaler

escape escaparse
escort escolta
essential esencial
establish establecer
eternal eterno,-a
eternity eternidad
Europe Europa
European europeo,-a
evaluation evaluación
even aún
event acontecimiento
everyone todos, todo el mundo
everywhere todas partes
evident evidente
evolution evolución
evolve evolucionar
examination *m* examen
example ejemplo; **for example** por ejemplo
exceed sobrar
excellent exelente
except excepto; salvo
excess exceso
excessive excesivo,-a
exercise *v* ejercer; *n* ejercicio
exist existir
expel expulsar
expense gasto
expensive caro,-a; costoso,-a
explain explicar
explanation explicación
explore explorar
express expresar
expression expresión
extend extender
extraordinary extraordinaria
extremely sumamente
eye ojo
eyeglasses *m pl* anteojos

F

facilitate facilitar
facility facilidad
fact hecho
factory fábrica
faculty facultad
fail salir mal
faith *f* fe
faithful fiel
fall *v* caer; *n* caída
false falso,-a
familiarity familiaridad

family *n* familia; *adj* familiar;
    family member familiar
famous célebre; famoso,-a
far lejos; **far from** lejos de
farm finca
farmer agricultor,-a
fascinate encantar
fat gordo,-a
father padre; papá
favor *m* favor
favorite favorito,-a; predilecto,-a
fear *v* temer; *n* miedo
feather pluma
February febrero
feel sentir
feminist feminista
few pocos,-as
fiance, fiancee novio,-a
field campo
fifteen quince
fifty cincuenta
fig higo
fight luchar
fill llenar
film película
finally al fin
find encontrar, hallar; **find oneself**
    encontrarse; **find out** averiguar
finish acabar; terminar
fire fuego
first primer, primero,-a; **at first** al
    principio
fisherman, woman pescador,-a
fishing pesca; **go fishing** ir de pesca
fit caber
five cinco
fixed fijo,-a
flattery piropo
flavor sabor
flower *f* flor
flute player *m* or *f* flautista
follow seguir
foment fomentar
food *m* comestible; **foodstuff**
    comestibles
foolish tonto,-a
foolishness tontería
foot *m* pie
football *m* fútbol
for (in order to, towards, by) para; **(by,
    through, for the sake of, because**

of) por; **for example** por ejemplo;
    for that reason por eso
force fuerza
foreign extranjero,-a
foreigner extranjero,-a
forget olvidarse (de)
forgive perdonar
form *v* formar; *n* forma
found fundar
four cuatro
fourth cuarto,-a
frankly francamente
free (no cost) gratuito,-a, gratis **(no
    boundaries)** libre
French francés,-a
frequency frecuencia
frequent frecuente
frequently con frecuencia
Friday *m* viernes
friend amigo,-a
friendly amable
friendship amistad
frightful espantoso,-a
frivolous frivolo,-a
front desk (of a hotel) administración
frozen helado,-a
fruit fruta
fulfill realizar
full lleno,-a
function *v* funcionar; *n* función
fund fondo
funeral rights *f pl* exequias
funny divertido,-a
future futuro

G

gain alcanzar
Gallicism galicismo
game partido
garage *m* garaje
garden *m* jardín
Gemini *m* Geminis
general general
generalized generalizado,-a
generally por lo general
generation generación
generous generoso,-a
gentleman caballero
German alemán,-a
Germany Alemania
get along with llevarse bien

get up   amanecer, levantarse
ghetto (colloquial)   barrio
gift   regalo
girl   chica, muchacha; **very little girl**
   chiquilla; **girls and boys**   muchachos
girlfriend   novia
give   dar; regalar
give in to   abondarse
give up   ceder
glass   vaso
go   andar, caminar, ir; **go away**   irse
God   *m*   Dios; **God grant**   ojalá; **god,**
   goddess   dios,-sa
godfather   padrino
godmother   madrina
godparents   padrinos
gold   oro
good   buen, bueno,-a
good morning   buenas días
good-bye   *v*   despedirse; adiós, hasta
   luego
good-natured   bondadoso,-a
good night   buenas noches
govern   gobernar
government   gobierno; **seat of**
   government   gobernación
governmental   gubernamental
governor   *m* or *f*   gobernante
grade   nota
graduate   graduarse
grammar   gramática
grandfather   abuelo
grandmother   abuela
grandparents   abuelos
grant   beca
grape   uva
gratification   gratificación
gravestone   losa
gray   gris
green   verde
greet   saludar
gross   bruto,-a
group   conjunto; grupo
grow   crecer
guard   guardia
guerilla   guerillero
guest   invitado,-a
guide   *v*   guiar;   *n m* or *f*   guía
guitar player   *m* or *f*   guitarrista
gunman   pistolero
gypsy   gitano,-a

H

hair   pelo
half   medio
hammock   hamaca
hand   *f*   mano
handsome   guapo,-a; **very handsome**
   guapetón,-a
hang   colgar
happening   acontecimiento
happy   alegrarse; **happy that**   alegrarse
   de;   *adj*   alegre, contento,-a, feliz
hardly   apenas
harm   *v*   hacer daño;   *n*   daño
haste   prisa
have (to form past participle)   haber;
   (possess)   tener; **have to**   haber de,
   tener que; **have just . . .**   acabar de
head   cabeza
hear   oir
heart   *m*   corazón
heat up   calentar
hello   hola
help   *v*   ayudar;   *n*   ayuda
helper   ayudante
here (at this place)   aquí
hide   esconder
high   alto,-a
high school   colegio
hire   alquilar
Hispanic   hispánico,-a
historic   histórico,-a
history   historia
home   *m*   hogar
homework   tarea
hope   *v*   esperar;   *n*   esperanza
horoscope   horóscopo
horse (small)   caballito
hot   caliente
hour   hora
house   casa; **at home**   en casa
how   como; **how?**   ¿cómo?; **how**
   much?   ¿cuánto,-a?; also plural
huge   tremendo,-a
human   humano,-a
humanity   humanidad
hundreds   cientos,-as
hunger   hambre; **dying of hunger**
   muerto de hambre; **be hungry**   tener
   hambre
hurricane   *m*   huracán

hurry   apurarse, darse prisa
husband   esposo, marido
hut   casucha, choza
hypocracy   hipocresía
hypocrite   *m* or *f*   hipócrita
hypocritical   hipócrita

I

Iberian   ibérico,-a
ice   hielo
identify   identificar
identity   identidad; **identity card**   cédula
idiot   bruto,-a;   *m* or *f*   idiota
idiotic   bruto,-a
idle   haragán,-na; holgazón,-a
ignorance   ignorancia
illustrious   ilustre
imaginary   imaginario,-a
imagination   imaginación
immediate   inmediato,-a
immediately   en seguida
immigrant   *m* or *f*   inmigrante
immigrate   inmigrar
immoral   inmoral
imperfect   imperfecto,-a
importance   importancia
important   importante; **be important**
   importar
importation   importación
impossible   imposible
impressive   impresionante
in addition   además; **in addition to**
   además de
in   en;   **in love**   enamorado,-a; **be in
   love with**   estar enamorado,-a de;
   in this manner   así;   **in view of**
   en vista de
Inca   *m*   inca
include   abarcar, incluir
including   incluso
incorporate   incorporar
incredible   increíble
Indian   indio,-a
indicate   indicar
indigenous   indígena
individual   individuo,-a
individuality   indivualidad
industry   industria
inexpensive   barato
inflation   inflación
influence   *v*   influir;   *n*   influencia

inform   informar
information   información
inhabitant   *m* or *f*   habitante
inheritance   herencia
initiative   iniciativa
inquisitive   preguntón,-a
inside   adentro; **inside (of)**   dentro (de)
insist (on)   insistir (en)
inspire   inspirar
instead of   en vez de
institution   institución
instruction   instrucción
intelligence   inteligencia
intelligent   inteligente
interest   interesar
interesting   interesante
intimate   íntimo,-a
intriguer   *m* or *f*   intrigante
introduce (put into)   meter
introduction   introducción
invade   invadir
invitation   invitación
invite   invitar
involved: get involved with   meterse en
Islamic   islámico,-a
island   isla
isolated   aislado,-a
Italian   italiano,-a

J

jacket   chaqueta
January   enero
job   puesto
joke   bromear
journalist   *m* or *f*   periodista
judge   *v*   juzgar;   *n m* or *f*   juez
July   julio
jump   saltar
June   junio
just   apenas
justice   justicia

K

key   *f*   llave
kidnap   secuestar
kill   matar
kind   bondadoso,-a
king   *m*   rey
kitchen   cocina
knife   *m*   machete

know (how to) saber; **(be familiar with)** conocer
knowledge conocimiento

L

lack falta; **be lacking** faltar
ladle *m* cucharón
lament lamentar
language lengua; *m* lenguaje; *m* idioma
large gran, grande; **very large** grandote,-a
last *v* durar; *adj* último,-a
last night anoche
late tarde; **grow late** hacerse tarde
later más tarde
Latin (language) latín; *adj* latino,-a
Latin America Latinoamérica
Latin American latinoamericano,-a
laugh reír; **laugh at** reírse de; *n* risa
law *f* ley
lawyer licenciado,-a; abogado,-a
lazy perezoso,-a
lead conducir
leader *m* líder
leaf through hojear
learn aprender
learned *adj* erudito,-a
least menos; **at least** por lo menos
leave alejarse, dejar, salir
lecture conferencia
lemon *m* limón
lend prestar
less menos
lesson lección
let oneself go abandonarse
letter carta; letra
liberation liberación
liberty libertad
Libra Libra
library biblioteca
lie down acostarse
lie (tell an untruth) mentir; **(to lie on or with something or someone)** yacer
life vida
light *n f* luz; *adj* claro,-a
like gustar, gustarle a uno; **(as)** como, cual
likeable simpático,-a
limit limitar
linguistic lingüístico,-a

list lista
listen (to) escuchar
little poco,-a; **a little bit** poco; **very little** poquito,-a
live vivir
living room sala
location colocación
lodging alojamiento; **take lodging** alojarse
long largo,-a
look (at) mirar; **look for** buscar
lose perder
love *v* amar; *n* amor; **fall in love (with)** enamorarse (de)
lover *m* or *f* amante
low bajo,-a
lower bajar
loyal leal
luck *f* suerte
lunch *v* almorzar; *n* almuerzo
luxurious lujoso,-a

M

machine máquina
machinery maquinaria
mad, to get mad enojarse
madam señora
madness locura
magic magia
magnificent magnífico,-a
mail correo
maintain mantener
majority mayoría
make fabricar, hacer
malady aflicción
man hombre
manage to conseguir
management gerencia
manager (hotel) *m* conserje
manifesto manifiesto
manuscript manuscrito
many: so many tantos,-as
map *m* mapa
March marzo
marked marcado,-a
market mercado
marriage matrimonio
marry casarse con; **get married** casarse
marvelous maravilloso,-a
mass misa

matriculation fee   matrícula
matter (subject)   asunto
May   mayo
maybe   acaso, quizás
meal   comida
mean   *v* significar;   *n* medio; **by means of**   por medio de, mediante
meaning   significado
meat   *f* carne
mechanic   mecánico
mechanical   mecánico,-a
medical   médico,-a
medicine   medicina
meditation   meditación
meet   conocer, encontrarse
meeting   reunión
member   miembro
memo   *m* apunte
memorize   aprender por memoria
memory   memoria; **(remembrance)** recuerdo
menace   amenazar
mention   mencionar
method   método
metropolis   *f* metrópoli
Mexican   mexicano,-a
Mexican-American   chicano,-a, mexicoamericano,-a
midwife   partera
migration   migración
mile   milla
million   *m* millón
minute   minuto
Miss   señorita
miss   echar de menos, hacer falta
mission   misión
missionary   misionero,-a
mistake   equivocar
mistaken   equivocado,-a; **be mistaken** equivocarse
mixture   mezcla
mock   burlarse (de)
model   modelo
moderate   moderado,-a
moderation   moderación
modern   moderno,-a
moment   momento
Monday   *m* lunes
money   dinero
monk   *m* monje
month   *m* mes
monthly   mensual

Moor   moro
more   más; **more than**   más de, más que
morning   mañana
most   más
mother   madre
motherland   madre patria
motive   motivo
motorcycle   *f* moto
mountain   montaña
mouse   *m* ratón
mouth   boca; **diminutive**   boquita
move   *v* andar, moverse, mudarse; *n* mudanza; **move away**   alejarse
movement   movimiento
movies   *m* cine
moving   emocionante
Mr.   señor
Mrs.   señora
much   mucho; **so much**   tanto,-a
muscle   músculo
museum   museo
music   música
musical group   conjunto
musician   músico,-a
must   deber; **one must**   hay que

N

name   *m* nombre
nap   siesta; **take a little nap**   echarse una siestecita
narrator   narrador,-a
nation   nación
national   nacional
near   próximo,-a; **draw near**   acercarse
nearby   cercano,-a
necessary   necesario,-a, preciso,-a; **be necessary**   hacer falta
necessity   necesidad
necktie   corbata
need   necesitar; **That's all you need.** Eso te faltaba.
negation   negación
negative   negativo,-a
neighbor   vecino,-a
neighborhood   barrio
nephew   sobrino
nerve   nervio
nervous   nervioso,-a
never   nunca
nevertheless   sin embargo
new   nuevo

news noticia; **Is there any news?** ¿Hay alguna novedad?
newspaper periódico
next próximo,-a; siguiente
nice amable
niece sobrina
night *f* noche; **at night** por la noche, de noche; **every night** todas las noches
nightmare pesadilla
nine nueve
nobody nadie
none ninguno,-a
North American norteamericano,-a
north *m* norte
note *v* notar; *n, m* apunte, esquela, nota
notebook cuaderno
nothing nada
novel novela
novelist *m* or *f* novelista
novelty novedad
November *m* noviembre
now ahora; **right now** ahora misma
nowadays hoy día
number número

O

obey obedecer
obituary obituario
obligation obligación
obstacle obstáculo
occasion ocasión
occupy ocupar
occur ocurrir, operarse
October *m* octubre
of course claro que; ¡Claro!
offend ofender
offer ofrecer
office oficina
official *m* and *f* agente, *adj* oficial; **officials** autoridades
often a menudo, muchas veces
old antiguo,-a; viejo,-a
older mayor
omit omitir
on en, sobre
one hundred cien
oneself sí mismo
only apenas; *adv* solamente, sólo; *adj* único,-a

open, opened abierto,-o
operate: be operated on operarse
opinion opinión
opportunity oportunidad
opposite frente a
optimist optimista
orally oralmente
orange naranja
order *v* mandar, ordenar; *n f* orden
orient orientar
origin origen, procedencia
other otro,-a
outside (of) fuera (de)
over sobre
owe deber
own: one's own propio,-a

P

P.M. de la noche
pain dolor *m,* pena
painter *m* pintor
panther, American, puma *m* puma
paper papel
parcel parcela
parents padres
park *m* parque
parking estacionamiento
part parte; **on the part of** por parte de
participate participar
participation participación
partisan partidario,-a
party fiesta
pass (a course, exam, etc.) aprobar; pasar
passage (fare) *m* pasaje; pasillo
passporte *m* pasaporte
pastry *m* pastel
pay pagar
peace *f* paz
peak pico
peasant *n* and *adj* campesino,-a
pedantic pedante
pen pluma
pencil *m* lápiz
penetrate penetrar
peninsula península
people *f* gente, pueblo
perfect perfeccionar
perfection perfección
perhaps acaso, quizás, tal vez
period punto

permanently permanentemente
permission permiso
permit *v* permitir; *n* permiso
person persona
pessimist pesimista
phenomenal fenomenal
phenomenon fenómeno
philosophy filosofía
photograph *f* foto
physical físico,-a
pianist *m* or *f* pianista
pick up coger, recoger
picture cuadro
picturesque pintoresco,-a
pinnacle colmo
pistol pistola
pittance centavito
pity lástima
place *v* colocar
placement colocación
plan esquema, *m* plan
plant planta
plate plato
play (a game) jugar; **(an instrument)**
    tocar
player jugador,-a
plaza plaza
pleasant agradable
please por favor; hacer el favor de
pleasing: be pleasing gustar
pleasure gusto, *m* placer
plentiful abundar
plot (of a novel, play, etc.) argumento
plumber plomero
poem *m* poema
poet *m* or *f* poeta
point punto; **point of view** punto de
    vista
pole caña
police policia
policeman *n m* policia
politeness cultura
political político,-a
politician político,-a
politics política
pollute contaminar
pollution contaminación
pond pozo
pool (swimming) piscina
poor pobre
populate poblar
population población

portable portátil
Portuguese *m* portugués
position posición
possibility posibilidad
possible posible
post office correos
potato papa
poverty miseria, pobreza
powerful poderoso
practice practicar
pray rezar
precedent *m* antecedente
predecessor antepasado,-a
prediction pronóstico
prefer preferir
preference preferencia
pregnant embarazada
prejudice prejuicio
reward *v* premiar; *n* premio
preparation preparación
preparatory preparatorio,-a
prepare preparar
present *v* presentar; *adj* actual
preserve preservar
presidency presidencia
president *m* presidente; **(of a
    university)** *m* rector; **office of a
    president** rectoría
press prensa
pretend afectar, fingir
pretty bonito,-a
prevent impeder
previous anterior
price precio
priest *m* cura, padre
primary primario,-a
principal princial
principle principio
prior anterior
priority prioridad
prize-fighter boxeador,-a
probable probable
problem lío; *m* problema
process proceso
produce producir
product producto
profession profesión
professional profesional
professor profesor,-a
program curso, *m* programa
prohibit prohibir
promise prometer

promising prometedor,-a
promulgate promulgar
propose proponer
protect proteger
prove probar
proverb *m* refrán
provided that con tal que
provisions *m pl* comestibles
provoke provocar
psychic psíquico,-a
psychologist sicólogo,-a
public público,-a
publish publicar
punish castigar
pupil alumno,-a
pure castizo,-a
purpose propósito
purse bolsa
push *m* empujón
put *v* poner; *adj* puesto,-a; **put on (oneself)** ponerse; **put out** apagar; **put up with** aguantar
pyramid *f* pirámide

Q

quality calidad
quarrel *v* reñir
quarter cuarto
question cuestión, pregunta; **ask a question** hacer una pregunta
quiet callarse
quite bastante

R

race carrera; **(of people)** raza
racket raqueta
radical radical
rain llover
raise criar
ransom *m* rescate
rapid rápido,-a
rapidity *f* rapidez
rascal bribón,-a
rate: at any rate de todos modos
rather bastante; **rather than** antes que
reach alcanzar
reaction reacción
reactionary reaccionario,-a
read leer
reading lectura
ready listo,-a

realist *m or f* realista
reality realidad
realize darse cuenta de
reason *f* razón
rebel *m or f* rebelde
receive recibir
recent reciente
receptive receptivo,-a
recipe receta
recognize reconocer
recommend recomendar
reconcile reconciliar
record (phonograph) disco
red rojo,-a
reduce reducir
reflect reflejar
reflection reflexión
reflexive reflexivo
reform reforma
refreshment refresco
region área, región
regret arrepentir
regulation regulación
reject rechazar
relationship relación
relatively relativamente
relief alivio; **What a relief!** ¡Qué alivio!
religion religión
religious religioso,-a
remains restos
remedy remedio
remember acordarse, recordar
remove quitar, sacar
renovate renovar
rent alquilar
repair *v* arreglar; *n* arreglo
repeat repetir
repent arrepentir
replace reemplazar
report *m* informe
representative *m and f* agente, representante
reputation fama
request pedir
require exigir, requerir
required obligatorio,-a
requirement requisito
research *v* averiguar
reserve reservar
resigned: become resigned resignarse
resist resistir

resistence resistencia
resolve resolver
resolved resuelto
respect *v* respetar; *n* respeto
respond responder
responsability responsabilidad
responsible responsable
rest descanso; **(of the)** demás, resto
restaurant cafetería, *m* restaurante, restorán
result resultar
retire retirar(se)
return (something) devolver; **(come back)** regresar, volver
returned vuelto,-a
review *v* repasar; *n* repaso
revise revisar
revolution revolución
revolutionary revolucionario,-a
rhythm ritmo
rib costilla
ribbon cinta
rich rico,-a
riches riqueza
right derecho,-a; **legal right** derecho; **right hand** *n* derecha; **right-hand** *adj* derecho,-a; **to be right** tener razón
rise ascender, subir
rite rito
river río
road camino
roadrunner *m sing* correcaminos
roasted asado,-a
rob robar
roll panecillo
Roman romano,-a
romantic romántico,-a
roof techo
room cuarto; habitación
rooster gallo
root *f* raíz
row fila
rubber *m* hule
ruin ruina
run correr

S

sacrifice sacrificio
sadness tristeza
safe salvo
said dicho,-a; **what was said** lo dicho

same mismo,-a; **the same as** lo mismo que
sanatorium sanatorio
satisfy satisfacer; **satisfy oneself** asegurarse
Saturday sábado
saucer platillo
save (money) ahorrar
saying *n m* dicho
scandal escándalo
scene escena
scholarship beca
scholastic escolar
school escuela
science ciencia
scientific científico,-a
scientist científico,-a
scorn despreciar
Scorpio *m* Escorpión
screech chillar
screen: motion picture screen pantalla
scruple escrúpulo
season estación
seat *v* sentar; *n* asiento
second segundo
secondary school colegio; **course of study leading to diploma** bachillerato
secondary secundario,-a
section sección
security seguridad
see ver
seek buscar
seem parecer
seen visto,-a
selection selección
sell vender
send enviar
sensual sensual
sentence *f* frase
sentiment sentimiento
separate (move apart) apartar; separar
September *m* septiembre
series seguida, serie
serious grave, serio, -a; **take seriously** tomar en serio
seriously en serio
servant criado,-a
serve servir; **serve as** servir de
service servicio
seven siete
seventeen diecisiete

sew coser
shake sacudir
shark *m* tiburón
ship navío
shirt camisa
shoe zapato
shop *m* taller
shopkeeper tendero
short breve, corto,-a; bajo,-a
shout grito
show mostrar, señalar
showcase vitrina
sick enfermo,-a, mal; **get sick**
   enfermarse
side dish *m* entremés
sign *v* firmar; *n* letrero, signo
similar semejante
simple sencillo,-a, simple
sin pecado
since desde; pues; puesto que
sing cantar
single soltero,-a
sir señor
sister hermana; **sisters and brothers**
   hermanos
sit down sentarse
site sitio
six seis
size tamaño
ski esquiar
skill capacidad
skin *f* piel
skyscraper *m* rascacielos
sleep dormir; **go to sleep** dormirse;
   make sleepy dar sueño
slightly poco
slower más despacio
slowly despacio; lentamente
slum barrio de miseria
small chico,-a; pequeño,-a
smell oler
snow *f* nieve; *v* nevar
so así que, tan; **so thus** así; **so that** a
   fin de que, de modo que, para que
soap opera telenovela
soccer *m* fútbol
society sociedad
solemn solemne
solicit solicitar
solidarity solidaridad
some algunos,-as
someone *m* alguien; algún, alguno,-a

something algo
sometime alguna vez
somewhat algo
son hijo; **sons and daughters** hijos
song canción
soon pronto
sophisticated sofisticado,-a
sorrow angustia
soul alma
soup sopa
south *m* sur
southwest *m* suroeste
spacious espacioso,-a
Spain España
Spanish America Hispanoamérica
Spanish español
speak decir, hablar; **speak to** dirigir la
   palabra
special especial
species *f* especie
specifically específicamente
spelling ortografía
spend (time) pasar; **(money)** gastar
spirit alma
spiritual espiritual
sporting deportivo,-a
sports *m pl* deportes
spy *m* or *f* espía
star estrella
state estado
station estación
stay quedar(se)
sterilize esterilizar
stick palo
still aún, todavía
stingy tacaño,-a
stop *v* parar, hacer escala; **stop (doing**
   something) dejar de; *n* **(train,**
   bus, etc.) parada
stopping place escala
store tienda
storm tormenta
story cuento, historia
strange ajeno,-a
stranger desconocido,-a
street *f* calle, camino
strike (the hour) dar (la hora)
stroll *v* pasear; *n* paseo
strong fuerte
structure estructura
student *n m* or *f* estudiante; *adj*
   estudiantil

study   *v* estudiar;   *n* estudio
stupid   bruto,-a
style   moda; **be out of style**   pasar de moda
subject   materia
subordinate   subordinar
subtle   sútil
subway   metro, subterráneo
success   éxito; **be successful**   tener éxito
such   tal
suffer   sufrir
sufficient   bastante, suficiente
sufficiently   bastante
sugar cane   caña
suggest   sugerir
suicide   suicidarse
suit   *m* traje
suitcase   maleta
summarize   resumir
summary   *m* resumen
summer   verano
sun   *m* sol
Sunday   domingo
superman   *m* superhombre
supermarket   supermercado
superstitious   supersticioso,-a
supper   cena
support   *v* apoyar;   *n* apoyo; **support oneself**   mantenerse
suppose   suponer
suppress   suprimir
sure   seguro,-a; **make sure**   asegurarse
surely   con seguridad
surgeon   cirujano,-a
surprise   sorprender
surrealistic   surrealista
surround   rodear
survive   sobrevivir
sweat   *m* sudor
sweet potato   batata
swift   veloz
swim   *v* nadar;   *n* baño
symphony   sinfonía
system   *m* sistema

T

table   mesa
take   coger, tomar; **take off**   quitarse, **(airplanes)** despegar
talk   conversar
tall   alto,-a
tape (cassette)   cinta

taste   bocado
tax   impuesto
teach   enseñar
teacher   maestro,-a
teaching   enseñanza
team   equipo
technical   técnico,-a
technological   tecnológico,-a
telegram   *m* telegrama
telephone   teléfono
telephone operator   *m* or *f* telefonista
television   televisión
television set   *m* televisor
tell   comunicar
temporary   transitorio,-a
temptation   tentación
ten   diez
tend to   tender
tendency   tendencia
tenth   décimo
term   término
than   que
thank for, be thankful for   agradecer
thanks   *f pl* gracias
that   aquel, aquella, ese,-a; que;   *pron* aquéllo, éso; **that way**   así; **that which**   lo que
theater   *m* cine, teatro; **theater seat (movie, opera, etc.)**   butaca
theme   *m* tema
then   entonces, luego; pues
there (in that place)   allí; **(over there)**   allá, ahí; **there are**   hay
therefore   así que; por eso
these   estos,-as
thief   ladrón,-na
thin   flaco,-a
thing   cosa
think (believe)   creer; **(think about)**   opinar, pensar
third   tercero
thirteen   trece
this   este,-a;   *pron* esto
those   aquellos,-as, esos,-as
thoughtful   pensativo,-a
thousand   mil
threat   amenaza
threaten   amenazar
three   tres
throw   echar; **to throw out of the house**   echar de casa
thus   por tanto

ticket booth caja
ticket *m* billete; boleto; **round trip**
  boleto de ida y vuelta
tie vincular
tilt inclinar
time rato, tiempo, *f* vez; **from time
  to time** de vez in cuando; **many
  times** muchas veces; **take time**
  llevar
times veces
timetable horario
tired cansado,-a
today hoy día
together junto,-a
tomato *m* tomate
tomorrow mañana
tonight esta noche
too (too much) *adv* demasiado; **too
  much** *adj* demasiado;-a
torment tormento
touch tocar
tourism turismo; **of or relating to
  tourism** turístico,-a
tourist *m* or *f* turista
toward hacia
towel toalla
tower *f* torre
town pueblo
trade oficio
tradition tradición
traditional tradicional
tragedy tragedia
train *m* tren; **by train** en tren
transcendental trascendental
translate traducir
translator traductor,-a
transmit transmitir
transportation *m* transporte
travel caminar, viajar
traveler viajero,-a
treat tratar
tree árbol
trick jugada
trip gira, viaje; **take a trip** hacer un
  viaje
truck *m* camión
true verdadero,-a; **it is true** es la
  verdad
truth verdad
Tuesday *m* martes
turn *f* vez; **in its turn** a su vez
turn off apagar

twelve doce
twenty veinte
twenty-two veintidós
two dos
type *v* escribir a máquina; *n* tipo
typewriter máquina de escribir
typical típico,-a

U

uncle tío
under bajo
underground subterráneo,-a
understand comprender, entender
unemployment desempleo
unexpected inesperado,-a
unfortunately desgraciadamente
uniform *n m* and *adj* uniforme
unit unidad
unite juntar, unir(se)
unity unidad
university universidad; **of or relating to
  the university** universitario,-a
unknown desconocido,-a
unless a menos que
unpleasant desagradable
unstable inestable
until hasta
uphold apoyar
urban urbano,-a
use *v* usar, utilizar; *n* uso; **to make
  use of** hacer uso de
useful útil
utilization utilización

V

vacate desocupar
vacation vacación; **be on vacation**
  estar de vacaciones
vacillate vacilar
value *m* valor
variety variedad
various varios,-as
vary variar
vegetable *m* vegetal
verb verbo
verify verificar
very muy
vestibule *m* portal
victim *m* or *f* víctima
view vista; **point of view** punto de vista
visit *v* visitar; *n* visita

vocabulary   vocabulario
voice   *f*   voz;   *pl*   voces
vote   votar

W

wait   esperar
waiter   mozo
wake up   despertarse
wake   velación, velorio; **hold a wake over**   velar
walk   andar, caminar; **take a walk**   dar un paseo
want   querer
war   guerra
wardrobe (closet)   armario
wash   lavar
watch (clock)   *m*   reloj; **watch**   velacion; **watch over**   velar
water   aqua
wave   onda
way   manera, modo; **a way to**   manera de
weak   débil
wear   llevar
weather   tiempo; **the weather is good**   hace buen tiempo
wedding   boda
week   semana
welfare   bienestar
well   bien;   *adv*   buen, bueno,-a; **be well**   estar bueno; **(of water)**   pozo
well-being   bienestar
what   ¿cómo? ¿qué?; **what for?**   ¿para qué?
when (whenever)   cuando; **when?**   ¿cuándo?
where: to where   *adv*   adonde; donde; **where?**   ¿adónde? ¿dónde?
which   cual, que; **which one?**   ¿cuál?; **which?**   ¿qué? **that which**   lo que
while   mientras; **(a while)**   rato
whisper   cuchichear
white   *n* and *adj*   blanco
who   que, quien; **the one(s) who**   el (la, los, las) que, el (la) cual; **who?**   ¿quién?

whole   entero,-a
whom   que; **to whom?**   ¿a quién?; **about whom?**   ¿de quién?
whose   cuyo,-a
why   ¿por qué?
widow   viuda
widower   viudo
wife   esposa, mujer
will   voluntad
win   ganar
window   ventana
wise person   sabio
wise   sabio,-a
with   con; **with me**   conmigo; **with him/herself**   consigo; **with you**   contigo
within   adentro
without   sin
woman   mujer
word   palabra
work   *v*   trabajar;   *n*   obra
worker   obrero,-a, trabajador,-a
world   *n*   mundo; **worldwide**   mundial
worry   preocuparse
worse, worst   peor
worth   valer
worthwhile   valer la pena
wrap   envolver
write   escribir
writer   escritor,-a
written   *past part*   escrito

Y

yam   batata
year   año
yesterday   ayer
yet   aún
yonder   allá
young   joven
young lady   señorita
youth   juventud

Z

zone   zona

Grammatical Index

probability: conditional of 65; future of 65; future and conditional perfect to express 97

progressive tenses: 88 present 88; past 89

pronouns: subject, direct object, demonstrative, etc.   *see* subject pronouns, direct object pronouns, etc.

Q

que as relative pronoun 128

¿qué? contrasted with **¿cuál?** 102

quien(-es) as relative pronoun 128

quitar contrasted with **quitarse** 289

quizás, subjunctive after 120

R

reciprocal construction 202

reflexive construction 43–45; as substitute for passive 260; for unplanned occurrences 203; reciprocal construction 202; verbs used reflexively and nonreflexively 44

reflexive object pronouns: forms 43–44; for emphasis 45; position of 44; prepositional 182

relative pronouns: **cuyo** 130; **el cual, el que** 129; **lo cual, lo que** 129; **que** 128; **quien(-es)** 128

S

saber contrasted with **conocer** 287

sequence of tenses, with subjunctive 149–150

ser: uses of 73; contrasted with **estar** 75

shortening of adjectives 18

sino (que), use of 265–266

spelling-change verbs: present indicative 12; present subjunctive 119; preterite 36

stem-changing verbs: present indicative 10–11; present subjunctive 119; preterite 36

subject pronouns: forms 6, uses of 7

subjunctive, forms of: imperfect 145; past perfect 146; present, regular verbs 118; present, irregular verbs 118; present perfect 146

subjunctive, uses of: after **aunque** 215; after certain adverbial conjunctions 214; after impersonal expressions 152; after indefinite expressions 170; after **tal vez, acaso, quizás,** and **ojalá** 120; in adjective clauses 168; in adverbial time clauses 199; in *if*-clauses 240; in noun clauses 147–149; with certain verbs, versus indicative 215; with certain adverbial conjunctions, versus indicative 214–215

superlative construction 221; absolute superlative 225

T

tal vez, subjunctive after 120

tener, idiomatic expressions with 285

time expressions: with **hacer** 105

tomar contrasted with **llevar** 288

U

u as substitute for **o** 267

V

verb conjugation: *see* names of individual tenses

verbs followed by a preposition 243–244

verbs with special meanings in the preterite 40

W

weather expressions with **hace (hacía)** 104; with **hay (había)** 105–106